CAMBRIDGE LIBRARY COLLECTION

Books of enduring scholarly value

Classics

From the Renaissance to the nineteenth century, Latin and Greek were compulsory subjects in almost all European universities, and most early modern scholars published their research and conducted international correspondence in Latin. Latin had continued in use in Western Europe long after the fall of the Roman empire as the lingua franca of the educated classes and of law, diplomacy, religion and university teaching. The flight of Greek scholars to the West after the fall of Constantinople in 1453 gave impetus to the study of ancient Greek literature and the Greek New Testament. Eventually, just as nineteenth-century reforms of university curricula were beginning to erode this ascendancy, developments in textual criticism and linguistic analysis, and new ways of studying ancient societies, especially archaeology, led to renewed enthusiasm for the Classics. This collection offers works of criticism, interpretation and synthesis by the outstanding scholars of the nineteenth century.

Aeschylos: Eumeniden

Karl Otfried Müller's translation of and commentary on Aeschylus' play *The Eumenides*, the concluding drama in the *Oresteia* trilogy, was first published in 1833. The play is a reenactment of the Greek legend of the trial of Agamemnon's son Orestes in Athens. Orestes' mother Clytemnestra had killed her husband, and as an act of revenge Apollo ordered Orestes to murder her. Orestes is hounded by the Eumenides (Furies) and travels first to Delphi to have his blood-guilt purified and then to Athens to seek the help of Athena. She decides that an impartial jury of Athenian citizens should decide the fate of Orestes, who is acquitted. Müller does not only deliver a translation of the play, but provides the reader with the tools for a wider interpretation by exploring the role of the chorus, the significance of the costumes and the composition of the play itself.

T0382505

Aeschylos: Eumeniden

Griechisch und Deutsch,
mit Erläuternden Abhandlungen

EDITED BY
KARL OTFRID VON MÜLLER

CAMBRIDGE UNIVERSITY PRESS

Cambridge, New York, Melbourne, Madrid, Cape Town, Singapore,
São Paolo, Delhi, Dubai, Tokyo, Mexico City

Published in the United States of America by Cambridge University Press, New York

www.cambridge.org
Information on this title: www.cambridge.org/9781108015615

This edition first published 1833
This digitally printed version 2010

ISBN 978-1-108-01561-5 Paperback

AESCHYLOS

EUMENIDEN

GRIECHISCH UND DEUTSCH

MIT

ERLÄUTERNDEN ABHANDLUNGEN

ÜBER DIE ÄUSSERE DARSTELLUNG, UND ÜBER DEN INHALT UND
DIE COMPOSITION DIESER TRAGÖDIE

VON

K. O. MÜLLER.

GÖTTINGEN,

IM VERLAGE DER DIETERICHSCHEN BUCHHANDLUNG.

1833.

VORWORT.

Der Theil des vorliegenden Werks, welcher dem Uebrigen seine Entstehung gegeben hat, ist die Uebersetzung, zu welcher den Verfasser das Verlangen trieb, der Schönheit und Eigenthümlichkeit des Originals durch Nachbildung auf eine selbstthätige Weise inne zu werden. Jede Uebersetzung, besonders aber die Nachbildung von poetischen Kunstwerken in andrer Sprache, ist eine nie völlig zu lösende Aufgabe, bei welcher der Uebersetzer, im Streite von hundert Pflichten, nichts erreichen kann, ohne Andres aufzugeben. Was hilft es hier, den durch Worte ausgedrückten Begriffen entsprechende gegenüberzustellen, obgleich schon dies um so schwerer wird, je mehr die Begriffe auf eigenthümlichen Anschauungen beruhen, wenn nicht zugleich die Empfindungen, die sich bei verschiedenen Völkern nicht immer auf dieselbe Weise mit den Begriffen verbinden, auf eine verwandte Weise angeschlagen werden? Der, welcher dabei die Momente, welche dem Dichter selbst die wichtigsten waren, herausfühlt, und allen andern überordnet, wird sich ohne Zweifel dem Vollkommnen am meisten nähern. Er kann dies aber auf keinen Fall, ohne das Ganze, die Hauptideen, den Zusammenhang des Kunstwerks aufgefaßt zu haben; wer nur das Einzelne erwägt, muß nothwendig in der Hauptsache, in dem, was dem Dichter selbst vor Allem am Herzen lag, sehr oft fehlen. Ein strenger, nach äußern Regeln bestimmter Gesetzesdienst, in welchen die Vossische Schule leider immer mehr verfallen ist, opfert dem Zufälligen das Wesentliche; auch hier giebt nur Liebe, Begeisterung eine Freiheit in der Treue, ohne welche das Uebersetzen eine Knechtsarbeit ist.

Dieser Grundsatz, nicht nach dem Phantom eines vollkommnen Entsprechens zu haschen, sondern dem Wesentlichen, wo es sein muß, das minder Wichtige aufzuopfern, hat den Uebersetzer auch bei der Nachbildung der metrischen Form geleitet. Eine so große Schönheit auch den Griechischen Versen, sowohl in den dialogischen, als auch in den melischen oder gesungenen Parthieen, durch die Auflösung der Längen in zwei ihnen gleichwiegende Kürzen zuwächst: so ist doch auch da, wo es allenfalls möglich ist, diese Gruppen von Kürzen in unsrer Sprache wiederzugeben, ein solches Nachbilden durchaus nicht rathsam, wenn nämlich die Hauptsache, der Rhythmus, dem Deutschen Ohre vernehmlich bleiben soll. Am meisten überzeugt man sich davon bei den Dochmien und Dochmischen Formen, deren Charakter, das scharfe Zusammenstoßen von Hebungen, für unser Ohr verloren geht, wenn für den im Dochmius voranstehenden Iambus der Tribrachys oder Daktylus eintritt: daher denn in dieser Uebersetzung immer die Grundform ($\cup - - \cup -$) festgehalten ist, wodurch hoffentlich in Versen wie „*den gottlosen Mann, den fluchwerthen Sohn, beherbergtest du!*" auch der alten Metrik unkundigen Lesern das eigenthümliche Gepräge dieser Versgattung vernehmlich gemacht worden ist. Und so hat überhaupt der Uebersetzer zwar die aus lauter Längen zusammengesetzten Füße gehörig einzuhalten gestrebt, aber jene Auflösungen nur an einigen wenigen Stellen, wo sie ihm ein zu wesentlicher Zug des Ganzen schienen, um aufgegeben zu werden, nachzuahmen gesucht, wie die Päonen ($\cup\cup\cup -$) in dem fesselnden Erinnyen - Hymnus

„Doch zu der Opferung ertont." Und wie unzulänglich doch auch diese wiedergegeben sind, weifs er selbst am besten [1]).

Da eine Uebersetzung selbst nothwendig schon Interpretation ist: so schien es dem Verfasser weit weniger nöthig, durch einzelne Anmerkungen dem Verständnifs zu Hülfe zu kommen, als durch eine zusammenhängende Behandlung der für die richtige Auffassung des Ganzen wesentlichsten Gegenstände den Leser auf den Standpunkt zu setzen, von wo aus die Tragödie der Eumeniden ihm nicht mehr als eine Nebelgestalt einer fremdartigen Weltansicht erscheinen, sondern Leben und Gegenwart zu gewinnen anfangen soll. Dazu schien es nöthig, zuerst die Tragödie, so viel wir es jetzt vermögen, auf die Athenische Bühne zu bringen, und aus Dem, was wir lesen, das Bild Dessen, was die Athener sahen, hervorzulocken; dann die politischen, rechtlichen, religiösen Einrichtungen, Verhältnisse, Richtungen darzulegen, aus welchen Aeschylos Geist die Nahrung zu diesem Kunstgebilde zog, wie ein Baum aus dem mütterlichen Boden; worauf erst eine Betrachtung über die durch die ganze Composition herrschenden Ideen eintreten konnte. Die Erklärung eines alten Kunstwerks ist ja überhaupt nichts Anderes, als die Vermittelung des einzelnen Produkts mit der gesammten Zeit und Welt, in der es darin steht, und aus der es hervorgegangen: wobei freilich, da wir in unserm wissenschaftlichen Verfahren ein Empfindungsleben in Begriffe überzutragen haben, häufig auch Gegenstände erörtert werden müssen, welche dem Dichter nicht auf diese Weise vor die Seele getreten waren, aber doch darum nicht weniger die Gestalt seines Werks mitbestimmten. Wenn in diesen Untersuchungen, die einen meistentheils wenig bearbeiteten Stoff zu gestalten hatten, mehr Verwickelung ist, als unserm verwöhnten Publicum bequem zu sein scheint: so mufs dies gewahr werden, dafs die schönsten Früchte des gereifteren Alterthums die sind, welche am meisten Nachdenken und geistige Anstrengung fordern, wie sie sie schon in der Zeit ihrer Entstehung forderten. Die Philologen von Profession aber werden, wenn sie das Buch überhaupt sich zu Nutze machen wollen, vermittelst des beigegebenen Registers, in welchem jede, einen einzelnen Vers des Stücks erläuternde Stelle der Abhandlungen angegeben ist, die zusammenhängende Entwickelung sich wieder in eine Menge von Noten herkömmlicher Art zerpflücken können. Doch giebt es jetzt auch wohl schon ein andres Geschlecht, welches tiefere Fragen an das Alterthum richtet, als Noten-Gelehrsamkeit beantworten kann; diesen wird vielleicht die vorliegende Arbeit zu fruchtbarem Nachdenken Stoff geben. Der Hoffnung indessen, zu erneuter Ueberlegung mancher Gegenstände den berühmten Philologen anzuregen, von welchem nun schon so lange eine neue Bearbeitung des Aeschylos erwartet wird, darf ich leider keinen Raum geben, da dieser Gelehrte im Voraus entschlossen scheint, über Das, was die neuere Alterthumsforschung in gewissen Richtungen, die der seinigen fern liegen, hervorbringt, den Stab zu brechen, und noch ganz insbesondre, wenn es den Aeschylos betrifft. Ich hege nicht die Einbildung, darin eine Ausnahme machen zu können: aber dagegen, dafs Hermann uns vor dem Publicum, wie ein um sein Urtheil gebetner Richter, mit dictatorischen Aussprüchen zurecht weist, ehe er uns noch im Geringsten überzeugt hat, dafs er wirklich von einer Aeschyleischen Tragödie, oder überhaupt einem Werke der alten Poesie das Verständnifs des Gedankenzusammenhanges und Plans besitze, nach welchem, unsrer Meinung zufolge, die heutige Philologie vor allen Dingen streben soll: dagegen lege ich schon im Voraus den entschiedensten Protest ein.

---

1) Für das richtige Lesen der Verse, welche oft aus einem ziemlich grofsen Bündel einzelner Reihen bestehen, ist dem Deutschen Leser meistentheils durch eine kleine Trennung der Reihen Vorschub gethan. Man wird also einen so gemessenen Vers ‒ ∪ ‒ ∪ ‒ ∪ ‒ | ‒ ∪ ‒ | ‒ ∪ ‒ | ‒ ∪ ‒ ∪ ‒ ∪ ‒ so gedruckt finden:
Denn es schleichet keiner That dann der Groll dieses Schwarms grimmer Menschenhuter nach.

INHALT.

ΑΙΣΧΥΛΟΥ ΕΥΜΕΝΙΔΕΣ.

ΤΑ ΤΟΥ ΔΡΑΜΑΤΟΣ ΠΡΟΣΩΠΑ.

ΠΥΘΙΑΣ ΠΡΟΦΗΤΙΣ	ΚΛΥΤΑΙΜΝΗΣΤΡΑΣ ΕΙΔΩΛΟΝ.
ΑΠΟΛΛΩΝ	ΧΟΡΟΣ ΕΥΜΕΝΙΔΩΝ
ΟΡΕΣΤΗΣ	ΑΘΗΝΑ
	ΠΡΟΠΟΜΠΟΙ

AESCHYLOS EUMENIDEN.

Die Personen der Tragoedie.

Die Pythias.	Der Schatten Klytaemnestra's
Apollon.	Der Chor der Eumeniden.
Orestes.	Athena
	Die Geleiterinnen.

1

ΠΡΟΛΟΓΟΣ.

Πυθιάς. Πρῶτον μὲν εὐχῇ τῇδε πρεσβεύω θεῶν
Τὴν πρωτόμαντιν Γαῖαν· ἐκ δὲ τῆς Θέμιν,
Ἣ δὴ τὸ μητρὸς δευτέρα τόδ᾽ ἕζετο
Μαντεῖον, ὡς λόγος τις· ἐν δὲ τῷ τρίτῳ
5 Λάχει, θελούσης, οὐδὲ πρὸς βίαν τινὸς,
Τιτανὶς ἄλλη παῖς Χθονὸς καθέζετο
Φοίβη· δίδωσι δ᾽ ἣ γενέθλιον δόσιν
Φοίβῳ. τὸ Φοίβης δ᾽ ὄνομ᾽ ἔχει παρώνυμον.
Λιπὼν δὲ λίμνην Δηλίαν τε χοιράδα,
10 Κέλσας ἐπ᾽ ἀκτὰς ναυπόρους τὰς Παλλάδος,
Ἐς τήνδε γαῖαν ἦλθε Παρνησοῦ θ᾽ ἕδρας.
Πέμπουσι δ᾽ αὐτὸν καὶ σεβίζουσιν μέγα
Κελευθοποιοὶ παῖδες Ἡφαίστου, χθόνα
Ἀνήμερον τιθέντες ἡμερωμένην.
15 Μολόντα δ᾽ αὐτὸν κάρτα τιμαλφεῖ λεὼς,
Δελφός τε χώρας τῆςδε πρυμνήτης ἄναξ.
Τέχνης δέ νιν Ζεὺς ἔνθεον κτίσας φρένα,
Ἵζει τέταρτον τόνδε μάντιν ἐν θρόνοις·
Διὸς προφήτης δ᾽ ἐστὶ Λοξίας πατρός.

20 Τούτους ἐν εὐχαῖς φροιμιάζομαι θεούς·
Παλλὰς προναία δ᾽ ἐν λόγοις πρεσβεύεται,
Σέβω δὲ Νύμφας, ἔνθα Κωρυκὶς πέτρα
Κοίλη, φίλορνις, δαιμόνων ἀναστροφή,

IN DELPHI.

Auf dem Vorplatze des Tempels

Pythias. Zuerst von allen Göttern lobpreist dies Gebet
Die Urprophetin Erde; nach ihr Themis auch,
Die ihrer Mutter Seher - Sitz als Erb' empfing,
Wie Sagen melden. Doch zum dritten saſs daselbst,

5 Willfährig aufgenommen, sonder allen Zwang,
Ein andres Kind der Erde vom Titanenstamm,
Die Phoebe. Sie gab Phoebos dies Geburtsgeschenk,
Der drum mit Phoebe's Namen zubenamet ist.
Er nun, verlassend Delos See und Klippenstrand,

10 Entschwang zu Pallas schiffumkreisten Küsten sich,
Und kam nach diesen Gauen und Parnassos Sitz.
Geleit dahin und Preis und Ehre zollet ihm
Hephaestos Volk, und bahnt den Heerweg durch das Land,
Der rauhen Landschaft Wildniſs ihm entwildernd.

15 Und als er ankommt, bringt das Volk ihm Huldigung,
Und König Delphos, der des Landes Steuer lenkt.
Doch Zeus begeistert ihm das Herz durch Seherkunst,
Und lässet ihn als vierten sitzen auf dem Stuhl;
Zeus aber, seines Vaters, Mund ist Loxias

20 Dies sind die Götter, welche anruft mein Gebet.
Doch preist die Red' auch Pallas vor dem Heiligthum,
Und ehrt die Nymphen in Korykion's Felsgewölb,
Das Vögeln Schirm beut und wo Götter sich ergehn;

1 *

(Βρόμιος δ' ἔχει τὸν χῶρον, οὐδ' ἀμνημονῶ,
25 Ἐξ οὗτε Βάκχαις ἐστρατήγησεν θεός,
Λαγὼ δίκην Πενθεῖ καταρράψας μόρον·)
Πλείστου τε πηγὰς, καὶ Ποσειδῶνος κράτος
Καλοῦσα, καὶ τέλειον ὕψιστον Δία.
Ἔπειτα μάντις εἰς θρόνους καθιζάνω.
30 Καὶ νῦν τυχεῖν με τῶν πρὶν εἰσόδων μακρῷ
Ἄριστα δοῖεν· κεἰ παρ' Ἑλλήνων τινὲς,
Ἴτων πάλῳ λαχόντες, ὡς νομίζεται.
Μαντεύομαι γὰρ, ὡς ἂν ἡγῆται θεός. —

Ἦ δεινὰ λέξαι, δεινὰ δ' ὀφθαλμοῖς δρακεῖν
35 Πάλιν μ' ἔπεμψεν ἐκ δόμων τῶν Λοξίου,
Ὡς μήτε σωκεῖν, μήτε μ' ἀκταίνειν βάσιν·
Τρέχω δὲ χερσὶν, οὐ ποδωκίᾳ σκελῶν·
Δείσασα γὰρ γραῦς οὐδέν· ἀντίπαις μὲν οὖν.
Ἐγὼ μὲν ἕρπω πρὸς πολυστεφῆ μυχόν·
40 Ὁρῶ δ' ἐπ' ὀμφαλῷ μὲν ἄνδρα θεομυσῆ
Ἕδραν ἔχοντα, προστρόπαιον, αἵματι
Στάζοντα χεῖρας, καὶ νεοσπαδὲς ξίφος
Ἔχοντ', ἐλαίας θ' ὑψιγέννητον κλάδον,
Λήνει μεγίστῳ σωφρόνως ἐστεμμένον,
45 Ἀργῆτι μαλλῷ. τῇδε γὰρ τρανῶς ἐρῶ.
Πρόσθεν δὲ τἀνδρὸς τοῦδε θαυμαστὸς λόχος
Εὕδει γυναικῶν ἐν θρόνοισιν ἥμενος.
Οὔτοι γυναῖκας, ἀλλὰ Γοργόνας λέγω·
Οὐδ' αὖτε Γοργείοισιν εἰκάσω τύποις.
50 Εἶδόν ποτ' ἤδη Φινέως γεγραμμένας
Δεῖπνον φερούσας· ἄπτεροί γε μὴν ἰδεῖν
Αὗται, μέλαιναι δ' ἐς τὸ πᾶν βδελύκτροποι·
Ῥέγκουσι δ' οὐ πλαστοῖσι φυσιάμασιν·
Ἐκ δ' ὀμμάτων λείβουσι δυσφιλῆ λίβα·
55 Καὶ κόσμος οὔτε πρὸς θεῶν ἀγάλματα
Φέρειν δίκαιος, οὔτ' ἐς ἀνθρώπων στέγας.
Τὸ φῦλον οὐκ ὄπωπα τῆσδ' ὁμιλίας,

(Denn Bakchos herrscht dort tosend, wohl gedenk' ich defs,
25 Seitdem er, Feldherr eines Heers bakchant'scher Fraun,
Pentheus dem Häslein gleich im Todesgarne fing).
Auch Pleistos Quellborn und Poseidons Herrschermacht
Ruf' ich, und als Vollender ihn den Höchsten Zeus.
Dann steig' ich gotterfüllet auf den heil'gen Sitz.
30 Nun lasset, Götter, diesen Eingang glücklich sein
Vor allen andern. Und sind Griechen hergesandt,
Lafst sie dem Loos nach kommen, wie es bräuchlich ist,
Denn ich verkünde, wie der Gott den Geist mir lenkt.

Die Pythias geht durch die Pforte des Heiligthums in das Innre, aber kehrt sehr bald wieder daraus
zurück, indem sie sich mit den Handen rechts und links festhalt.

O grauenvolle Kunde, grauenvolle Schau,
35 Stöfst mich aus Loxias Hause wiederum hinaus,
Dafs ich nicht feststehn, nicht die Glieder schwingen kann,
Und mich die Hand mufs tragen, nicht der Füfse Kraft.
Geängstet ist die Greisin Nichts, ja ganz ein Kind.
Ich trat zum lorbeereingehüllten Heiligthum,
40 Da sitzt vor meinen Augen auf dem Nabelstein
Vom Gotte Sühne flehend ein unreiner Mann,
Die Hand von Blute triefend, und ein naktes Schwerdt,
Mit frischer Spur noch, haltend, und ein Oelgezweig,
Defs schlanken Stamm schneeweifses Vliefses reich Geflock
45 Sorgfältig rings umkränzet. So künd' ich's genau.
Vor diesem Manne, rings auf Sesseln hingelehnt,
Sitzt schlummernd eine wunderbare Frauenschaar.
Doch nein, nicht Frauen nenn' ich sie, Gorgonen sind's;
Und auch Gorgonenbildern scheinen sie nicht gleich.
50 Wohl sah' ich Unholdinnen irgendwo gemahlt
Die Kost des Phineus rauben. Doch sind flügellos
Hier diese, schwarz auch, ganz und gar Scheusale sind's.
Laut schnarcht ihr Mund ausstöhnend unnahbaren Hauch,
Und ihre Augen spenden unwillkommnes Nafs.
55 Auch ihre Tracht ziemt weder in der Götter Haus
Hineinzubringen, noch in Menschenwohnungen.
Kein Volk noch sah' ich, das Verkehrs mit ihnen pflegt.

Οὐδ᾽ ἥτις αἶα τοῦτ᾽ ἐπεύχεται γένος
Τρέφουσ᾽ ἀνατεὶ μὴ μεταστένειν πόνων.
60 Τἀντεῦθεν ἤδη τῶνδε δεσπότῃ δόμων
Αὐτῷ μελέσθω Λοξίᾳ μεγασθενεῖ.
Ἰατρόμαντις δ᾽ ἐστὶ καὶ τερασκόπος,
Καὶ τοῖσιν ἄλλοις δωμάτων καθάρσιος.

'Απόλλων. Οὔτοι προδώσω διὰ τέλους δέ σοι φύλαξ
65 Ἐγγὺς παρεστὼς, καὶ πρόσω δ᾽ ἀποστατῶν,
Ἐχθροῖσι τοῖς σοῖς οὐ γενήσομαι πέπων.
Καὶ νῦν ἁλούσας τάσδε τὰς μάργους ὁρᾷς
Ὕπνῳ πονοῦσι † δ᾽ αἱ κατάπτυστοι κόραι
Γραῖαι, παλαιαὶ παῖδες, αἷς οὐ μίγνυται
70 Θεῶν τις, οὐδ᾽ ἄνθρωπος, οὐδὲ θὴρ ποτε·
Κακῶν δ᾽ ἕκατι κἀγένοντ᾽· ἐπεὶ κακὸν
Σκότον νέμονται, Τάρταρόν θ᾽ ὑπὸ χθονὸς,
Μισήματ᾽ ἀνδρῶν καὶ θεῶν Ὀλυμπίων.
Ὅμως δὲ φεῦγε, μηδὲ μαλθακὸς γένῃ.
75 Ἐλῶσι γάρ σε καὶ δι᾽ ἠπείρου μακρᾶς,
Βεβῶτ᾽ ἀλατεὶ † τὴν πλανοστιβῆ χθόνα,
Ὕπέρ τε πόντον καὶ περιρρύτας πόλεις.
Καὶ μὴ πρόκαμνε τόνδε βουκολούμενος
Πόνον· μολὼν δὲ Παλλάδος ποτὶ πτόλιν,
80 Ἵζου παλαιὸν ἄγκαθεν λαβὼν βρέτας,
Κἀκεῖ δικαστὰς τῶνδε καὶ θελκτηρίους
Μύθους ἔχοντες, μηχανὰς εὑρήσομεν,
Ὥστ᾽ ἐς τὸ πᾶν σε τῶνδ᾽ ἀπαλλάξαι πόνων.
Καὶ γὰρ κτανεῖν σ᾽ ἔπεισα μητρῷον δέμας.
85 'Ορέστης. Ἄναξ Ἄπολλον, οἶσθα μὲν τὸ μὴ 'δικεῖν·
Ἐπεὶ δ᾽ ἐπίστα,᾽ καὶ τὸ μὴ 'μελεῖν μάθε.
Σθένος δὲ ποιεῖν εὖ φερέγγυον τὸ σόν.

'Απόλλων. Μέμνησο, μὴ φόβος σε νικάτω φρένας.
Σὺ δ᾽, αὐτάδελφον αἷμα καὶ κοινοῦ πατρὸς,
90 Ἑρμῆ, φύλασσε, κάρτα δ᾽ ὢν ἐπώνυμος

Und keine Landschaft, welche schmerzlos solche Brut
Und frei von Nachwehn aufzuziehn sich rühmen mag.
60 Das Fernre möge selber dieses Hauses Herr
Nach Lust besorgen, er der starke Loxias,
Da ja Prophetarzt, Zeichendeuter auch er ist,
Und Andrer Häuser wohl versteht zu reinigen.

Die Pythias geht ab. Man erblickt auf der Buhne das Innre des Delphischen Heiligthums, nebst Dreifuſs und Nabelstein; auf diesem sitzt Orestes mit verwirrtem Haar und todtenbleichem Antlitz; umher auf Sesseln der Chor der Erinnyen; neben Orestes steht Apollon; im Hintergrunde Hermes

Apollon. Nie werd' ich treulos. Immerdar als treuer Hort
65 Will ich dir nah sein, weil' ich auch in fernem Land,
Doch deinen Hassern zeig' ich nimmermehr mich weich.
Auch jetzo siehst du diese rastlos Stürmenden
Von Schlaf gebändigt. Mühe drückt die scheuſslichen
Uralten Jungfraun, greise Mädchen, denen nie
70 Ein Gott in Freundschaft nahte, nie ein Mensch, noch Thier.
Zu argem Werk nur wurden sie, und wohnen drum
In arger Nacht, im unterird'schen Tartaros,
Den Menschen widerwärtig, wie den Himmlischen.
Doch muſst du fliehen; weiche Schlaffheit sei dir fern.
75 Denn alsobald wird ihre Schaar durch weites Land,
Durch das in Hast dein irrer Fuſstritt schweifen wird,
Durch Meer und Inseln jagen hinter dir einher.
Und nicht zu früh ermatte, diese Schmerzentrift
Zu weiden. Doch wann du zu Pallas Burg gelangt,
80 Da sitze nieder, und umfaſs das alte Bild.
Dort werden Richter dieses Streites uns zu Theil,
Und Mildrungsworte bietend finden Mittel wir,
Die dich des Drangsals völlig noch erledigen.
Denn auch zum Mord der Mutter trieb ich dich ja selbst.

85 Orestes. O Fürst Apollon; dir ist Rechtthun eingeprägt.
Nun dir's bewuſst ist, füge Wachsamkeit hinzu.
Denn daſs du wohlthun kannst, verbürget deine Macht.

Apollon. Halt fest daran, daſs Furcht dich nicht bewält'gen darf.
Du aber nun, mein Bruder, eines Vaters Blut,
90 Bewahr' ihn, Hermes. Sei, so wie's dein Name sagt,

Πομπαῖος ἴσθι, τόνδε ποιμαίνων ἐμὸν
Ἱκέτην. σέβει τοι Ζεὺς, τόδ᾽ ἐκνέμων σέβας,
Ὁρμώμενον βροτοῖσιν εὐπόμπῳ τύχῃ.

Κλυτ. εἴδ.   Εὕδοιτ᾽ ἄν, ὠή· καὶ καθευδουσῶν τί δεῖ;
95   Ἐγὼ δ᾽ ὑφ᾽ ὑμῶν ὧδ᾽ ἀπητιμασμένη
        Ἄλλοισιν ἐν νεκροῖσιν, ὡς μὲν ἔκτανον,
        Ὄνειδος ἐν φθιτοῖσιν οὐκ ἐκλείπεται,
        Αἰσχρῶς δ᾽ ἀλῶμαι, προὐννέπω δ᾽ ὑμῖν, ὅτι
        Ἔχω μεγίστην αἰτίαν κείνων ὕπο·
100   Παθοῦσα δ᾽ οὕτω δεινὰ πρὸς τῶν φιλτάτων,
        Οὐδεὶς ὑπέρ μου δαιμόνων μηνίεται,
        Κατασφαγείσης πρὸς χερῶν μητροκτόνων.
        Ὅρα δὲ πληγὰς τάσδε καρδίᾳ σέθεν·
        Εὕδουσα γὰρ φρὴν ὄμμασιν λαμπρύνεται,
105   Ἐν ἡμέρᾳ δὲ μοῖρ᾽ ἀπρόσκοπος βροτῶν.

        Ἦ πολλὰ μὲν δὴ τῶν ἐμῶν ἐλείξατε
        Χοάς τ᾽ ἀοίνους, νηφάλια μειλίγματα·
        Καὶ νυκτίσεμνα δεῖπν᾽ ἐπ᾽ ἐσχάρᾳ πυρος
        Ἔθυον ὥραν οὐδενὸς κοινὴν θεῶν.
110   Καὶ πάντα ταῦτα λὰξ ὁρῶ πατούμενα.
        Ὁ δ᾽ ἐξαλύξας οἴχεται νεβροῦ δίκην,
        Καὶ ταῦτα κούφως ἐκ μέσων ἀρκυστάτων
        Ὤρουσεν, ὑμῖν ἐγκατιλλώψας μέγα.
        Ἀκούσαθ᾽, ὡς ἔλεξα, τῆς ἐμῆς πέρι
115   Ψυχῆς φρονήσατ᾽, ὦ κατὰ χθονὸς θεαί.
        Ὄναρ γὰρ ὑμᾶς νῦν Κλυταιμνήστρα καλῶ.

Χορός.   (Μυγμός.)

Κλυτ. εἴδ.   Μύζοιτ᾽ ἄν, ἁνὴρ δ᾽ οἴχεται φεύγων πρόσω.
        Φίλοις γάρ εἰσιν οὐκ ἐμοῖς προσίκτορες.

Χορός.   (Μυγμός.)

Κλυτ. εἴδ.   Ἄγαν ὑπνώσσεις, κοὐ κατοικτίζεις πάθος
120   Φονεὺς δ᾽ Ὀρέστης τῆσδε μητρὸς οἴχεται,

Ihm ein Geleitsgott, meinen Schutzbefohlnen
Wohl hütend. Werth hält Zeus, der diese Würd' ertheilt,
Den, welcher heilvoll mit Geleit den Menschen naht.

Orestes, von Hermes geführt, ab.
Der Schatten Klytämnestra's erscheint auf der von Apollon abgewandten Seite.

Klyt. Sch. Ja, schlaft nur, wehe! wozu braucht's der Schlafenden?
95   Dafs ich, die in dem Kreis der Unterirdischen
Durch eure Schuld ein Hohn ist, dafs ich mordete,
Die Schande lischt im Reich der Schatten nimmer aus;
Ich irre schmachvoll ohne Rast, und künd' es laut,
Dafs schwerer Vorwurf mich von jenen dort bedrückt.
100   Doch da gekränkt ich von den Liebsten jammervoll,
Da grollet keine Göttermacht um meinethalb,
Die muttermörderische Hände schlachteten.
Und doch erblickt die Wunden jetzo auch dein Herz,
Denn schlafend schauet hellen Aug's der Geist umher,
105   Ob auch das Tagslicht solche Vorschau nicht vergönnt.

Traun, mannigfaltig habet ihr von meinem Gut
Weinlose Spenden, nüchtern Sühngetränk, geschlürft;
Ich bracht' in Stunden, die mit euch kein Gott getheilt,
Manch heeres Nachtmahl bei der Feuerstätt' euch dar;
110   Und mufs nun all das jetzt in Staub getreten sehn.
Er aber, gleich dem Reh', enteilt' und schwand hinweg;
Ja, da das Fangnetz schon sich rings umhergestellt,
Entsprang er leicht, und blinzte Hohn auf euch herab.
Ich sprach um meine Seele, also höret mich.
115   Merk' auf; besinn' dich, unterird'sche Götterschaar,
Denn Klytämnestra rufet dich im Traum anitzt.

Der Chor stöhnt.

Klyt. Sch. Ja, stöhnet nur, fort ist der Mann, weit weggeflohn;
Denn Schützer finden sie, die meine Seele hafst.

Der Chor stöhnt.

Klyt. Sch. Wie tief du schlummerst; nicht erbarmt der Jammer dich;
120   Orest, der Mörder seiner Mutter hier, ist fort.

$Χορός.$ (Ὠγμός.)

$Κλυτ.$ εἴδ.   Ὤζεις ὑπνώσσουσ'; οὐκ ἀναστήσῃ τάχος;
            Τί σοι πέπρακται πρᾶγμα πλὴν τεύχειν κακά;

$Χορός.$ (Ὠγμός.)

$Κλυτ.$ εἴδ.   Ὕπνος πόνος τε κύριοι συνωμόται
            Δεινῆς δρακαίνης ἐξεκήραναν μένος.

$Χορός.$ (Μυγμὸς διπλοῦς ὀξύς.)
125   Φράζου· Λάβε, λάβε, λάβε, λάβε, λάβε, λάβε, λάβε.

$Κλυτ.$ εἴδ.   Ὄναρ διώκεις θῆρα, κλαγγαίνεις δ' ἅπερ
            Κύων μέριμναν οὔποτ' ἐκλιπὼν πόνου.
            Τί δρᾷς; ἀνίστω, μή σε νικάτω πόνος,
            Μηδ' ἀγνοήσῃς πῆμα μαλθαχθεῖσ' ὕπνῳ.
130   Ἄλγησον ἧπαρ ἐνδίκοις ὀνείδεσιν·
            Τοῖς σώφροσιν γὰρ ἀντίκεντρα γίγνεται.
            Σὺ δ' αἱματηρὸν πνεῦμ' ἐπουρίσασα τῷ,
            Ἀτμῷ κατισχναίνουσα, νηδύος πυρὶ,
            Ἕπου, μάραινε δευτέροις διώγμασιν.

135 $Χοροῦ$ Ἡγ.   Ἔγειρ', ἔγειρε καὶ σὺ τήνδ', ἐγὼ δὲ σέ.
            Εὕδεις; ἀνίστω, κἀπολακτίσασ' ὕπνον,
            Ἰδώμεθ' εἴ τι τοῦδε φροιμίου ματᾷ.

ΚΟΜΜΑΤΙΚΑ.

Χορός.

$Στρ.$ ά.   Ἰοὺ, ἰοὺ, πόπαξ. ἐπάθομεν, φίλαι —
            Ἡ πολλὰ δὴ παθοῦσα καὶ μάτην ἐγώ —
140   Ἐπάθομεν πάθος δυσαχὲς, ὦ πόποι! ἄφερτον κακόν.
            Ἐξ ἀρκύων πέπτωκεν, οἴχεται δ' ὁ θήρ.
            Ὕπνῳ κρατηθεῖσ' ἄγραν ὤλεσα.

$Αντ.$ ά.   Ἰὼ, παῖ Διός! ἐπίκλοπος πέλῃ —
145   Νέος δὲ γραίας δαίμονας καθιππάσω —

Der Chor ächzt.

Klyt. Sch. Du ächzest, schlummernd? — Raffest dich nicht schnell empor?
Welch' Werk denn wirkst du, wenn du Unheil nicht erschaffst?

Der Chor ächzt.

Klyt. Sch. Mühsal und Schlummer schlossen einen festen Bund,
Und haben dieses grausen Lindwurms Wuth gelähmt.

Der Chor. Doppeltes, heftiges Aechzen. — — Darauf die Chorführerin und sieben andre
Stimmen:

125   Pass' auf! und pack', pack', packe, pack', pack', packe, pack!

Klyt. Sch. Du jagst im Traum, und bellst im Anschlag auf das Wild,
Dem Hunde gleichend, der des Dienstes nie vergißt.
Was schaffst du! auf doch! keine Müh' besiege dich,
Kein sanfter Schlummer tilg' aus deinem Sinn die Qual.

130 Verdienter Vorwurf fresse dir sich an das Herz,
Denn, wer besonnen, fühlet ihn dem Stachel gleich.
Auf, send' ihm nach den blut'gen Hauch als Seegelwind,
Dein Athem dörr' ihn, deiner Eingeweide Glut,
Ihm nach! entfleisch' ihn jetzt durch eine zweite Jagd.

Der Schatten verschwindet. — — Die Führerin des Chors springt von ihrem Sitze.

135 Die Chorf. Erweck', erwecke du die andre, wie ich dich.
Du schläfst? Empor doch! schüttl' im Sprunge fort den Schlaf;
Laßt sehen uns, ob dieses Vorspiel Eitles sagt.

Die Erinnyen erheben sich einzeln von den Sitzen und stellen sich auf der Bühne nach beiden Seiten,
theils dem Apollon, theils dem Orte der Erscheinung näher, auf. Diese singen die folgenden Strophen,
jene die Antistrophen.

Chorgesang.

St. 1. O weh! wehe mir! Ein Unheil betraf —   Strophe.
    2. Ja, viel des Unheils duldet' ich und ganz umsonst! —

140   1. Ein Unheil, o weh! betraf unsre Schaar, ein unsäglich Leid.
    3. Entschlüpft dem Fangnetz, weggeschwunden ist das Wild;
        Im Schlaf entrann meiner Jagd Beute mir.

St. 4. O du! Sohn des Zeus, mit heimtück'scher List —   Antistr.
    5. Du Jüngling, tratst uns greise Götter in den Staub! —

Τὸν ἱκέταν σέβων ἄθεον ἄνδρα καὶ τοκεῦσιν πικρόν.
Τὸν μητραλοίαν δ᾽ ἐξέκλεψας ὢν θεός.
Τί τῶνδ᾽ ἐρεῖ τις δικαίως ἔχειν;

150 Στρ. β'. Ἐμοὶ δ᾽ ὄνειδος ἐξ ὀνειράτων μολὸν
Ἔτυψεν δίκαν διφρηλάτου
Μεσολαβεῖ κέντρῳ.
Ὑπὸ φρένας, ὑπὸ λοβὸν,
Πάρεστι μαστίκτορος δαίου δαμίου   155
155 Βαρὺ, τὸ περίβαρυ κρύος ἔχειν.

Ἀντ. β'. Τοιαῦτα δρῶσιν οἱ νεώτεροι θεοὶ,
Κρατοῦντες τὸ πᾶν δίκας πλέον.
Φονολιβῆ θρόνον
Περὶ πόδα, περὶ κάρα
160 Πάρεστι γᾶς ὀμφαλὸν προσδρακεῖν, αἱμάτων   160
Βλοσυρὸν ἀρόμενον ἄγος ἔχειν.

Στρ. γ'. Ἐφεστίῳ δὲ μάντις ὢν μιάσματι
Μυχὸν ἔχρανας αὐτόσσυτος, αὐτόκλητος,   165
Παρὰ νόμιον θεῶν βρότεα μὲν τίων,
165 Παλαιγενεῖς δὲ Μοίρας φθίσας.

Ἀντ. γ'. Κἀμοί τε λυπρὸς, καὶ τὸν οὐκ ἐκλύσεται,
Ὑπό τε γᾶν φυγὼν οὔποτ᾽ ἐλευθεροῦται.   170
Ποτιτρόπαιος ὢν δ᾽ ἕτερον ἐν κάρᾳ
Μιάστορ᾽ ἔστιν οὗ πάσεται.

170 Ἀπόλλων. Ἔξω, κελεύω, τῶνδε δωμάτων τάχος
Χωρεῖτ᾽, ἀπαλλάσσεσθε μαντικῶν μυχῶν·   175
Μὴ καὶ λαβοῦσα πτηνὸν ἀργηστὴν ὄφιν,
Χρυσηλάτου θώμιγγος ἐξορμώμενον,
Ἀνῇς ὑπ᾽ ἄλγους μέλαν᾽ ἀπ᾽ ἀνθρώπων ἀφρὸν,
175 Ἐμοῦσα θρόμβους οὓς ἀφείλκυσας φόνου.
Οὔτοι δόμοισι τοῖσδε χρίμπτεσθαι πρέπει·   180
Ἀλλ᾽ οὗ καρανιστῆρες ὀφθαλμώρυχοι
Δίκαι, σφαγαί τε, σπέρματός τ᾽ ἀποφθορᾷ
Παίδων κακοῦται χλοῦνις, ἠδ᾽ ἀκρωνία
180 Λευσμός τε, καὶ μύζουσιν οἰκτισμὸν πολὺν

145   4.   Beherbergtest du den gottlosen Mann, den fluchwerthen Sohn.

      6.   Den Muttermörder stahlst du, selbst ein Gott, uns fort.

         Von solchem Thun was erscheint rechtgethan?

St. 7. 8.   Mir trat im Träumen vor das Aug' ein schnöder Schimpf,   Strophe.

         Und traf gleich dem Rossesporner mich

150   Mit handfestem Stahl.

         In die Brust, bis in das Herz,

         Ich fühl' es, bohrt eisigkalt grimme Pein tief hinein

         Des Feinds, des Büttels, Geißelhieb.

St. 9. 10.   Dies ist die Weise dieses jüngern Götterstamms,   Antistr.

155   Gewalt übt er sonder Recht' und Maaß.

         Ein Sitz naß von Blut

         Um den Fuß, wie um das Haupt,

         Ich seh' es, steht dort der Erdnabel, weil Sündenschuld

         Er selbst, verruchte, auf sich lud.

160 St. 11. 12.   Auf eignen Trieb hast du dein Allerheiligstes   Strophe.

         Durch dies Gräul, Prophet, des Altars beflecket,

         Und trotz Götterrecht des Tods Raub geehrt,

         Gekränkt der Mören uralte Macht.

St. 13. 14.   Ich werd' ihm gram, und jenen lös't er dennoch nicht;   Antistr.

165   Des Abgrundes Schooß gewährt keine Freistatt,

         Ein Fluch ruht auf ihm; sein Haupt faßt einmal

         An anderm Ort der Rachgötter Zorn.

Apollon.   Hinaus, gebiet' ich, schnell aus diesem Hause fort,

         Von diesem Seher-Heiligthume weicht hinweg,

170   Auf daß die lichte Flügelschlang' euch nicht ereilt,

         Von goldgedrehter Bogensehn' hinausgeschnellt,

         Und du, geängstet, Schaum von Menschenblute schwarz

         Und Klumpen ausspeist, die du Leichen ausgeschlürft.

         Euch wahrlich ziemt nicht diesem reinen Haus zu nahn;

175   Zum Hochgerichte, wo man blendet, köpft, mit euch,

         Hin, wo man Menschen schlachtet, wo Entmannung auch

         Der Knaben Blüthe schändet, wo man steiniget

         Und Glieder stümmelt, und das grause Wehgeheul

Ὑπὸ ῥάχιν παγέντες. ἆρ᾽ ἀκούετε,   185
Οἵας ἑορτῆς ἔστ᾽ ἀπόπτυστοι θεοῖς
Στέργηθρ᾽ ἔχουσαι; πᾶς δ᾽ ὑφηγεῖται τρόπος
Μορφῆς. λέοντος ἄντρον αἱματορρόφου

185   Οἰκεῖν τοιαύτας εἰκὸς, οὐ χρηστηρίοις
Ἐν τοῖσδε πλησίοισι τρίβεσθαι μύσος.   190
Χωρεῖτ᾽ ἄνευ βοτῆρος αἰπολούμεναι.
Ποίμνης τοιαύτης δ᾽ οὔτις εὐφιλὴς θεῶν.

Χορός.   Ἄναξ Ἄπολλον, ἀντάκουσον ἐν μέρει.
190   Αὐτὸς σὺ τούτων οὐ μεταίτιος πέλῃ,
Ἀλλ᾽ εἷς τὸ πᾶν ἔπραξας, ὡς παναίτιος.   195

Ἀπόλλων.   Πῶς δή; τοσοῦτο μῆκος ἔκτεινον λόγου.

Χορός.   Ἔχρησας ὥστε τὸν ξένον μητροκτονεῖν.

Ἀπόλλων.   Ἔχρησα ποινὰς τοῦ πατρὸς πέμψαι· τί μήν;

195   Χορός.   Κἄπειθ᾽ ὑπέστης αἵματος δέκτωρ νέου.

Ἀπόλλων.   Καὶ προστραπέσθαι τούσδ᾽ ἐπέστελλον δόμους.   200

Χορός.   Καὶ τὰς προπομποὺς δῆτα τάσδε λοιδορεῖς;

Ἀπόλλων.   Οὐ γὰρ δόμοισι τοῖσδε πρόσφορον μολεῖν.

Χορός.   Ἀλλ᾽ ἔστιν ἡμῖν τοῦτο προστεταγμένον.

200   Ἀπόλλων.   Τίς ἥδε τιμή; κόμπασον γέρας καλόν.

Χορός.   Τοὺς μητραλοίας ἐκ δόμων ἐλαύνομεν.   205

Ἀπόλλων.   Τί γάρ; γυναικὸς, ἥτις ἄνδρα νοσφίσῃ,
Οὐκ ἂν γένοιθ᾽ ὅμαιμος αὐθέντης φόνος;
Ἦ κάρτ᾽ ἄτιμα, καὶ παρ᾽ οὐδὲν ἀρκέσει
205   Ἥρας τελείας καὶ Διὸς πιστώματα.
Κύπρις δ᾽ ἄτιμος τῷδ᾽ ἀπέρριπται λόγῳ,   210
Ὅθεν βροτοῖσι γίγνεται τὰ φίλτατα.
Εὐνὴ γὰρ ἀνδρὶ καὶ γυναικὶ μορσίμη
Ὅρκου ᾽στὶ μείζων, τῇ Δίκῃ φρουρουμένη.
210   Εἰ τοῖσιν οὖν κτείνουσιν ἀλλήλους χαλᾷς,
Τὸ μὴ πένεσθαι †, μηδ᾽ ἐποπτεύειν κότῳ,   215
Οὔ φημ᾽ Ὀρέστην σ᾽ ἐνδίκως ἀνδρηλατεῖν.

Der Aufgespießten laut ertönet! Hört ihr wohl,
180 Welch einer Festlust Augenweid' ihr liebt, die euch
Zum Götter - Scheusal machet? Zeigt's doch deutlich an
Eu'r ganzes Ansehn. Bei des Leu'n blutlechzendem
Geschlecht' in Klüften hauset bill'ger solche Brut,
Als daß, mit Sühnschuld nahend, sie mein Haus beschmitzt.
185 Nun fort von hinnen, hirtenloser Heerdenzug,
Denn solche Heerde hütet nimmer gern ein Gott.

Chor. Nun, Fürst Apollon, hör' auch uns nach unserm Theil.
Du selbst ja, theilest freilich nicht die Schuld hievon,
Nein, trägst allein des ganzen Werkes volle Schuld.

190 Apollon. Wie doch? So lange weile noch, und sag' es an.

Chor. Dein Spruch gebot dem fremden Manne Muttermord.

Apollon. Mein Spruch gebot ihm Vater - Rache. Was denn sonst?

Chor. Dann botst du Herberg' auch der blutbesprützten Hand.

Apollon. Dann hieß ich Sühne flehend diesem Haus' ihn nahn.

195 Chor. Und schmähest Die jetzt, die ja sein Geleit nur sind!

Apollon. Denn ihre Nähe frommet diesem Hause nicht.

Chor. Jedoch gebeut dies unsres Amtes Pflicht zu thun.

Apollon. Was für ein Amt das? Rühm' ein schönres Ehrenamt.

Chor. Die Muttermörder treiben wir vom Haus hinweg.

200 Apollon. Wie denn? das Weib soll, das den Ehmann umgebracht,
Nicht auch der Blutsfreund tödten mit der eignen Hand?
Dann ist ja Hera's Satzung und des Zeus fürwahr,
Der heil'ge Ehbund, ehrenlos, und hilft für nichts.
Die Rede stößt auch Aphroditen schnöd' hinweg,
205 Die doch dem Menschen, was das Liebst' ihm ist, gewährt.
Das Bett, wo Schicksalswaltung Mann und Weib vereint,
Geht über Eidschwur, wenn das Recht die Wache hält.
Hältst du nun doch, wenn Die sich morden, schlaff den Zaum,
Ohn' Angst zu fühlen, und im Grimme dreinzuschaun,
210 Dann jagst du, sag' ich, auch Oresten ohne Fug.

Τὰ μὲν γὰρ οἶδα κάρτα σ' ἐκθυμουμένην,
Τὰ δ' ἐμφανῶς πράσσουσαν ἡσυχαιτέραν.
215 Δίκας δὲ Παλλὰς τῶνδ' ἐποπτεύσει θεά.

Χορός.   Τὸν ἄνδρ' ἐκεῖνον οὔ τι μὴ λείπω ποτέ.   220

Ἀπόλλων.   Σὺ δ' οὖν δίωκε, καὶ πόνων πλέον τίθου.

Χορός.   Τιμὰς σὺ μὴ σύντεμνε τὰς ἐμὰς λόγῳ.

Ἀπόλλων.   Οὐδ' ἂν δεχοίμην ὥςτ' ἔχειν τιμὰς σέθεν.

220 Χορός.   Μέγας γὰρ ἔμπας πὰρ Διὸς θρόνοις λέγῃ·
Ἐγὼ δ', ἄγει γὰρ αἷμα μητρῷον, δίκας   225
Μέτειμι τόνδε φῶτα κακκυνηγέτις.

(Χοροῦ μετάστασις.)

Ἀπόλλων.   Ἐγὼ δ' ἀρήξω, τὸν ἱκέτην τε ῥύσομαι·
Δεινὴ γὰρ ἐν' βροτοῖσι κἀν θεοῖς πέλει
225 Τοῦ προςτροπαίου μῆνις, εἰ προδῶ σφ' ἑκών.

———

Ὀρέστης.   Ἄνασσ' Ἀθάνα, Λοξίου κελεύσμασιν   230
Ἥκω, δέχου δὲ πρευμενῶς ἀλάστορα,
Οὐ προςτρόπαιον, οὐδ' ἀφοίβαντον χέρα,
Ἀλλ' ἀμβλὺν ἤδη, προςτετριμμένον τε πρὸς
230 Ἄλλοισιν οἴκοις καὶ πορεύμασιν βροτῶν.
Ὅμοια χέρσον καὶ θάλασσαν ἐκπερῶν,   235
Σώζων ἐφετμὰς Λοξίου χρηστηρίους,
Πρόσειμι δῶμα καὶ βρέτας τὸ σὸν, θεά.
Αὐτοῦ φυλάσσων ἀναμένω τέλος δίκης.

(Χοροῦ ἐπιπάροδος.)

235 Χοροῦ Ἡγ.   Εἶεν· τόδ' ἐστὶ τἀνδρὸς ἐκφανὲς τέκμαρ.
Ἕπου δὲ μηνυτῆρος ἀφθέγκτου φραδαῖς.   240
Τετραυματισμένον γὰρ ὡς κύων νεβρὸν,
Πρὸς αἷμα καὶ σταλαγμὸν ἐκμαστεύομεν.

Das Eine, weifs ich, nimmst du sehr zu Herzen dir,
Das Andre trägst du offenbar viel ruhiger.
Was Recht darin, erschauet Göttin Pallas uns.

Chor. Doch denke nicht, ich liefse je von jenem Mann.

215 Apollon. Drum folg' ihm immer, mehre so die Plage dir.

Chor. Du schmäl're mir durch Worte nicht mein Ehrenamt.

Apollon. Auch angeboten, nähm' ich nicht solch Ehrenamt.

Chor. Du stehst in Ansehn, hör' ich wohl, am Thron des Zeus.
Ich aber eile, denn es ruft mich Mutterblut,
220 Der Strafe dieses Mannes nach in schneller Jagd.

Apollon. Ich werd' ihm beistehn, und dem Schützling Schirmer sein.
Schwer drückt' auf Erden und bei Göttern mich der Zorn
Des Sühneflehers, gäb' ich willig ihn dahin.

Die Buhne wird leer, und verwandelt sich aus dem Heiligthum des Apoll zu Delphi in das der
Pallas Polias zu Athen Zwischen dem vorigen und dem folgenden Theil des Stuckes wird eine langere
Zwischenzeit gedacht

IN ATHEN

Orestes. O Fürstin Pallas, Loxias Gebot gemäfs
225 Komm' ich; empfange mild den Fluchbeladenen.
Nicht heischt er Sühne; schon entsündigt ist die Hand,
Und abgestumpft der Frevel, da er viel zumal
In fremdem Haus verkehrt hat und wo Menschen gehn.
Das weite Festland wie das Meer durchpilgernd,
230 Der Weisung folgsam aus Apollons Sehermund,
Nah' ich nun, Göttin, deinem Haus' und Weihebild;
Und nicht von hinnen weichend harr' ich meines Spruchs.

Der Chor tritt ein, so dafs der Chorfühierin zwei Reihen von Erinnyen folgen, die sich nach
beiden Seiten der Orchestra ausbreiten

Die Chorf. Wohlan! des Mannes offenbare Spur ist dies!
Nun folgt den stummen Worten der Verrätherin.
235 Denn wie dem Jagdhund, der das wunde Reh verfolgt,
Weis't Blutgeträufel uns des Flüchtlings Fährte nach.

240

Πολλοῖς δὲ μόχθοις ἀνδροκμῆσι φυσιᾷ
Σπλάγχνον· χθονὸς γὰρ πᾶς πεποίμανται τόπος,
Ὑπέρ τε πόντον ἀπτέροις ποτήμασιν
Ἦλθον διώκουσ᾽, οὐδὲν ὑστέρα νεώς.
Καὶ νῦν ὅδ᾽ ἐνθάδ᾽ ἐστί που καταπτακών.

245

ΚΟΜΜΑΤΙΚΑ.

Χορός.

Προῳδ. Ὀσμὴ βροτείων αἱμάτων με προσγελᾷ.

245 Ὅρα, ὅρα μάλ᾽ αὖ· λεύσσετον παντᾷ,
Μὴ λάθῃ φύγδα βὰς ὁ ματροφόνος ἀτίτας.

250

Στρ. ά. Ὅδ᾽ αὖτέ γ᾽ οὖν ἀλκὰν ἔχων περὶ βρέτει
Πλεχθεὶς θεᾶς ἀμβρότου·

250 Ὑπόδικος θέλει γενέσθαι χερῶν.

255

Ἀντ. ά. Τὸ δ᾽ οὐ πάρεστιν· αἷμα μητρῷον χαμαὶ
Δυσαγκόμιστον, παπαῖ.
Τὸ διερὸν πέδῳ χύμενον οἴχεται.

Στρ. β΄. Ἀλλ᾽ ἀντιδοῦναι δεῖ σ᾽, ἀπὸ ζῶντος ῥοφεῖν

255 Ἐρυθρὸν ἐκ μελέων πέλανον· ἀπὸ δὲ σοῦ
Βοσκὰν φεροίμαν πώματος τοῦ δυσπότου.
Καὶ ζῶντά σ᾽ ἰσχνάνασ᾽, ἀπάξομαι κάτω·
Ἀντιπόνους τίνεις μητροφόνας δύας.

260

Ἀντ. β΄. Ὄψει δὲ κεἴ τις ἄλλον ἤλιτεν βροτῶν,

260 Ἢ θεὸν ἢ ξίνον τιν᾽ ἀσεβῶν . .,

265

Ἢ τοκέας φίλους,
Ἔχονθ᾽ ἕκαστον τῆς δίκης ἐπάξια.
Μέγας γὰρ Ἅιδης ἐστὶν εὔθυνος βροτῶν,
Ἔνερθε χθονός,

265 Δελτογράφῳ δὲ πάντ᾽ ἐπωπᾷ φρενί.

270

Ὀρέστης. Ἐγώ, διδαχθεὶς ἐν κακοῖς, ἐπίσταμαι
Πολλοὺς καθαρμούς, καὶ λέγειν ὅπου δίκη,
Σιγᾶν θ᾽ ὁμοίως· ἐν δὲ τῷδε πράγματι
Φωνεῖν ἐτάχθην πρὸς σοφοῦ διδασκάλου·

275

270 Βρίζει γὰρ αἷμα καὶ μαραίνεται χερός,

Von vielem Mühsal, welchem Menschenbein erliegt,
Schnaubt unsre Brust noch. Alles Land durchschweiften wir
Und- durch die Meerflut, immer nach dem schnellen Schiff,
240 Lenkt' ich verfolgend meinen flügellosen Flug.
Doch jetzo hat er hier sich irgendwo versteckt.

Die Erinnyen haben sich so aufgestellt, daſs sie sich zur rechten und linken Seite gegenüber stehn, und singen, so sich entsprechend, die folgenden Strophen.

Chorgesang.

St. 1. 2. Ein süſser Duft von Menschenblute lacht mich an. Proodos.
O schau, schaue nur; blicket rechts, links auch;
Unser Aug' täuschet sonst des Blutfrevlers Fluchtschritt.

245 3. 4. Hier seht ihn wieder, der als einen neuen Hort Strophe.
Der Göttin Bild fest umflicht;
Dem Rechtsurtel beut für Blutschuld er sich.

5. 6. Doch nie geschieht das. Denn versprüztes Mutterblut Antistr
Kehrt schwer zurück; hin ist es,
250 Sobald solch ein Naſs den Erdboden netzt.

7. 8. Erstatten sollst du's, daſs ich aus lebend'gem Leib Strophe.
Den Blutopfertrank dir ausschlürfen mag.
Den Trank, den Niemand trinkt, erlang' ich wohl von dir.

9. 10. Und ausgedörrt im Leben führ' ich dich hinab;
255 Du zahlst Mutterschmerz mit gleich schwerem dort.

11. 12. Auch schaust du, wie, wer unter Menschen frevelhaft Antistr.
Durch Fluchschuld den Gott, den Gastfreund verletzt,
(nebst 7. 8) Und wer Eltern schlug,
Jedweder den ihm bill'gen Sold dafür empfängt.

260 13. 14. Denn Hades nimmt vom Menschen groſse Rechenschaft
(nebst 9. 10.) Im Erdschlunde tief;
Er schaut jeglich Ding, und schreibt's tief ins Herz.

Orestes. Ich habe Kenntniſs in des Leides Schul' erlangt
Von vielen Sühnungsbräuchen, und verstehe nun,
265 Wo Reden ziemt, wo Schweigen. Doch an diesem Platz
Macht mir ein weiser Meister Reden zum Gesetz.
Schon- schläft das Blut ja, und vergehet von der Hand,

3 *

Μητροκτόνον μίασμα δ᾽ ἔκπλυτον πέλει.
Ποταίνιον γὰρ ὂν πρὸς ἑστίᾳ θεοῦ,
Φοίβου καθαρμοῖς ἠλάθη χοιροκτόνοις.
Πολὺς δέ μοι γένοιτ᾽ ἂν ἐξ ἀρχῆς λόγος,   280
275   Ὅσοις προςῆλθον ἀβλαβεῖ ξυνουσίᾳ.
Χρόνος καθαιρεῖ πάντα γηράσκων ὁμοῦ.

Καὶ νῦν ἀφ᾽ ἁγνοῦ στόματος εὐφήμως καλῶ
Χώρας ἄνασσαν τῆςδ᾽ Ἀθηναίαν, ἐμοὶ
Μολεῖν ἀρωγόν· κτήσεται δ᾽ ἄνευ δορὸς   285
280   Αὐτόν τε καὶ γῆν καὶ τὸν Ἀργεῖον λεὼν,
Πιστὸν δικαίως ἐς τὸ πᾶν τε σύμμαχον.
Ἀλλ᾽ εἴτε χώρας ἐν τόποις Λιβυστικοῖς,
Τρίτωνος ἀμφὶ χεῦμα γενεθλίου πόρου,
Τίθησιν ὀρθὸν ἢ κατηρεφῆ πόδα,   290
285   Φίλοις ἀρήγους᾽, εἴτε Φλεγραίαν πλάκα,
Θρασὺς ταγοῦχος ὡς ἀνὴρ, ἐπισκοπεῖ·
Ἔλθοι, — κλύει δὲ καὶ πρόσωθεν ὢν θεὸς, —
Ὅπως γένοιτο τῶνδ᾽ ἐμοὶ λυτήριος.

Χοροῦ Ἡγ. Οὔτοι σ᾽ Ἀπόλλων οὐδ᾽ Ἀθηναίας σθένος   295
290   Ῥύσαιτ᾽ ἂν, ὥστε μὴ οὐ παρημελημένον
Ἔῤῥειν, τὸ χαίρειν μὴ μαθόνθ᾽ ὅπου φρενῶν,
Ἀναίματον βόσκημα δαιμόνων, σκιάν.
Οὐδ᾽ ἀντιφωνεῖς, ἀλλ᾽ ἀποπτύεις λόγους,
Ἐμοὶ τραφείς τε καὶ καθιερωμένος,   300
295   Καὶ ζῶν με δαίσεις, οὐδὲ πρὸς βωμῷ σφαγείς·
Ὕμνον δ᾽ ἀκούσῃ τόνδε δέσμιον σέθεν.

ΠΑΡΟΔΟΣ.

Χορός.

Συστ. ά. Ἄγε δὴ καὶ χορὸν ἄψωμεν, ἐπεὶ Μοῦσαν στυγερὰν ἀποφαίνεσθαι
     δεδόκηκεν,   305
300   β´. Λέξαι τε λάχη τὰ κατ᾽ ἀνθρώπους ὡς ἐπινωμᾷ στάσις ἀμά,
     γ´. Εὐθυδίκαι θ᾽ ἡδόμεθ᾽ εἶναι.

Μεσῳδ. Τὸν μὲν καθαρὰς χεῖρας προνέμοντ᾽ † οὔτις ἀφ᾽ ἡμῶν μῆνις
     ἐφέρπει,   310

Hinweggewaschen ist der Gräul des Muttermords.
Denn da er frisch noch an dem Gottesheerde war,
270 Entfernt ihn Phoebos durch der Opferferken Blut;
Und Viele müſst' ich nennen, zählt' ich Alle her,
Die mich beherbergt, ohne daſs sie Schaden traf.
Denn im Vergehn der Zeiten schwindet Alles mit.

So darf ich ohn' Entweihung jetzt mit reinem Mund
275 Pallas, der Landschaft Herrin, rufen, mir zum Schirm
Herbeizukommen. Dann gewinnt sie ohne Speer
Mich selbst und Argos Land und Volk zum ew'gen Bund
Rechtschaffen treuer Freund' und Kampfverbündeter.
Drum mag sie jetzo in den Landen Libya's
280 Am Wasser Triton's, ihres heimatlichen Stroms,
Den Freunden hilfreich, bald vom Wagen, bald den Fuſs
Vorstellend, kämpfen, mag auf Phlegra's Blachgefild
Sie kühn herabschaun, wie ein heergewalt'ger Mann;
Sie wolle kommen, auch entfernt ja hört ein Gott,
285 Ob dieses Drangsal sie vielleicht mir wenden mag.

Die Chorf. Nicht wird Apollon's, nicht Athena's Macht fürwahr
Dich also hilfreich schirmen, daſs du nicht zuletzt
Verstoſsen hinfährst, ohne Platz für Freud' im Sinn,
Blutleer gesogen von Dämonen, schattengleich!
290 Erstummen wirst du, alle Rede von dir spei'n,
Du mir genährtes, mir geweihtes Opferthier,
Das lebend noch mich labet, nicht geschlachtet erst.
Nun sollst ein Lied du hören, das dich binden wird.

Die Chorführerin tritt auf die Thymele; die Andern reihen sich, die folgenden sieben Verse singend,
auf den Linien der Orchestra zum geordneten Chor.

Chorgesang.

St. 1. 2. Nun auf! und den Reihn laſst schlingen uns jetzt, da den Schauergesang
zu verkündigen unser Beschluſs ist,
295 3. 4. Zu enthüllen das Amt bei dem Menschengeschlecht, wie unsere Schaar es
verwaltet!
5. 6. Doch gerecht zu verwalten erfreut uns.
7. 8. Wer immer die Händ' unsträflich uns zeigt, Den suchet von uns kein Unheil heim;

305 Ἀντ. γ'. Ἀσινὴς δ' αἰῶνα διοιχνεῖ

    β'. Ὅςτις δ' ἀλιτρῶν, ὥςπερ ὅδ' ἀνὴρ, χεῖρας φονίας ἐπικρύπτει,

310   α'. Μάρτυρες ὀρθαὶ τοῖσι θανοῦσι παραγιγνόμεναι, πράκτορες αἵματος

        αὐτῷ τελέως ἐφάνημεν.   315

ΣΤΑΣΙΜΟΝ ΠΡΩΤΟΝ.

Στρ. ά. Μᾶτερ ἅ μ' ἔτικτες, ὦ μᾶτερ

        Νύξ, ἀλαοῖσι καὶ δεδορκόσιν Ποινὰν,

        Κλῦθ'· ὁ Λατοῦς γὰρ ἶνίς μ' ἄτιμον τίθησιν,   320

315   Τόνδ' ἀφαιρούμενος πτῶκα, ματρῷον ἄγνισμα κύριον φόνου.

        Ἐπὶ δὲ τῷ τεθυμένῳ

        Τόδε μέλος, παρακοπὰ, παραφορὰ φρενοδαλὴς,   325

        Ὕμνος ἐξ Ἐριννύων

        Δέσμιος φρενῶν, ἀφόρμικτος αὐονὰ βροτοῖς.

320 Ἀντ. ά. Τοῦτο γὰρ λάχος διανταία   330

        Μοῖρ' ἐπέκλωσεν ἐμπέδως ἔχειν, θνατῶν,

        Τοῖσιν αὐτουργίαι ξυμπέσωσιν μάταιοι,

        Τοῖς ὁμαρτεῖν, ὄφρ' ἂν γᾶν ὑπέλθῃ   θανὼν δ' οὐκ ἄγαν

          ἐλεύθερος.   335

325   Ἐπὶ δὲ τῷ τεθυμένῳ

        Τόδε μέλος, παρακοπὰ, παραφορὰ φρενοδαλὴς,

        Ὕμνος ἐξ Ἐριννύων   340

        Δέσμιος φρενῶν, ἀφόρμικτος αὐονὰ βροτοῖς.

Στρ. β'. Γιγνομέναισι λάχη τάδ' ἐφ ἁμὶν ἐκράνθη,

330   Ἀθανάτων ἀπέχειν χέρας, οὐδέ τις ἐστὶ

        Συνδαίτωρ μετάκοινος.   345

        Παλλεύκων δὲ πέπλων ἀπόμοιρος, ἄκληρος ἐτύχθην.

        Δωμάτων γὰρ εἱλόμαν

335   Ἀνατροπὰς, ὅταν Ἄρης τιθασὸς ὢν φίλον ἕλῃ.

        Ἐπὶ τὸν, ὦ, διόμεναι,   350

        Κρατερὸν ὄνθ' ὅμως μαυροῦμεν καμάτοισιν †.

340 Ἀντ. β'. Σπεύδομεν αἵδ' ἀφελεῖν τινὰ τάσδε μερίμνας,

        Θεῶν δ' ἀτέλειαν ἐμαῖς λείταις ἐπικραίνειν,   355

9. 10.   Ungehärmt durchwallt er das Leben.

11. 12.   Wo ein Frevler indefs, wie der Mann hier, bluttriefende Hände geheim hält,

300 13. 14.   Da Zeuge des Rechts für den Todten erscheint ihm unsere Schaar, und
                        erpresset zuletzt die entsetzliche Bufse des Blutes.

Vollstimmiger Chorgesang.
(Phrygische Tonart.)

Strophe. Mutter, du die mich gebar, Urnacht,

        Mich, der erhellten wie der düstern Welt Strafgeist,

        Höre, denn Leto's Sprofs will des Amts Ruhm mir nehmen,

        Raubt mir dies scheue Wild, dessen Blut ganz allein sühnen kann den
                Muttermord.

305 Doch zu der Opferung ertönt

        Nun ihm ein Lied, das ihn mit Wahn, das mit Verwirrung ihn erfüllt;

        Ein Erinnyen - Festgesang,

        Tönt es ohne Saitenspiel, Bande schlingend um den Geist.

Antistr. Denn für ew'ge Zeit hat solch Erbtheil

310 Unsrem Geschlecht bestimmt die Zwanggewalt Moera's;

        Wann ein Mensch Frevelthat frech gewagt, seinen Spuren,

        Bis zum Abgrund' er sinkt, nachzugehn. Unten auch wird geringe Freiheit ihm.

        Doch zu der Opferung ertönt

        Nun ihm ein Lied, das ihn mit Wahn, das mit Verwirrung ihn erfüllt;

315 Ein Erinnyen - Festgesang,

        Tönt es ohne Saitenspiel, Bande schlingend um den Geist.

Strophe. Dies ist das Loos, das in unserm Entstehn uns verhängt ward:

        Von den Unsterblichen fern uns zu halten, und Niemand

        Theilt dort unsre Gelage;

320 Nie auch hüllen in lichte Gewänder sich unsere Glieder.

        Häuser stürzen ward mir Pflicht,

        Da wo ermordete der Streit in dem befriedeten Gebiet.

        Auf ihn hinein wird da gehetzt,

        Sei er auch stark, es zehrt lange Drangsal die Kraft auf.

325 **Antistr.** Einen Erhab'nen entheben wir hier des Geschäftes,

        Unsere Leistung befreiet die Götter von Lasten,

Μηδ' εἰς ἄγκρισιν ἐλθεῖν.
Ζεύς γ αἱμοσταγὲς ἀξιόμισον ἔθνος τόδε λέσχας

345 ‛Ας ἀπηξιώσατο.
Μάλα γὰρ οὖν ἁλομένα   360
Ἀνέκαθεν βαρυπεσῇ καταφέρω ποδὸς ἀκμὰν
350 Σφαλερὰ τανυδρόμοις κῶλα, δύσφορον ἄταν.

Στρ. γ'. Δόξαι τ' ἀνδρῶν, καὶ μάλ' ὑπ' αἰθέρι σεμναὶ,   365
     Τακόμεναι κατὰ γᾶν μινύθουσιν ἄτιμοι
     Ἡμετέραις ἐφόδοις μελανείμοσιν, ὀρχησμοῖς τ' ἐπιφθόνοις
     ποδός.

355 Ἀντ. γ'. Πίπτων δ' οὐκ οἶδεν τόδ' ὑπ' ἄφρονι λύμᾳ.
     Τοῖον ἐπὶ κνέφας ἀνδρὶ μύσος πεπόταται,   370
     Καὶ δνοφερὰν τιν' ἀχλὺν κατὰ δώματος αὐδᾶται πολύστονος
     φάτις.

360 Στρ. δ'. Μένει γὰρ εὐμήχανοί τε καὶ τέλειοι κακῶν τε μνήμονες
     σεμναί·
     Καὶ δυσπαρήγοροι βροτοῖς   375
       ἄτιμ' ἀτίετα διόμεναι
365   λάχη θεῶν διχοστατοῦντ' ἀνηλίῳ λάμπᾳ,
     Δυσοδοπαίπαλα δερκομένοισι καὶ δυσομμάτοις ὁμῶς.   380

Ἀντ. δ'. Τίς οὖν τάδ' οὐχ ἅζεταί τε καὶ δέδοικεν βροτῶν, ἐμοῦ κλύων
     θεσμόν,
370   Τὸν μοιρόκραντον, ἐκ θεῶν   385
       δοθέντα τέλεον· ἐπὶ δέ μοι
       γέρας παλαιόν ἐστιν †, οὐδ' ἀτιμίας κύρω,
     Καίπερ ὑπὸ χθόνα τάξιν ἔχουσα καὶ δυσήλιον κνέφας.   390

375 Ἀθηνᾶ.   Πρόσωθεν ἐξήκουσα κληδόνος βοὴν
       Ἀπὸ Σκαμάνδρου, γῆν καταφθατουμένη,
       Ἣν δῆτ' Ἀχαιῶν ἄκτορές τε καὶ πρόμοι,
       Τῶν αἰχμαλώτων χρημάτων λάχος μέγα,
       Ἔνειμαν αὐτόπρεμνον εἰς τὸ πᾶν ἐμοὶ,   395
380   Ἐξαίρετον δώρημα Θησέως τόκοις·
       Ἔνθεν διώκουσ' ἦλθον ἄτρυτον πόδα,

Fern bleibt ihnen die Prüfung.

Zeus hat diesem von Blute befleckten, verhafsten Geschlechte

Seinen Göttersaal versagt.

330   Darum nun schwingt sich mir der Fufs mit dem gewaltigen Gewicht

Her von der Höh', und unvermerkt

In dem behenden Lauf   stürzt er gräfslich den Flüchtling.

Strophe. Dann kreucht Hoffahrt sterblicher Menschen im Staube,

Ob sie auch jüngst noch zum Aether sich kecklich emporschwang,

335   Wann wir in schwarzen Umhüllungen nahn und zum Tanzreihn   freudenlos der Fufs sich schwingt.

Antistr. Doch raubt Wahnwitz noch in dem Sturz die Besinnung;

Also verdunkelnd umflattert die Augen die Sühnschuld.

Jammergestöhne der Menge verkündet, dafs Nachtgraun   düster ob dem Hause schwebt.

Strophe. Des Zornes Kraft   zeigt uns Wege, führt zum Ziel; nie vergessend heischen wir Ehrfurcht.

340   Kein Menschenkind beschwatzt uns leicht,

        wann ungeehrtes Rachewerk

           den Göttern fern wir dort vollziehn, wo Tages-Licht auslischt;

Nicht zu erklimmen den Menschen im Lichte,   nicht den Nachtgeblendeten.

Antistr. Wo wärst du nun,   Menschenkind, das nicht in Furcht,   wann es meine Satzung hört, schauert?

345   Das Loos, das Möra mir verhängt,

        die Götter völlig mir vertraut;

           es ist mein altes Ehrenamt, und keine Schmach trifft mich;

Lieget mein Reich auch im Schoofse der Erd', in   sonnenleerer Finsternifs.

Athena erscheint auf einem Wagen, von welchem sie herabsteigt.

Athena.   Fern an dem Strom Skamandros hört' ich einen Schrei,

350   Wo ich vom Landstrich unverweilt Besitz ergriff,

           Den ja der Griechen edle Heldenkönige,

           Als schönes Loos aus speererkämpftem Eigenthum,

           Mit Grund und Boden mir geweiht für alle Zeit,

           Dem Stamm des Theseus ausgesucht zur Ehrengift.

355   Von dort nun lenkt' ich unermüdbar meinen Fufs,

Πτερῶν ἄτερ ῥοιβδοῦσα κόλπον αἰγίδος,
Πώλοις ἀκμαίοις τόνδ᾽ ἐπιζεύξασ᾽ ὄχον.
Καὶ νῦν δ᾽ ὁρῶσα τήνδ᾽ ὁμιλίαν χθονός,   400
385   Ταρβῶ μὲν οὐδὲν, θαῦμα δ᾽ ὄμμασιν πάρα.
Τίνες ποτ᾽ ἐστέ; πᾶσι δ᾽ ἐς κοινὸν λέγω·
Βρέτας τε τοὐμὸν τῷδ᾽ ἐφημένῳ ξένῳ,
Ὑμᾶς θ᾽ ὁμοίας οὐδενὶ σπαρτῶν γένει,
Οὔτ᾽ ἐν θεαῖσι πρὸς θεῶν ὁρωμέναις,   405
390   Οὔτ᾽ οὖν βροτείοις ἐμφερεῖς μορφώμασιν.
Λέγειν δ᾽ ἄμισφον ὄντα τοὺς πέλας κακῶς,
Πρόσω δικαίων, ἠδ᾽ ἀποστατεῖ Θέμις.

Χορός.   Πεύσῃ τὰ πάντα συντόμως, Διὸς κόρη.
Ἡμεῖς γάρ ἐσμεν Νυκτὸς αἰανῆ τέκνα·   410
395   Ἀραὶ δ᾽ ἐν οἴκοις γῆς ὕπαι κεκλήμεθα.

Ἀθηνᾶ.   Γένος μὲν οἶδα, κληδόνας τ᾽ ἐπωνύμους.

Χορός.   Τιμάς γε μὲν δὴ τὰς ἐμὰς πεύσῃ τάχα.

Ἀθηνᾶ.   Μάθοιμ᾽ ἄν, εἰ λέγοι τις ἐμφανῆ λόγον.

Χορός.   Βροτοκτονοῦντας ἐκ δόμων ἐλαύνομεν.   415

400   Ἀθηνᾶ.   Καὶ τῷ κτανόντι ποῦ τὸ τέρμα τῆς φυγῆς;

Χορός.   Ὅπου τὸ χαίρειν μηδαμοῦ νομίζεται.

Ἀθηνᾶ.   Ἦ καὶ τοιαύτας τῷδ᾽ ἐπιῤῥοιζεῖς φυγάς;

Χορός.   Φονεὺς γὰρ εἶναι μητρὸς ἠξιώσατο.

Ἀθηνᾶ.   Ἄλλης ἀνάγκης οὔτινος τρέων κότον;   420

405   Χορός.   Ποῦ γὰρ τοσοῦτο κέντρον, ὡς μητροκτονεῖν;

Ἀθηνᾶ.   Δυοῖν παρόντοιν, ἥμισυς λόγου πάρα.

Χορός.   Ἀλλ᾽ ὅρκον οὐ δέξαιτ᾽ ἄν, οὐ δοῦναι θέλει.

Ἀθηνᾶ.   Κλύειν δικαίως μᾶλλον ἢ πρᾶξαι θέλεις.

Χορός.   Πῶς δὴ, δίδαξον· τῶν σοφῶν γὰρ οὐ πένῃ.   425

410   Ἀθηνᾶ.   Ὅρκοις τὰ μὴ δίκαια μὴ νικᾶν λέγω.

Χορός.   Ἀλλ᾽ ἐξέλεγχε, κρῖνε δ᾽ εὐθεῖαν δίκην.

Ἀθηνᾶ.   Ἦ κἀπ᾽ ἐμοὶ τρέποιτ᾽ ἂν αἰτίας τέλος;

Dem Windsgebraus die Aegis bietend schwingenlos,
Da starke Füllen diesem Wagen vorgeschirrt.
Nun hier das Auge diese Ankömmlinge schaut,
Zagt zwar das Herz nicht, doch ein Wunder däucht's dem Blick.
360   Wer, sagt mir, seid ihr? Alle frag' ich insgesammt,
Den Fremdling hier, der meinem Weihbild nahe sitzt,
Und euch, die ungleich jedem Samen ihr erscheint,
Göttinnen weder, die der Götterkreis erschaut,
Vergleichlich, noch auch Menschenkinder - Bildungen.
365   Doch Andre lästern, die dir Nichts zu Leid gethan,
Ist fern von Rechtthun; Themis hasset solches Werk.

Chor.   Ich thu' in bünd'gem Wort dir, Zeuskind, Alles kund.
Wir sind der Urnacht grause Töchter, und daheim,
Im Erdenschoofse, nennt man uns Fluchgöttinnen.

370 Athena.   Den Stamm nun kenn' ich, und den Laut des Namens auch.

Chor.   Mein Ehrenamt auch soll sogleich dir ruchbar sein.

Athena.   Gern will ich's hören, spricht es Einer offen aus.

Chor.   Die Menschenmörder treiben wir vom Haus hinweg.

Athena.   Und wer gemordet, wo ist ihm das Ziel der Flucht?

375 Chor.   Da, wo der Freude nimmerdar gepflogen wird.

Athena.   Zu solcher Flucht denn hetzt auch Den dein Jagdgeschrei.

Chor.   Denn Muttermordes unterwand sich dieser Mann.

Athena.   Vielleicht aus Scheu des Grolles einer andern Macht?

Chor.   Wo wär' ein Sporn zum Muttermorde scharf genug?

380 Athena.   Da zwei Partheien, fehlt der Rede Hälfte noch.

Chor.   Er wird nicht schwören, noch auch läfst er mich zum Schwur.

Athena.   Dir scheint des Rechtthuns Name lieber als die That.

Chor.   Wie denn? belehr' mich, kluge Red' entsteht dir nicht.

Athena.   Nie soll das Unrecht, sag' ich, siegen durch den Schwur.

385 Chor.   So überführ' ihn, richte nach des Rechtes Gang.

Athena.   Mir also wendet ihr des Streits Entscheidung zu?

4 *

Χορός.   Πῶς δ' οὔ; σέβουσαί γ' ἄξι' ἀντ' ἐπαξίων.

Ἀθηνᾶ.   Τί πρὸς τάδ' εἰπεῖν, ὦ ξέν', ἐν μέρει θέλεις;   430
415   Λέξας δὲ χώραν καὶ γένος καὶ ξυμφορὰς
    Τὰς σὰς, ἔπειτα τόνδ' ἀμυνάθου ψόγον
    Εἴπερ πεποιθὼς τῇ δίκῃ, βρέτας τόδε
    Ἧσαι φυλάσσων ἑστίας ἀμῆς πέλας,
    Σεμνὸς προσίκτωρ, ἐν τρόποις Ἰξίονος·   435
420   Τούτοις ἀμείβου πᾶσιν εὐμαθές τί μοι.

Ὀρέστης.   Ἄνασσ' Ἀθάνα, πρῶτον ἐκ τῶν ὑστάτων
    Τῶν σῶν ἐπῶν μέλημ' ἀφαιρήσω μέγα.
    Οὐκ εἰμὶ προστρόπαιος, οὐδ' ἔχει μύσος
    Πρὸς χειρὶ τῇ 'μῇ τὸ σὸν ἐφημένη βρέτας.   440
425   Τεκμήριον δὲ τῶνδέ σοι λέξω μέγα·
    Ἄφθογγον εἶναι τὸν παλαμναῖον νόμος,
    Ἔστ' ἂν πρὸς ἀνδρὸς αἵματος καθαρσίου
    Σφαγαὶ καθαιμάξωσι νεοθήλου βοτοῦ.
    Πάλαι πρὸς ἄλλοις ταῦτ' ἀφιερώμεθα   445
430   Οἴκοισι, καὶ βοτοῖσι, καὶ ῥυτοῖς πόροις.
    Ταύτην μὲν οὕτω φροντίδ' ἐκποδὼν λέγω.
    Γένος δὲ τοὐμὸν ὡς ἔχει, πεύσῃ τάχα.
    Ἀργεῖός εἰμι, πατέρα δ' ἱστορεῖς καλῶς,
    Ἀγαμέμνον' ἀνδρῶν ναυβατῶν ἁρμόστορα·   450
435   Ξὺν ᾧ σὺ Τροίαν ἄπολιν Ἰλίου πόλιν
    Ἔθηκας. ἔφθιθ' οὗτος οὐ καλῶς, μολὼν
    Ἐς οἶκον· ἀλλά νιν κελαινόφρων ἐμὴ
    Μήτηρ κατέκτα, ποικίλοις ἀγρεύμασιν
    Κρύψασ', ἃ λουτρῶν ἐξεμαρτύρει φόνον.   455
440   Κἀγὼ κατελθών, τὸν πρὸ τοῦ φεύγων χρόνον,
    Ἔκτεινα τὴν τεκοῦσαν, οὐκ ἀρνήσομαι,
    Ἀντικτόνοις ποιναῖσι φιλτάτου πατρός.
    Καὶ τῶνδε κοινῇ Λοξίας ἐπαίτιος,
    Ἄλγη προφωνῶν ἀντίκεντρα καρδίᾳ,
445   Εἰ μή τι τῶνδ' ἔρξαιμι τοὺς ἐπαιτίους·   460
    Σύ τ', εἰ δικαίως, εἴτε μή, κρῖνον δίκην·
    Πράξας γὰρ ἐν σοὶ πανταχῇ τάδ' αἰνέσω.

Chor. Warum nicht? Würde gern ertheilend Würdigem.

Athena. Was nun entgegnest, Fremdling, du nach deinem Theil?
    Sag' an die Heimat, dein Geschlecht, dein Lebensloos.
390   Nach' Solchem wehre diesen Vorwurf von dir ab,
    Wenn du, dem Rechtspruch trauend, dieses Tempelbild
    Festhaltend Platz an meinem Heerd' ergriffen hast,
    Ein heil'ger Sühnungsfleher, wie Ixion einst.
    Auf diese Fragen klare Antwort heisch' ich mir.

395 Orestes. O Fürstin Pallas, erst entheb' ich völlig dich
    Von grofser Mühsal, der zuletzt dein Wort gedacht.
    Nicht heisch' ich Sühnung; und es haftet an der Hand
    Kein blut'ger Makel, die an deinem Bilde ruht.
    Ein grofses Merkmal, dafs ich wahr sprach, sag' ich dir.
400   Stumm sei der Menschenmörder, so gebeut Gesetz,
    Bis ihn durch Manneshilf' ein Strahl sühnkräft'gen Bluts
    Von einem Schlachtthier, das noch Milch saugt, übergeufst.
    So bin ich längst indefs vor Andrer Wohnungen
    Durch Opferschlachtung, wie durch Wassergufs gesühnt.
405   So schafft nun diese Sorge gleich mein Wort hinweg.
    Doch meine Abkunft auch sei stracks dir kundgethan.
    Von Argos bin ich; meinen Vater kennst du wohl,
    Agamemnon, der der Schiffer Kriegsheer angeschaart,
    Durch den du Ilion's Troerburg entbürgertest.
410   Als dieser heimzog, fand er keinen würd'gen Tod,
    Nein, meine Mutter mit verderbenschwangerm Sinn
    Erschlug ihn eingehüllt in truggewebtes Netz,
    Das sichtlich Zeugnifs von dem Mord' im Bade gab.
    Heimkehrend jetzo — denn vorher lebt' ich verbannt —
415   Erschlug ich meine Mutter, ja, ich läugn' es nicht,
    Mit Mord vergeltend des geliebten Vaters Mord.
    Die Schuld indefs trägt Loxias zugleich mit mir,
    Der grimme Qualen dräute, meinem Geist zum Sporn,
    Wenn ich die Frevler nicht mit solcher That verfolgt.
420   Ob ich nun Recht that oder Arges, richte du.
    Wie du mit mir auch schaltest, Alles heifs' ich gut.

'Aθηνᾶ.   Τὸ πρᾶγμα μεῖζον εἴτις οἴεται τόδε
          Βροτὸς δικάζειν· οὐδὲ μὴν ἐμοὶ θέμις   465
450   Φόνου διαιρεῖν ὀξυμηνίτου δίκας.
          Ἄλλως τε κεἰ σὺ μὲν κατηρτυκὼς ἐμοῖς
          Ἱκέτης προσῆλθες καθαρὸς ἀβλαβὴς δόμοις·
          Ὁσίως ἄμομφον ὄντα σ᾽ αἱροῦμαι πόλει.
          Αὗται δ᾽ ἔχουσι μοῖραν οὐκ εὐπέμπελον,   470
455   Καὶ μὴ τυχοῦσαι πράγματος νικηφόρου,
          Χώρᾳ μεταῦθις ἰὸς ἐκ φρονημάτων
          Πέδῳ πεσὼν ἄφερτος αἰανὴς νόσος.
          Τοιαῦτα μὲν τάδ᾽ ἐστὶν ἀμφότερα, μένειν
          Πέμπειν τε, δυσπήμαντ᾽ ἀμηχάνως ἐμοί.   475
460   Ἐπεὶ δὲ πρᾶγμα δεῦρ᾽ ἐπέσκηψεν τόδε,
          Φόνων δικαστὰς ὁρκίους αἱρουμένη,
          Θεσμὸν τὸν εἰς ἅπαντ᾽ ἐγὼ θήσω χρόνον.
          Ὑμεῖς δὲ μαρτύριά τε καὶ τεκμήρια
          Καλεῖσθ᾽, ἀρωγὰ τῆς δίκης ὀρθώματα.   480
465   Κρίνασα δ᾽ ἀστῶν τῶν ἐμῶν τὰ βέλτατα
          Ἥξω, διαιρεῖν τοῦτο πρᾶγμ᾽ ἐτητύμως,
          Ὅρκον περῶντας μηδὲν ἔκδικον φράσειν.

ΣΤΑΣΙΜΟΝ ΔΕΥΤΕΡΟΝ.

Χορός.

Στρ. ά. Νῦν καταστροφαὶ νέων θεσμίων, εἰ κρατήσει δίκα τε καὶ
         βλάβα   485
470   Τοῦδε μητροκτόνου.
         Πάντας ἤδη τόδ᾽ ἔργον εὐχερείᾳ συναρμόσει βρότους.
         Πολλὰ δ᾽ ἔτυμα παιδότρωτα πάθεα προσμένει τοκεῦσιν, μετά   490
475   τ᾽ αὖθις ἐν χρόνῳ

Ἀντ. ά. Οὔτε γὰρ βροτοσκόπων μαινάδων τῶνδ᾽ ἐφέρψει κότος τις
         ἐργμάτων.   495
         Πάντ᾽ ἐφήσω μόρον.
480   Πεύσεται δ᾽ ἄλλος ἄλλοθεν προφωνῶν τὰ τῶν πέλας κακὰ
         Λῆξιν ὑπόδοσίν τε μόχθων· ἄκεα δ᾽ οὐ βέβαια, τλάμων δὲ
             μάταν παρηγορεῖ.   500

Athena. Zu grofs ist dieser Handel, wenn ein Sterblicher
    Ihn meint zu richten. Doch ist mir auch nicht verhängt,
    Rechtstreit zu schlichten ob dem grimmentsprofsnen Mord.
425   Nun ganz besonders, da nach treu vollführtem Brauch
    Du als ein reiner Schützling unbefleckend nahst:
    Empfängt mit Fug dich ohne Vorwurf meine Stadt.
    Auch Die hinwegzuweisen, duldet nicht ihr Amt;
    Und scheiden sie nicht siegbelehnt aus dem Kampf,
430   Wird einst zu böser, wehevoller Pest dem Land
    Ihr gift'ger Geifer, den der Brust ihr Grimm entprefst.
    Und so erwächst nun, wähl' ich Bleiben oder Gehn,
    Aus Beidem unausweichlich mir ein böses Leid.
    Weil nun die Sache hier so festen Fufs gefafst:
435   So kies' ich jetzo ein geschwornes Blutgericht,
    Und stift' es eine Stiftung für die Ewigkeit.
    Ihr aber sorgt nun, dafs auch Zeugen und Beweis,
    Hilfreiche Stützen eures Anspruchs, nahe sind.
    Wann ich erlesen meiner Bürger Biederste,
440   Führ' ich zu ächter Streitentscheidung sie herbei,
    Treu ihrem Eide, nie zu sprechen falschen Spruch.

Athena geht von der Bühne nach der andern Seite ab als sie erschienen ist.

Vollstimmiger Chorgesang.

Str. Neu Gesetz erschüttert jetzt   alte Macht,   wenn die Recht - fertigung des
    Muttermords,
    Wenn die Schuld   siegen soll.
    Solcher Spruch   giebt den Menschen überall   kecke Hand zu frevler That;
445   Mancher blut'ge Stofs von Kindes - Händen dräut der Elternbrust   bald und
    in aller Folgezeit.

Ant. Denn es schleichet keiner That   dann der Groll   dieses Schwarms grimmer
    Menschenhüter nach;
    Jeden Mord   lass' ich zu.
    Einer forscht   dann vom Andern, dem er Leid   durch die Hand des
    Nächsten klagt,
    Wo des Jammers End' und Lindrung;   nirgends beut sich sichres Heil;   trösten
    vermag der Arme nicht.

485 Στρ. β'. Μηδέ τις κικλησκέτω ξυμφορᾷ τετυμμένος τοῦτ' ἔπος θροού-
μενος

Ω δίκα! ὦ θρόνοι τ' Ἐριννύων!   505

Ταῦτά τις τάχ' ἂν πατὴρ ἢ τεκοῦσα νεοπαθὴς οἶκτον οἰκτί-
490   σαιτ', ἐπειδὴ πιτνεῖ δόμος Δίκας.   510

Ἀντ. β'. Ἔσθ' ὅπου τὸ δεινὸν εὖ καὶ φρενῶν ἐπίσκοπον δειμανεῖ
καθήμενον.

495   Ξυμφέρει σωφρονεῖν ὑπὸ στένει.   515

Τίς δὲ μηδὲν ἐν φράδαις † καρδίας ἂν ἀνατρέφων, ἢ πόλις
βροτός θ', ὁμοίως ἔτ' ἂν σέβοι δίκαν;

500 Στρ. γ'. Μήτ' ἄναρκτον οὖν βίον μήτε δεσποτούμενον   520
Αἰνέσῃς. Παντὶ μέσῳ τὸ κράτος ὤπασεν ἄλλ' ἄλλᾳ δ'
ἐφορεύει.

505   Ζύμμετρον δ' ἔπος λέγω·   525
Δυσσεβίας μὲν Ὕβρις τέκος ὡς ἐτύμως· ἐκ δ' ὑγιείας
Φρενῶν ὁ πᾶσιν φίλος καὶ πολύευκτος ὄλβος.

510 Ἀντ. γ'. Ἐς τὸ πᾶν δέ τοι λέγω· βωμὸν αἴδεσαι Δίκας   530
Μηδέ νιν κέρδος ἰδὼν ἀθέῳ ποδὶ λὰξ ἀτίσῃς· ποινὰ γὰρ
ἐπέσται.

515   Κύριον μένει τέλος.
Πρὸς τάδε τις τοκέων σέβας εὖ προτίων καὶ ξενοτίμους   535
Ἐπιστροφὰς δωμάτων αἰδόμενός τις ἔστω.

520 Στρ. δ'. Ἐκ τῶνδ' ἀνάγκας ἄτερ δίκαιος ὢν οὐκ ἄνολβος ἔσται,   540
Πανώλεθρος δ' οὔποτ' ἂν γένοιτο.
Τὸν ἀντίτολμον δὲ φαμὶ παρβάταν,
Ἄγοντα πολλὰ παντόφυρτ' ἄνευ δίκας,
525   Βιαίως ξὺν χρόνῳ καθήσειν,   545
Λαῖφος ὅταν λάβῃ πόνος θραυομένας κεραίας.

Ἀντ. δ'. Καλεῖ δ' ἀκούοντας οὐδὲν ἐν μέσα δυσπαλεῖ τε δίνᾳ.
530   Γελᾷ δὲ δαίμων ἐπ' ἀνδρὶ θερμῷ,   550
Τὸν οὔποτ' αὐχοῦντ' ἰδὼν ἀμηχάνως
Δύναι λέπαδνον †, οὐδ' ὑπερθέοντ' ἄκραν.
Δι' αἰῶνος δὲ τὸν πρὶν ὄλβον
535   Ἕρματι προσβαλὼν δίκας ὤλετ' ἄκλαυστος, ἄιστος.   555

450 Str. Daſs nur Keiner dann in Angst, wann ihn Miſsgeschick betraf, solchen Zeterruf erhebt:

O du Recht! o, Erinnyengericht!

Solch ein jammervolles Ach ächzen Vater, Mutter bald, übermannt vom frischen Schmerz, weil des Rechtes Wohnung stürzt.

Ant. Zittern muſs das Menschenherz, wann an rechter Stelle sitzt, sinnbeherrschend, scheue Furcht.

Ja, es frommt, wenn man seufzend Zucht gelernt.

455 Halt, wer in des Herzens Sinn nicht die Furcht auch reifen ließ, sei's ein Bürger, sei's ein Volk, wohl in Ehren noch das Recht?

Str. Nicht ein Leben sonder Herrn, nicht ein Knechtesleben auch

Habe Lob! Volles Gedeihen verleiht nur der Mitte der Gott. Doch Anderen Andres.

Auch ist dies ein treffend Wort:

Gotterverachtung ist Mutter des frevelen Sinns; doch der Gesundheit

460 Der Seel entkeimt Jedermanns Wonn' und Gelübde, der Seegen.

Ant Und für immer gilt mein Wort: Scheue stets den Heerd des Rechts

Nimmermehr tritt ihn aus Gier nach Gewinne mit sündigem Fuſs Denn Strafe verfolgt dich;

Deiner harrt das rechte Ziel.

Darum verehre Jedweder die Eltern zuerst; hege dann Ehrfurcht,

465 Wenn seinem Haus, Gastesrecht ehrend, ein Fremdling nahtritt

Str. Und wer darnach sonder Zwang unsträflich lebt, bleibt nicht ungeseegnet;

Ein solcher wird nimmer ganz zu Schanden.

Doch wenn ein Mann frechen Muths die Schranken sprengt,

Und ohne Fug verwirrend Alles mit sich fuhrt,

470 Er senkt einst nothbedrängt die Segel,

Wann sie des Sturmes Macht ergreift, der ihm die Rah zerschellet.

Ant. Sein Hilferuf aus des Strudels enger Haft schreit zu tauben Ohren

Es lacht der Gott ob des Mannes Hitze;

Er sieht ihn jetzt, der des Zaums sich frei gewähnt,

475 Den Nacken schmiegen. Höher thürmt die Klippe sich;

Das Glückschiff alter Tage strandet

Endlich am Fels des Rechts; er sinkt, Niemand beweint, vernimmt es.

Ἀθηνᾶ.	Κήρυσσε, κῆρυξ, καὶ στρατὸν κατειργάθου.	
	Ἥ τ᾽ οὐρανοῦ διάτορος ἡ Τυρσηνικὴ	
	Σάλπιγξ, βροτείου πνεύματος πληρουμένη,	
	Ὑπέρτονον γήρυμα φαινέτω στρατῷ.	
540	Πληρουμένου γὰρ τοῦδε βουλευτηρίου,	560
	Σιγᾶν ἀρήγει, καὶ μαθεῖν θεσμοὺς ἐμοὺς	
	Πόλιν τε πᾶσαν εἰς τὸν αἰανῆ χρόνον,	
	Καὶ τῶνδ᾽ ὅπως ἂν εὖ καταγνωσθῇ δίκη.	
Χορός.	Ἄναξ Ἄπολλον, ὧν ἔχεις αὐτὸς κράτει.	
545	Τί τοῦδε σοὶ μέτεστι πράγματος, λέγε.	565
Ἀπόλλων.	Καὶ μαρτυρήσων ἦλθον — ἔστι γὰρ δόμων	
	Ἱκέτης ὅδ᾽ ἀνὴρ, καταφυγὼν † ἐφέστιος,	
	Ἐμῶν· φόνου δὲ τοῦδ᾽ ἐγὼ καθάρσιος, —	
	Καὶ ξυνδικήσων αὐτός· αἰτίαν δ᾽ ἔχω	
550	Τῆς τοῦδε μητρὸς τοῦ φόνου. σὺ δ᾽ εἴσαγε	570
	Ὅπως ἐπίστᾳ, τήν τε κύρωσον δίκην.	
Ἀθηνᾶ.	Ὑμῶν ὁ μῦθος — εἰσάγω δὲ τὴν δίκην —	
	Ὁ γὰρ διώκων, πρότερος ἐξ ἀρχῆς λέγων,	
	Γένοιτ᾽ ἂν ὀρθῶς πράγματος διδάσκαλος.	
555 Χορός.	Πολλαὶ μίν ἐσμεν, λέξομεν δὲ συντόμως.	575
	Ἔπος δ᾽ ἀμείβου πρὸς ἔπος ἐν μέρει τιθείς.	
	Τὴν μητέρ᾽ εἰπὲ πρῶτον εἰ κατέκτονας.	
Ὀρέστης.	Ἔκτεινα· τούτου δ᾽ οὔτις ἄρνησις πέλει.	
Χορός.	Ἓν μὲν τόδ᾽ ἤδη τῶν τριῶν παλαισμάτων.	
560 Ὀρέστης.	Οὐ κειμένῳ πω τόνδε κομπάζεις λόγον.	580
Χορός.	Εἰπεῖν γε μέντοι δεῖ σ᾽ ὅπως κατέκτανες.	
Ὀρέστης.	Λέγω. ξιφουλκῷ χειρὶ πρὸς δέρην τεμών.	
Χορός.	Πρὸς τοῦ δ᾽ ἐπείσθης καὶ τίνος βουλεύμασιν,	
Ὀρέστης.	Τοῖς τοῦδε θεσφάτοισι μαρτυρεῖ δέ μοι.	
565 Χορός.	Ὁ μάντις ἐξηγεῖτό σοι μητροκτονεῖν;	585

Athena erscheint an der Spitze der zwölf Areopagiten, welche sich in der Orchestra niederlassen

Athena. Verkünde, Herold, ruf zur Ordnung nun das **Volk;**
Und, Alles übertönend, rede jetzt zum Heer,
480   Von Menschen Odem angefüllt, die himmelan
Schmetternde Kriegsdromete vom Tyrrhenerland.
Denn weil die Mahlstatt dieses Raths sich füllet, frommt
Jedwedem schweigen, daſs ich meine Satzungen
Der ganzen Stadt für alle Zukunft künden mag,
485   So wie zu dieses Haders Rechtserledigung.

Apollon erscheint auf der Bühne

Chor. O Fürst Apollon, walte wo du Herrscher bist,
Doch welchen Theil hast du an diesem Handel, sprich!

Apollon. Zuerst als Zeuge komm' ich — denn zu meinem Haus
Kam dieser Mann als Schützling, und an meinem Heerd
490   Erfleht er Beistand, ich bin Sühner auch des Mords —
Dann auch als Anwald; denn ich trage selbst die Schuld
Des Mordes seiner Mutter. Du eröffne nun
Nach deiner Weisheit diesen Streit, und ordn' ihn an.

Athena. Eu'r ist die Rede — ich eröffne nun den Streit —,
495   Denn durch den Kläger, der zuerst den Spruch beginnt,
Wird wohl die rechte Unterweisung uns zu Theil.

Chor. Obschon wir zahlreich, sei doch unsre Rede kurz;
Antworte du nun, daſs ein Wort das andre trifft.
Sag' erstens, ob du Mörder deiner Mutter bist.

500 **Orestes.** Ich war der Mörder. Keine Läugnung findet statt.

Chor. So wäre denn im ersten Ringkampf mein der Sieg.

Orestes. Das prahlst du eher, als der Feind am Boden liegt.

Chor. Doch muſst du jetzt auch melden, wie du sie erschlugst.

Orestes. Ich will's. Den Schwerdtstreich führend gegen ihren Hals.

505 **Chor.** Von wem beredet, wessen Rathschlag folgtest du?

Orestes. Deſs Gottes Sprüchen. Mir zu zeugen steht er hier.

Chor Das Recht, das dir der Seher wies, war Muttermord?

5 *

Ὀρέστης. Καὶ δεῦρό γ᾽ ἀεὶ τὴν τύχην οὐ μέμφομαι.

Χορός. Ἀλλ᾽ εἴ σε μάρψει ψῆφος, ἀλλ᾽ ἐρεῖς τάχα.

Ὀρέστης. Πέποιθ᾽, ἀρωγὰς δ᾽ ἐκ τάφου πέμπει πατήρ.

Χορός. Νεκροῖσι νῦν πέπεισθι μητέρα κτανών.

570 Ὀρέστης. Δυοῖν γὰρ εἶχε προσβολὰς μιασμάτων.   590

Χορός. Πῶς δή; δίδαξον τοὺς δικάζοντας τάδε.

Ὀρέστης. Ἀνδροκτονοῦσα πατέρ᾽ ἐμὸν κατέκτανεν.

Χορός. Τοὶ γὰρ σὺ μὲν ζῇς, ἡ δ᾽ ἐλευθέρα φόνου.

Ὀρέστης. Τί δ᾽ οὐκ ἐκείνην ζῶσαν ἤλαυνες φυγῇ;

575 Χορός. Οὐκ ἦν ὅμαιμος φωτὸς, ὃν κατέκτανεν.   595

Ὀρέστης. Ἐγὼ δὲ μητρὸς τῆς ἐμῆς ἐν αἵματι;

Χορός. Πῶς γάρ σ᾽ ἔθρεψεν ἐντὸς, ὦ μιαιφόνε,
Ζώνης; ἀπεύχῃ μητρὸς αἷμα φίλτατον;

Ὀρέστης. Ἤδη σὺ μαρτύρησον. ἐξηγοῦ δέ μοι,
580   Ἄπολλον, εἴ σφε σὺν δίκῃ κατέκτανον.   600
         Δρᾶσαι γὰρ, ὥσπερ ἐστὶν, οὐκ ἀρνούμεθα·
         Ἀλλ᾽ εἰ δικαίως, εἴτε μὴ, τῇ σῇ φρενὶ
         Δοκεῖ τόδ᾽ αἷμα, κρῖνον, ὡς τούτοις φράσω.

Ἀπόλλων. Λέξω πρὸς ὑμᾶς τόνδ᾽ Ἀθηναίας μέγαν
585   Θεσμὸν δικαίως, μάντις ὢν δ᾽ οὐ ψεύσομαι,   605
         Οὐπώποτ᾽ εἰπὼν μαντικοῖσιν ἐν θρόνοις,
         Οὐκ ἀνδρὸς, οὐ γυναικὸς, οὐ πόλεως πέρι,
         Ὁ μὴ κελεύσῃ Ζεὺς Ὀλυμπίων πατήρ.
         Τὸ μὲν δίκαιον τοῦθ᾽, ὅσον σθένει, μαθεῖν,
590   Βουλῇ πιφαύσκω δ᾽ ὔμμ᾽ ἐπισπέσθαι πατρός.   610
         Ὅρκος γὰρ οὔτι Ζηνὸς ἰσχύει πλέον.

Χορός. Ζεὺς, ὡς λέγεις σὺ, τόνδε χρησμὸν ὤπασε,
        Φράζειν Ὀρέστῃ τῷδε, τὸν πατρὸς φόνον
        Πράξαντα, μητρὸς μηδαμοῦ τιμὰς νέμειν;

595 Ἀπόλλων. Οὐ γάρ τι ταὐτὸν, ἄνδρα γενναῖον θανεῖν   615
         Διοσδότοις σκήπτροισι τιμαλφούμενον,

	Orestes.	Und noch bis jetzo schelt' ich nicht auf dies Geschick.
	Chor.	Bald sprichst du anders, wenn der Spruch dich erst erhascht.
510	Orestes.	Ich hege Zutraun, Hilfe schickt des Vaters Grab.
	Chor.	Trau du den Todten, der die Mutter mordete.
	Orestes.	Zwiefacher Unthat Sündengräuel drückte sie.
	Chor.	Wie das? erkläre Solches doch den Richtern hier.
	Orestes.	Den Mann erschlug sie; meinen Vater schlug sie todt
515	Chor	Dafür nun lebst du; sie ist frei der blut'gen Schuld.
	Orestes.	Wefshalb doch blieb sie lebend unverfolgt von dir?
	Chor.	Sie war dem Manne, den sie schlug, nicht blutsverwandt.
	Orestes.	Doch ich bin Blutsfreund meiner Mutter, meinest du.
	Chor.	Wie anders unter ihrem Herzen nährte sie
520		Dich Frevler? Wie, der Mutter Blut verläugnest du?
	Orestes.	Nun rede du mir Zeugnifs; weise du das Recht,
		Apollon, ob ich sie mit Fug ermordete.
		Vollführt zu haben, was geschehn ist, läugn' ich nicht.
		Doch ob mit Unrecht, ob mit Recht dies Blut versprützt
525		Dir dünkt, entscheide, dafs ich's diesen melden mag.
	Apollon.	Zu dir, Athena's grofse Stiftung, red' ich nun
		Gerechten Sinnes; nimmer lügt der Seher euch,
		Der nimmer aussprach auf dem heil'gen Seherthron,
		Für Männer, Weiber, oder eine Stadt befragt,
530		Was ihm nicht kundthat selbst der Göttervater Zeus.
		Es wohl zu überlegen, was dies Recht vermag,
		Und meines Vaters Rath zu folgen, mahn' ich euch;
		Denn auch der Eidschwur überragt nicht Zeus an Kraft.
	Chor.	Zeus also, sagst du, gab durch dich den Seherspruch
535		Hier dem Orestes, rächend seines Vaters Blut
		Um Mutterrechte gänzlich unbesorgt zu sein?
	Apollon.	Denn nimmer ist's dasselbe, wenn ein edler Mann,
		Den gottentstammter Scepter hoch begnadet hat,

Καὶ ταῦτα πρὸς γυναικὸς, οὔ τι θουρίοις
Τόξοις ἑκηβόλοισιν, ὥστ᾽ Ἀμαζόνος,
Ἀλλ᾽ ὡς ἀκούσῃ, Παλλὰς, οἵ τ᾽ ἐφήμενοι
600 Ψήφῳ διαιρεῖν τοῦδε πράγματος πέρι·   620
Ἀπὸ στρατείας γάρ μιν ἠμπολημότα
Τὰ πλεῖστ᾽ ἀμείνον᾽ εὔφροσιν δεδεγμένη
Δροίτῃ περαίνει† λουτρὰ, κἀπὶ τέρματι
Φᾶρος παρεσκήνωσεν, ἐν δ᾽ ἀτέρμονι
605 Κόπτει πεδήσασ᾽ ἄνδρα δαιδάλῳ πέπλῳ.   625
Ἀνδρὸς μὲν ὑμῖν οὗτος εἴρηται μόρος
Τοῦ παντοσέμνου, τοῦ στρατηλάτου νεῶν.
Ταύτην τοιαύτην εἶπον, ὡς δηχθῇ λεὼς,
Ὅσπερ τέτακται τήνδε κυρῶσαι δίκην.

610 Χορός.   Πατρὸς προτιμᾷ Ζεὺς μόρον, τῷ σῷ λόγῳ·   630
Αὐτὸς δ᾽ ἔδησε πατέρα πρεσβύτην Κρόνον.
Πῶς ταῦτα τούτοις οὐκ ἐναντίως λέγεις;
Ὑμᾶς δ᾽ ἀκούειν ταῦτ᾽ ἐγὼ μαρτύρομαι.

Ἀπόλλων. Ὦ παντομισῆ κνώδαλα, στύγη θεῶν,
615 Πέδας μὲν ἂν λύσειεν, ἔστι τοῦδ᾽ ἄκος,   635
Καὶ κάρτα πολλὴ μηχανὴ λυτήριος.
Ἀνδρὸς δ᾽ ἐπειδὰν αἷμ᾽ ἀνασπάσῃ κόνις,
Ἅπαξ θανόντος οὔτις ἐστ᾽ ἀνάστασις.
Τούτων ἐπῳδὰς οὐκ ἐποίησεν πατὴρ
620 Οὑμὸς, τὰ δ᾽ ἄλλα πάντ᾽ ἄνω τε καὶ κάτω   640
Στρέφων τίθησιν, οὐδὲν ἀσθμαίνων μένει.

Χορός.   Πῶς γὰρ τὸ φεύγειν τοῦδ᾽ ὑπερδικεῖς ὅρα
Τὸ μητρὸς αἷμ᾽ ὅμαιμον ἐκχέας πέδῳ,
Ἔπειτ᾽ ἐν Ἄργει δώματ᾽ οἰκήσει πατρός;
625 Ποίοισι βωμοῖς χρώμενος τοῖς δημίοις;   645
Ποία δὲ χέρνιψ φρατόρων προσδέξεται;

Ἀπόλλων. Καὶ τοῦτο λέξω, καὶ μάθ᾽ ὡς ὀρθῶς ἐρῶ.
Οὐκ ἔστι μήτηρ ἡ κεκλημένου τέκνου
Τοκεύς, τροφὸς δὲ κύματος νεοσπόρου·
630 Τίκτει δ᾽ ὁ θρώσκων, ἡ δ᾽ ἅπερ ξένη   650
Ἔσωσεν ἔρνος, οἷσι μὴ βλάψῃ θεός.

Und durch ein Weib fällt, in der Feldschlacht nicht etwa,
540 Wie durch der Amazonen - Armbrust jähen Pfeil,
Nein, wie ich stracks es melde, Pallas, dir und euch,
Die diesen Streit ihr durch den Spruch zu schlichten sitzt.
Als er vom Heerzug, meist mit seegensreichem Gut
Beladen, heimkam, lädt sie ihn zum frohen Mahl,
545 Und reicht ein Bad ihm in der Wanne; doch am Schluſs
Ausbreitet sie den Mantel, und im Irrgeweb,
Dem endelosen, ihn verwickelnd schlägt sie todt.
So ward der Ausgang dieses Manns euch jetzo kund,
Des Hocherlauchten, der dem Flottenheer gebot.
550 So lehrt' ich jen' euch kennen, daſs in Grimm die Schaar
Entbrenne, der die Rechtsentscheidung anvertraut.

Chor. Zeus, sagst du eben, achte mehr des Vaters Loos;
Und band den greisen Vater Kronos selber doch.
Wie stritte nun nicht dieses wider jenes Wort?
555 Darauf zu hören, ruf' ich euch als Zeugen auf.

Apollon. Du allverhaſstes, gottverfluchtes Ungethüm!
Wohl mag man Fesseln lösen; Arzenei dafür
Und manch ein Mittel giebt es, welches Lösung beut.
Doch hat des Menschen Blut der Staub erst eingeschlürft,
560 So richtet Niemand ihn, der hinsank, wieder auf;
Und keinen Heilspruch schuf für solches Miſsgeschick
Mein Vater, er, der jeglich Andres auf und ab
Im Wirbel umschwingt, dem der Odem nie versiegt.

Chor. Wie du als Anwald diesen retten willst, bedenk.
565 Er, der der Mutter blutsverwandtes Blut vergoſs,
Er soll in Argos wohnen nun im Vaterhaus?
Wo sind Gemeind - Altäre, wo er opfern darf,
Und welches Stammbund's Weihbesprengung läſst ihn zu?

Apollon. Auch das noch sag' ich; merke du, wie wahr das Wort.
570 Nicht ist die Mutter denen, die sie Kinder nennt,
Des Lebens Ursprung; nein, sie pflegt den frischen Keim.
Das Leben giebt der Zeuger, sie bewahrt das Pfand
Gleich als im Gastbund, wenn ein Gott es nicht versehrt.

Τεκμήριον δὲ τοῦδέ σοι δείξω λόγου.
Πατὴρ μὲν ἂν γένοιτ᾽ ἄνευ μητρός· πέλας
Μάρτυς πάρεστι παῖς Ὀλυμπίου Διὸς,
635   Οὐδ᾽ ἐν σκότοισι νηδύος τεθραμμένη,   655
Ἀλλ᾽ οἶον ἔρνος οὔτις ἂν τέκοι θεὸς.
Ἐγὼ δὲ, Παλλὰς, τἄλλα θ᾽, ὡς ἐπίσταμαι,
Τὸ σὸν πόλισμα καὶ στρατὸν τεύξω μέγαν,
Καὶ τόνδ᾽ ἔπεμψα σῶν δόμων ἐφέστιον,
640   Ὅπως γένοιτο πιστὸς εἰς τὸ πᾶν χρόνου,   660
Καὶ τόνδ᾽ ἐπικτήσαιο σύμμαχον, θεὰ,
Καὶ τοὺς ἔπειτα, καὶ τάδ᾽ αἰανῶς μένοι
Στέργειν τὰ πιστὰ τῶνδε τοὺς ἐπισπόρους.

Ἀθηνᾶ.   Ἤδη κελεύω τούσδ᾽ ἀπὸ γνώμης φέρειν
645   Ψῆφον δικαίαν, ὡς ἅλις λελεγμιένων.   665

Χορός.   Ἡμῖν μὲν ἤδη πᾶν τετόξευται βέλος.
Μένω δ᾽ ἀκοῦσαι, πῶς ἀγὼν κριθήσεται.

Ἀθηνᾶ.   Τί γάρ; πρὸς ὑμῶν πῶς τιθεῖσ᾽ ἄμομφος ὦ;

Χορός.   Ἠκούσαθ᾽ ὧν ἠκούσατ᾽, ἐν δὲ καρδίᾳ
650   Ψῆφον φέροντες, ὅρκον αἰδεῖσθε, ξένοι.   670

Ἀθηνᾶ.   Κλύοιτ᾽ ἂν ἤδη θεσμὸν, Ἀττικὸς λεὼς,
Πρώτας δίκας κρίνοντες αἵματος χυτοῦ.
Ἔσται δὲ καὶ τὸ λοιπὸν Αἰγείῳ στρατῷ
Ἀεὶ δικαστῶν τοῦτο βουλευτήριον,
655   Πάγον γεραῖρον † τόνδ᾽, Ἀμαζόνων ἕδραν   675
Σκηνάς θ᾽, ὅτ᾽ ἦλθον Θησέως κατὰ φθόνον
Στρατηλατοῦσαι, καὶ πόλιν νεόπτολιν
Τήνδ᾽ ὑψίπυργον ἀντεπύργωσαν τότε,
Ἄρει δ᾽ ἔθυον, ἔνθεν ἔστ᾽ ἐπώνυμος
660   Πέτρα, πάγος τ᾽ Ἄρειος· ἐν δὲ τῷ σέβας   680
Ἀστῶν, φόβος τε συγγενὴς τὸ μὴ ᾽δικεῖν
Σχήσει, τό θ᾽ ἦμαρ καὶ κατ᾽ εὐφρόνην ὁμῶς,
Αὐτῶν πολιτῶν μὴ ᾽πικαινούντων νόμους·
Κακαῖς ἐπιῤῥοαῖσι βορβόρῳ θ᾽ ὕδωρ
665   Λαμπρὸν μιαίνων, οὔ ποθ᾽ εὑρήσεις ποτόν.   685

Ich zeig' ein Merkmal solcher Wahrheit dir sogleich.
575 Nicht braucht's zum Vater - Sein der Mutter stets. Es steht
Als Zeuge hier die Tochter Zeus Olympios,
Nicht in des Mutterschooſses Nächten aufgenährt,
Und doch ein Sproſs, wie keine Gottheit ihn gebiert.
Ich aber, Pallas, will in jedem Stücke stets
580 Nach Wissen deinem Land' und Volke Macht verleihn,
Und habe drum auch Den an deinen Heerd gesandt,
Damit ein Treufreund er dir sei für alle Zeit,
Und du gewinnest, Göttin, ihn zum Bundsgenoſs
Nebst seiner Abkunft, und es wahr bleib' ewiglich,
585 Daſs ihre Kindeskinder hold dem Bunde sind.

Athena. Euch nun gebiet' ich, reichet nach Gewissenspflicht
Gerecht den Stimmstein; denn gesprochen ist genug.

Chor. Wir haben völlig unsern Köcher jetzt geleert;
Zu hören weil' ich, wie der Streit entschieden wird.

590 Athena. Wie nun? wie füg' ich's, eures Vorwurfs frei zu sein?

Chor. Ihr hörtet, was ihr hörtet; nach des Herzens Sinn
Reicht euern Stimmstein, eidestreu, ihr Fremdlinge.

Athena. Nun höret meine Stiftung, Männer aus Athen,
Im ersten Rechtstreit Richter um vergossnes Blut.
595 Auch für die Zukunft wird bei Aegeus Bürgerheer
Allzeit bestehen dieser Richter hoher Rath,
Zur Ehre jenes Hügels, einst der Lagerstatt
Der Amazonen, als, dem Theseus gram, ihr Heer
Zum Strauſs heranzog, und dem jungen Bau der Stadt,
600 Dem hochgethürmten, Gegenthürm' errichtete,
Dem Ares opfernd: davon noch den Namen trägt
Der Fels und Ares Hügel. Dort nun waltend soll
Ehrfurcht der Bürger nebst der schwesterlichen Scheu
Rechtlosem Thun stets wehren, so bei Nacht wie Tag,
605 Wenn nicht die Bürger selber neuern am Gesetz.
So du durch Zufluſs arger Art und Pfützenschlamm
Den lautern Quellborn trübest, labt dich nicht der Trunk.

6

Τὸ μήτ' ἄναρχον μήτε δεσποτούμενον.
Ἀστοῖς περιστέλλουσα βουλεύω σέβειν,
Καὶ μὴ τὸ δεινὸν πᾶν πόλεως ἔξω βαλεῖν.
Τίς γὰρ δεδοικὼς μηδὲν ἔνδικος βροτῶν;
670   Τοιόνδε τοι ταρβοῦντες ἐνδίκως σέβας,   690
Ἔρυμά τε χώρας, καὶ πόλεως σωτήριον
Ἔχοιτ' ἂν οἷον οὔτις ἀνθρώπων ἔχει
Οὔτε Σκύθησιν, οὔτε Πέλοπος ἐν τόποις.
Κερδῶν ἄθικτον τοῦτο βουλευτήριον,
675   Αἰδοῖον, ὀξύθυμον, εὑδόντων ὕπερ   695
Ἐγρηγορὸς φρούρημα γῆς καθίσταμαι.
Ταύτην μὲν ἐξέτειν' ἐμοῖς παραίνεσιν
Ἀστοῖσιν εἰς τὸ λοιπόν. ὀρθοῦσθαι δὲ χρὴ,
Καὶ ψῆφον αἴρειν, καὶ διαγνῶναι δίκην
680   Αἰδουμένους τὸν ὅρκον. εἴρηται λόγος.   700

Χορός.   Καὶ μὴν βαρεῖαν τήνδ' ὁμιλίαν χθονὸς
Ξύμβουλός εἰμι μηδαμῶς ἀτιμάσαι.

Ἀπόλλων.   Κἄγωγε χρησμοὺς τοὺς ἐμούς τε καὶ Διὸς
Ταρβεῖν κελεύω, μηδ' ἀκαρπώτους κτίσαι.

685   Χορός.   Ἀλλ' αἱματηρὰ πράγματ' οὐ λαχὼν σέβεις,   705
Μαντεῖα δ' οὐκ ἔθ' ἁγνὰ μαντεύσῃ μένων.

Ἀπόλλων.   Ἦ καὶ πατὴρ τι σφάλλεται βουλευμάτων
Πρωτοκτόνοισι προστροπαῖς Ἰξίονος;

Χορός.   Λέγεις· ἐγὼ δὲ μὴ τυχοῦσα τῆς δίκης,
690   Βαρεῖα χώρᾳ τῇδ' ὁμιλήσω πάλιν.   710

Ἀπόλλων.   Ἀλλ' ἔν τε τοῖς νέοισι καὶ παλαιτέροις
Θεοῖς ἄτιμος εἶ σύ· νικήσω δ' ἐγώ.

Nicht frecher Willkühr, rath' ich, nicht dem Knechteszwang,
Zum Schutze meiner Bürger, je zu huldigen,
610 Noch auch, was Furcht erreget, ganz hinwegzuthun.
Denn welcher Mensch wohl, ganz von Furcht frei, thäte Recht?
Doch scheut ihr solche Majestät rechtfert'gen Sinns,
So mögt ein Bollwerk eures Lands, ein Heil der Stadt,
Ihr haben, wie der Menschenvölker keines hat,
615 Nicht bei den Skythen, nicht in Pelops Landen auch.
So stift' ich also diesen Rath, auf daſs er sei
Fern jeder Habsucht, edler Scham voll, stark im Zorn,
Ruhvollen Schlummers immerwacher Schirm und Hort.
Dies ist die Mahnung, die ich meiner Bürgerschaft
620 Für alle Zukunft geb'e. Jetzt erhebet euch,
Nehmt auf den Stimmstein, und entscheidet so den Streit
Den heil'gen Eidschwur scheuend. Meine Red' ist aus.

Der erste Areopagit erhebt sich, nimmt den Stein vom Altar und thut ihn in die Urne

Chor. Gar sehr doch rath' ich, diese unheildrohenden
Besucher eures Landes keineswegs zu schmähn.

Desgleichen der zweite

625 **Apollon.** Und ich ermahn' euch, meine Sprüche wie des Zeus
In Furcht zu ehren, daſs sie fruchtlos nicht vergehn.

Der dritte

Chor. Du übst ein Blutamt, das dir nicht zum Loose fiel;
Befleckt hinfort sind deine Sprüche, weilst du noch.

Der vierte.

Apollon. Trügt denn der Rathschluſs meines Vaters etwa auch,
630 Weil er Ixion's ersten Mord entsündigt hat?

Der fünfte.

Chor. Du sprichst! Doch ich, wenn man des Rechtes mich beraubt,
Ich will mit Unheil diesem Land' einst wieder nahn.

Der sechste

Apollon. Dein achtet Niemand, nicht im jungen Götterstamm,
Nicht bei den Urgottheiten. Mir wird Sieg zu Theil.

Der siebente

Χορός. Τοιαῦτ' ἔδρασας καὶ Φέρητος ἐν δόμοις·
        Μοίρας ἔπεισας ἀφθίτους θεῖναι βροτούς.

695 Ἀπόλλων. Οὔκουν δίκαιον τὸν σέβοντ' εὐεργετεῖν,   715
           Ἄλλως τε πάντως χὤτε δεόμενος τύχοι;

Χορός. Σύ τοι παλαιὰς δαίμονας καταφθίσας
        Οἴνῳ παρηπάτησας ἀρχαίας θεάς.

Ἀπόλλων. Σύ τοι τάχ', οὐκ ἔχουσα τῆς δίκης τέλος,
700   Ἐμῇ τὸν ἰὸν οὐδὲν ἐχθροῖσιν βαρύν.   720

Χορός. Ἐπεὶ καθιππάζῃ με πρεσβῦτιν νέος,
        Δίκης γενέσθαι τῆσδ' ἐπήκοος μένω,
        Ὡς ἀμφίβουλος οὖσα θυμοῦσθαι πόλει.

Ἀθηνᾶ. Ἐμὸν τόδ' ἔργον, λοισθίαν κρῖναι δίκην·
705   Ψῆφον δ' Ὀρέστῃ τήνδ' ἐγὼ προσθήσομαι.   725
         Μήτηρ γὰρ οὔτις ἐστὶν ἥ μ' ἐγείνατο.
         Τὸ δ' ἄρσεν αἰνῶ πάντα, πλὴν γάμου τυχεῖν,
         Ἅπαντι θυμῷ, κάρτα δ' εἰμὶ τοῦ πατρός.
         Οὕτω γυναικὸς οὐ προτιμήσω μόρον,
710   Ἄνδρα κτανούσης δωμάτων ἐπίσκοπον.   730
         Νικᾷ δ' Ὀρέστης, κἂν ἰσόψηφος κριθῇ.
         Ἐκβάλλεθ' ὡς τάχιστα τευχέων πάλους,
         Ὅσοις δικαστῶν τοῦτ' ἐπέσταλται τέλος.

Ὀρέστης. Ὦ Φοῖβ' Ἄπολλον, πῶς ἀγὼν κριθήσεται;

715 Χορός. Ὦ Νὺξ μέλαινα μῆτερ, ἆρ' ὁρᾷς τάδε;   735

Ὀρέστης. Νῦν ἀγχόνης μοι τέρματ', ἢ φάος βλέπειν·

Χορός. Ἡμῖν γὰρ ἔρρειν, ἢ πρόσω τιμὰς νέμειν.

Ἀπόλλων. Πεμπάζετ' ὀρθῶς ἐκβολὰς ψήφων, ξένοι,
          Τὸ μὴ 'δικεῖν σέβοντες ἐν διαιρέσει.

635 **Chor.** Solch, Werk verübtest du in Pheres Wohnung auch,
Gewannst den Mören Ewigkeit für Menschen ab.

Der achte.

Apollon. Ist's denn nicht billig, wohlzuthun dem Götterfreund,
Und dann vor allen, wenn er hilfsbedürftig fleht?

Der neunte

Chor. Du hast die alten Göttermächte schwer gekränkt,
640 Durch Wein berückt hast du der Urzeit Göttinnen.

Der zehnte.

Apollon. Du wirst nun bald, da dir des Rechtstreits Ziel entgeht,
Den Geifer ausspei'n, der den Feind nicht härmen kann.

Der elfte.

Chor. Da du, der Jüngling, mich, die Greisin, niedertrittst:
Erwart' ich, daß des Streites Ausgang kund mir wird,
645 Noch zweifelmüthig, ob der Stadt ich grollen soll.

Der zwolfte legt den aufgehobenen Stein in die Urne. Athena nimmt darauf einen Stimmstein vom Altar, und behalt ihn in der Hand.

Athena. Mein Amt gebeut mir End - Entscheidung dieses Streits;
Und diesen Stimmstein soll Orestes noch empfahn.
Denn keine Mutter giebt es, welche mich gebar;
Den Männern freund auch ist in Allem mein Gemüth
650 Bis auf den Ehbund, und des Vaters bin ich ganz.
So acht' ich minder sträflich jetzt den Mord der Frau,
Die todt den Mann schlug, ihn des Hauses Oberherrn.
Drum siegt Orestes, auch bei gleicher Stimmenzahl.
Nun werft die Loose schleunigst aus der Urn' hervor,
655 Ihr Richter, denen dieses Amt verordnet ist.

Orestes. Apollon Phoebos, welches Ende nimmt der Kampf?

Chor. O Nacht, du finstre Mutter, schaust du dieses Werk?

Orestes. Nun droht's mich todt zu würgen, oder heller wird's!

Chor. Denn unser harrt Verstofsung, oder fern're Macht!

Die Steine werden aus der Urne herausgeschuttet und gezählt.

660 **Apollon.** Zählt recht die ausgeworfnen Stein', ihr Fremdlinge,
Und scheut das Unrecht bei dem Sonderungsgeschäft.

720 Γνώμης δ᾽ ἀπούσης πῆμα γίγνεται μέγα,   740
Πάλλουσά τ᾽ οἶκον ψῆφος ὤρθωσεν μία.

Ἀθηνᾶ. Ἀνὴρ ὅδ᾽ ἐκπέφευγεν αἵματος δίκην.
Ἴσον γάρ ἐστι τἀρίθμημα τῶν πάλων.

Ὀρέστης. Ὦ Παλλὰς, ὦ σώσασα τοὺς ἐμοὺς δόμους,
725 Καὶ γῆς πατρῴας ἐστερημένον σύ τοι   745
Κατῴκισάς με· καί τις Ἑλλήνων ἐρεῖ·
Ἀργεῖος ἀνὴρ αὖθις ἔν τε χρήμασιν
Οἰκεῖ πατρῴοις, Παλλάδος καὶ Λοξίου
Ἕκατι, καὶ τοῦ πάντα κραίνοντος τρίτου
730 Σωτῆρος, ὃς πατρῷον αἰδεσθεὶς μόρον,   750
Σώζει με, μητρὸς τάσδε συνδίκους ὁρῶν.

Ἐγὼ δὲ χώρᾳ τῇδε καὶ τῷ σῷ στρατῷ
Τὸ λοιπὸν εἰς ἅπαντα πλειστήρη χρόνον
Ὁρκωμοτήσας, νῦν ἄπειμι πρὸς δόμους,
735 Μήτοι τιν᾽ ἄνδρα δεῦρο πρυμνήτην χθονὸς   755
Ἐλθόντ᾽ ἐπήσειν εὖ κεκασμένον δόρυ.
Αὐτοὶ γὰρ ἡμεῖς ὄντες ἐν τάφοις τότε
Τοῖς τἀμὰ παρβαίνουσι νῦν ὁρκώματα
Ἀμηχάνοισι πράξομεν δυσπραξίας,
740 Ὁδοὺς ἀθύμους καὶ παρόρνιθας πόρους   760
Τιθέντες, ὡς αὐτοῖσι μεταμέλῃ πόνος·
Ὀρθουμένων δὲ, καὶ πόλιν τὴν Παλλάδος
Τιμῶσιν ἀεὶ τήνδε συμμάχῳ δορὶ,
Αὐτοῖσιν ἡμεῖς ἐσμὲν εὐμενέστεροι.
745 Καὶ χαῖρε καὶ σύ, καὶ πολισσοῦχος λεώς,   765
Πάλαισμ᾽ ἄφυκτον τοῖς ἐναντίοις ἔχοις,
Σωτήριόν τε καὶ δορὸς νικηφόρον.

ΚΟΜΜΑΤΙΚΑ.

Χορός.

Ἰὼ θεοὶ νεώτεροι παλαιοὺς νόμους
Καθιππάσασθε, κἀν χερῶν εἵλεσθέ μου.

750 Ἐγὼ δ᾽ ἄτιμος ἡ τάλαινα βαρύκοτος,   770
Ἐν γᾷ τᾷδε, φεῦ, ἰοὺ, ἰοὺ,

Ein grofses Unheil bringt ein Stimmstein weniger,
Hervorgeschüttelt rettet eine Stimm' ein Haus.

Athena. Der Mann ist freigesprochen von der Schuld des Bluts;
665   Denn gleicher Anzahl zeigen sich die Loose hier.

Athena legt ihren Stimmstein zu den lossprechenden

Orestes. O Pallas, o du meines Hauses Retterin,
Du hast zur Heimat auch dem Landesflüchtigen
Gebahnt die Rückkehr; und in Hellas sagt man wohl:
In Argos wohnt er wieder und im Vaterhaus,
670   Durch Pallas Gnadenwaltung und des Loxias
Und jenes dritten Retters, der Vollendung schafft.
Denn er erwog erbarmend meines Vaters Mord,
Und schirmt mich vor der Mutter Rechtsbeiständen hier.

Nun geh' ich heimwärts, doch gelob' ich erst den Schwur
675   Hier deinem Land' und diesem deinem Heergefolg
Für aller Zukunft lange Zeitenkett' hinfort:
Dafs nie ein Herzog meines Landes einen Mann
Mit blankem Speer gewappnet hieher senden soll.
Denn selber schick' ich aus dem Grab dann Jeglichem,
680   Der meinen Eidschwur, den ich jetzo leiste, bricht,
Ein Ungemach zu, dem er sich nicht leicht entringt,
Unmuth auf seiner Strafse, Zeichen böser Art
Ihm schaffend, dafs ihn selber bald die Mühe reut.
Doch wird erfüllt, was ich verheifsen, ehren sie
685   Die Stadt Athena's stets mit bundestreuem Speer:
Dann werden wir auch doppelt huldreich ihnen sein.
Nun seid gegrüfst mir, Göttin du, und Volk der Stadt;
Mag deinem Ringkampf nie des Gegners Macht entgehn,
Dir stets zum Heile, wie zum Siegsruhm deines Speers.

Orestes verlafst die Buhne.

Chorgesang.

690 **St. 1.** O jungentsprofsner Götterstamm, du tratst Urgesetz
Mit frechen Füfsen, und entrangst es meiner Hand.

St. 2. Doch ich, der ihr die Würde nahmt, ich Elende,
Empört schütt' ich jetzt, o Wehe, Weh!

— 48 —

'Αντιπαθῆ μεθεῖσα κραδίας σταλαγμὸν χθονὶ   775
"Αφορον· ἐκ δὲ τοῦ λιχὴν ἄφυλλος,
755   "Ατεκνος, ὦ δίκα, πέδον ἐπισύμενος
Βροτοφθόρους κηλῖδας ἐν χώρα βαλεῖ.

Στενάζω; τί ῥέξω; γένωμαι δυσοίστα πολίταις.   780
760   Πάθον, ἰὼ, μεγάλα τοι κόραι δυστυχεῖς Νυκτὸς ἀτιμοπενθεῖς.

'Αθηνᾶ.   Ἐμοὶ πίθεσθε μὴ βαρυστόνως φέρειν.
Οὐ γὰρ νενίκησθ', ἀλλ' ἰσόψηφος δίκη   785
Ἐξῆλθ' ἀληθῶς, οὐκ ἀτιμίᾳ σέθεν.
Ἀλλ' ἐκ Διὸς γὰρ λαμπρὰ μαρτύρια παρῆν,
765   Αὐτός θ' ὁ χρήσας, αὐτὸς ἦν ὁ μαρτυρῶν,
Ὡς ταῦτ' Ὀρέστην δρῶντα μὴ βλάβας ἔχειν.
Ὑμεῖς δὲ τῇ γῇ τῇδε μὴ βαρὺν κότον   790
Σκήψησθε, μὴ θυμοῦσθε, μηδ' ἀκαρπίαν
Τεύξητ', ἀφεῖσαι δαιμόνων σταλάγματα,
770   Βρωτῆρας αἰχμὰς σπερμάτων ἀνημέρους.
Ἐγὼ γὰρ ὑμῖν πανδίκως ὑπίσχ ιαι,
Ἕδρας τε καὶ κευθμῶνας ἐνδίκου χθονὸς   795
Λιπαροθρόνοισιν ἡμένας ἐπ' ἐσχάραις
Ἕξειν, ὑπ' ἀστῶν τῶνδε τιμαλφουμένας.

Χορός.
Ἰὼ θεοὶ νεώτεροι παλαιοὺς νόμους
Καθιππάσασθε, κἀκ χερῶν εἵλεσθέ μου.   800
775   Ἐγὼ δ' ἄτιμος ἡ τάλαινα βαρύκοτος,
Ἐν γᾷ τᾷδε, φεῦ, ἰοὺ, ἰοὺ,
'Αντιπαθῆ μεθεῖσα κραδίας σταλαγμὸν χθονὶ   805
"Αφορον· ἐκ δὲ τοῦ λιχὴν ἄφυλλος,
780   "Ατεκνος, ὦ δίκα, πέδον ἐπισύμενος
Βροτοφθόρους κηλῖδας ἐν χώρα βαλεῖ.

Στενάζω; τί ῥέξω; γίνωμαι δυσοίστα πολίταις   810
785   Πάθον, ἰὼ, μεγάλα τοι κόραι δυστυχεῖς Νυκτὸς ἀτιμοπενθεῖς.

'Αθηνᾶ.   Οὐκ ἔστ' ἄτιμοι, μηδ' ὑπερθύμως ἄγαν
Θεαὶ βροτῶν στήσητε δύσκηλον χθόνα·   815
790   Κἀγὼ πέποιθα Ζηνὶ, καὶ, τί δεῖ λέγειν;

Des Unrechts Entgelt auf dies Land, der Brust Geifer, aus,

695 Den Tod jedem Keim: und bald, o Rache!
Umzieht Flechtenmoos, von Laub nakt und Frucht,
Das Feld, und Siechthum's Mäler wachsen draus dem Volk.

St. 3. Ihr seufzt noch? was schafft ihr? das Volk laſst die Zornwucht empfinden.
Groſses Leid traf fürwahr der Nacht Töchter, uns, welche verachtet trauern.

700 A t h e n a. Folgt meiner Stimm' und stöhnt nicht unmuthsvoll darob;
Nicht seid ihr überwunden; gleiche Stimmenzahl
Entschied den Rechtstreit, sonder Abbruch eures Rufs.
Doch glänzend Zeugniſs sandte selber Zeus herbei,
Er, der geweissagt, legte selbst auch Zeugniſs· ab:

705 Nicht trage Schuld Orestes, der vollführt die That.
Drum schleudert keinen schweren Groll auf dieses Land,
Ergrimmet nicht, und schaffet keinen Fruchtverderb,
Indem ihr Geifer aus der Brust enttträufeln laſst,
Fraſsgier'ge Pfeile für die Saat, verödende.

710 Denn ich verheiſs' euch treugerechten Sinnes jetzt,
Daſs euch ein Wohnsitz und ein Erdschlund, wie's gebührt,
Allhier geweiht wird, wo am Heerde thronend ihr,
Dem fettbeglänzten, Huldigung der Stadt empfaht.

Chorgesang.

St. 1. O jungentsproſsner Götterstamm, du tratst Urgesetz
715 Mit frechen Füſsen, und entrangst es meiner Hand.

St. 2. Doch ich, der ihr die Würde nahmt, ich Elende,
Empört schütt' ich jetzt, o Wehe, Weh!
Des Unrechts Entgelt auf dies Land, der Brust Geifer, aus,
Den Tod jedem Keim: und bald, o Rache!
720 Umzieht Flechtenmoos, von Laub nackt und Frucht,
Das Feld, und Siechthum's Mäler wachsen draus dem Volk.

St. 3. Ihr seufzt noch? was schafft ihr? das Volk laſst die Zornwucht empfinden.
Groſses Leid traf fürwahr der Nacht Töchter, uns, welche verachtet trauern.

A t h e n a. Nicht seid entehrt ihr; wandelt drum zur Wildniſs nicht
725 Zu scharf im Grimm der Menschen Landschaft, Göttinnen.
Auch mich ermuthigt Zeus, und — thut's zu sagen Noth? —

Καὶ κλῇδας οἶδα δωμάτων μόνη θεῶν,
Ἐν ᾧ κεραυνός ἐστιν ἐσφραγισμένος·
Ἀλλ' οὐδὲν αὐτοῦ δεῖ· σὺ δ' εὐπειθὴς ἐμοὶ   820
Γλώσσης ματαίας μὴ 'κβάλῃς ἐπὶ χθόνα
795   Καρπόν, φέροντα πάντα μὴ πράσσειν καλῶς.
Κοίμα κελαινοῦ κύματος πικρὸν μένος,
Ὡς σεμνότιμος καὶ ξυνοικήτωρ ἐμοί·
Πολλῆς {δὲ χώρας τῆσδ' ἔτ' ἀκροθίνια,
Θύη πρὸ παίδων καὶ γαμηλίου τέλους,   825
800   Ἔχουσ' ἐς αἰεὶ τόνδ' ἐπαινέσεις λόγον.

ΚΟΜΜΑΤΙΚΑ.
Χορός.

Ἐμὲ παθεῖν τάδε.
    Φεῦ.
Ἐμὲ παλαιόφρονα κατὰ γᾶς οἰκεῖν ἀτίετον μῖσος.
    Φεῦ.
Πνέω τοι μένος, ἅπαντά τε κότον.   830
805   Οἴ οἴ, δᾶ, φεῦ.
Τίς μ' ὑποδύεται πλευρὰς ὀδύνα;
Θυμὸν ἄϊε, μᾶτερ
Νύξ. ἀπὸ γάρ με τιμᾶν δαμιᾶν θεῶν
Δυςπάλαμοι παρ' οὐδὲν ἦραν δόλοι.   835

810 Ἀθηνᾶ. Ὀργὰς ξυνοίσω σοι· γεραιτέρα γὰρ εἶ.
Καίτοι γε μὴν σὺ κάρτ' ἐμοῦ σοφωτέρα,
Φρονεῖν δὲ κἀμοὶ Ζεὺς ἔδωκεν οὐ κακῶς.
Ὑμεῖς δ' ἐς ἀλλόφυλον ἐλθοῦσαι χθόνα,   840
Γῆς τῆσδ' ἐρασθήσεσθε· προὐννέπω τάδε.
815   Οὑπιρρέων γὰρ τιμιώτερος χρόνος
Ἔσται πολίταις τοῖςδε. καὶ σὺ τιμίαν
Ἕδραν ἔχουσα πρὸς δόμοις Ἐρεχθέως,
Τεύξῃ παρ' ἀνδρῶν καὶ γυναικείων στόλων,   845
Ὅσην παρ' ἄλλων οὔποτ' ἂν σχέθοις βροτῶν.
820   Σὺ δ' ἐν τόποισι τοῖς ἐμοῖσι μὴ βάλῃς
Μήθ' αἱματηρὰς θηγάνας, σπλάγχνων βλάβας
Νέων, ἀοίνοις ἐμμανεῖς θυμώμασι·

Die Schlüssel zum Gemache weiſs im Götterkreis
Nur ich, worin verschlossen ruht der Wetterstrahl.
Doch nicht bedarf's deſs. Sei nur lenksam meinem Rath,
730   Und schütte nicht der frevlen Zunge gift'ge Frucht,
Aus der nur Unheil sprieſset, hin auf dieses Land.
Der schwarzen Sturmflut bittern Zorn laſs schlafen jetzt,
Da hochgefeiert neben mir du thronen sollst.
Einst, wann die Erstlingsfrüchte dieser weiten Mark,
735   Für Kinderseegen und für Hochzeitglück geweiht,
Du stets genieſsest, preisest du mein jetzig Wort.

Chorgesang.

St. 1. Daſs solch Leid mich trifft!
       Weh!
   2. Daſs Ich Urgewalt, ungesättigten Grimms, zum Abgrunde muſs.
       Weh!
   3. Von Zorn schwillt die Brust;
   4.   von Groll ganz erfüllt.
740   5. Ach, ach! Erd', ach!
   6. O welch grimmes Weh mir die Seite durchzuckt!
   7. Vernimm's, Mutter Nacht,
       Des Volks Ehre hat um Nichts meiner Schaar
       Der Gottheiten Trug und Arglist geraubt.

745 Athena.   Dein Zürnen trag' ich; denn du bist die ältere.
               Wiewohl jedoch du mehr als ich erfahren bist,
               Doch ward der Einsicht Maaſs durch Zeus auch mir zu Theil.
               Euch aber faſst, wenn jetzt ihr nach der Fremde zieht,
               Einst noch die Sehnsucht dieses Lands, verkünd' ich euch.
750   Denn gröſsre Hoheit bringt der Zukunft Zeitenstrom
               Für diese Bürger. Und in diesem Lande wird,
               Dem Haus Erechtheus nahe, dir ein Sitz zu Theil,
               Geehrt von Männern und der Frauen Feierzug,
               Wie du von andern Menschen ihn nicht leicht empfingst.
755   Drum wirf mir nun auch nicht in meines Lands Bezirk
               Den blut'gen Wetzstein, der das jugendliche Herz
               Verderbt, zu trunkner Wuth es ohne Wein erhitzt;

7 *

Μηδ' ἐκχολοῦσ' † ὡς καρδίαν ἀλεκτόρων,   850
Ἐν τοῖς ἐμοῖς ἀστοῖσιν ἱδρύσῃς Ἄρη

825   Ἐμφίλιόν τε καὶ πρὸς ἀλλήλους θρασύν.
Θυραῖος ἔστω πόλεμος, οὐ δόμοις † παρὼν,
Ἐν ᾧ τις ἔσται δεινὸς εὐκλείας ἔρως·
Ἐνοικίου δ' ὄρνιθος οὐ λέγω μάχην.   855
Τοιαῦθ' ἑλέσθαι σοι πάρεστιν ἐξ ἐμοῦ,

830   Εὖ δρῶσαν, εὖ πάσχουσαν, εὖ τιμωμένην
Χώρας μετασχεῖν τῆσδε θεοφιλεστάτης.

Χορός.

Ἐμὲ παθεῖν τάδε.
    Φεῦ.
Ἐμὲ παλαιόφρονα κατὰ γᾶς οἰκεῖν ἀτίετον μῖσος.   860
    Φεῦ.

835   Πνέω τοι μένος, ἅπαντά τε κότον.
Οἲ οἲ, δᾶ, φεῦ.
Τίς μ' ὑποδύεται πλευρὰς ὀδύνα;   865
Θυμὸν ἄϊε, μᾶτερ
Νύξ. ἀπὸ γάρ με τιμᾶν δαμιᾶν θεῶν

840   Δυσπάλαμοι παρ' οὐδὲν ἦραν δόλοι.

Ἀθηνᾶ.   Οὔτοι καμοῦμαί σοι λέγουσα τἀγαθά·
Ὡς μήποτ' εἴπῃς, πρὸς νεωτέρας ἐμοῦ   870
Θεὸς παλαιὰ, καὶ πολισσούχων βροτῶν,
Ἄτιμος ἔρρειν τοῦδ' ἀπόξενος πέδου.

845   Ἀλλ' εἰ μὲν ἁγνόν ἐστί σοι Πειθοῦς σέβας,
* Γλώσσης ἐμῆς μείλιγμα καὶ θελκτήριον,
Σὺ δ' οὖν μένοις ἄν· εἰ δὲ μὴ θέλεις μένειν,   875
Οὔτἂν δικαίως τῇδ' ἐπιρρέποις πόλει
Μῆνίν τιν' ἢ κότον τιν', ἢ βλάβην στρατῷ.

850   Ἔξεστι γάρ σοι τῆσδε γαμόρῳ χθονὸς
Εἶναι δικαίως ἐς τὸ πᾶν τιμωμένῃ.

Χορός.   Ἄνασσ' Ἀθάνα, τίνα με φὴς ἔχειν ἕδραν;   880

Ἀθηνᾶ.   Πάσης ἀπήμον' οἰζύος· δέχου δὲ σύ.

Noch auch vergäll' ihr Herz wie eines Hahnes Sinn,
Und pflanze Kriegslust meinen Bürgern in den Geist,
760 Die innern Zwist schafft, Trutz und Gegentrutz erzeugt.
Jenseits der Marken wüthe Krieg, vom Heerde fern,
Wo hohe Sehnsucht nach dem Ruhm sich offenbart;
Den Kampf des Vogels auf dem Hof wünsch' ich hinweg.
So schöne Gaben anzunehmen biet' ich dir,
765 Wohlthätig, wohlgelitten, wohl geschmückt mit Ruhm,
Antheil zu haben an dem gottgeliebten Land.

Chorgesang.

St. 1. Daß solch Leid mich trifft!
Weh!

2. Daß Ich Urgewalt, ungesättigten Grimms, zum Abgrunde muß.
Weh!

3. Von Zorn schwillt die Brust;

4.   von Groll ganz erfüllt.

770 5. Ach, ach! Erd', ach!

6. O welch grimmes Weh mir die Seite durchzuckt!

7. Vernimm's, Mutter Nacht,
Des Volks Ehre hat um Nichts meiner Schaar
Der Gottheiten Trug und Arglist geraubt.

775 Athena. Nicht müde werd' ich, Heil dir anzukündigen,
Daß nie du sagest, du, die alte Göttin, seist
Von mir, der jüngern, und den Menschen dieser Stadt
Ehrlos verstoßen, und das Gastrecht dir versagt.
Doch wenn der Peitho hehre Macht dir heilig ist,
780 Der Schmerzentrost und Lindrungsbalsam meines Worts,
Du bliebst im Lande. Doch versagst du Bleiben uns,
Dann darf mit Fug auch diese Stadt kein Groll von dir,
Kein Haß und Unbill lastend überziehn das Volk,
Da dir ja freisteht, reicher Grundherrschaft im Land
785 Und ew'ger Ehre nach Gebühren dich zu freun.

Chor. O Fürstin Pallas, welchen Wohnsitz beutst du mir?

Athena. Kein Jammer drückt ihn. Nimm du ihn nur immer an.

Χορός.	Καὶ δὴ δέδεγμαι· τίς δέ μοι τιμὴ μένει;	
855 Ἀθηνᾶ.	Ὡς μή τιν᾽ οἶκον εὐθενεῖν ἄνευ σέθεν.	
Χορός.	Σὺ τοῦτο πράξεις, ὥστέ με σθένειν τόσον;	
Ἀθηνᾶ.	Τῷ γὰρ σέβοντι συμφορὰς ὀρθώσομεν.	880
Χορός.	Καί μοι προπαντὸς ἐγγύην θήσῃ χρόνου;	
Ἀθηνᾶ.	Ἔξεστι γάρ μοι μὴ λέγειν ἃ μὴ τελῶ.	
860 Χορός.	Θέλξειν μ᾽ ἔοικας, καὶ μεθίσταμαι κότου.	
Ἀθηνᾶ.	Τοιγὰρ κατὰ χθόν᾽ οὖσ᾽ ἐπικτήσῃ φίλους.	
Χορός.	Τί οὖν μ᾽ ἄνωγας τῇδ᾽ ἐφυμνῆσαι χθονί;	890

Ἀθηνᾶ.
Ὁποῖα νίκης μὴ κακῆς ἐπίσκοπα,
Καὶ ταῦτα γῆθεν, ἔκ τε ποντίας δρόσου,
865 Ἐξ οὐρανοῦ τε, κἀνέμων ἀήματα
Εὐηλίως πνέοντ᾽ ἐπιστείχειν χθόνα·
Καρπόν τε γαίας καὶ βοτῶν ἐπίρρυτον, 895
Ἀστοῖσιν εὐθενοῦντα μὴ κάμνειν χρόνῳ,
Καὶ τῶν βροτείων σπερμάτων σωτηρίαν.
870 Τῶν δυσσεβούντων δ᾽ ἐκφορωτέρα πέλοις.
Στέργω γάρ, ἀνδρὸς φιτυποιμένος δίκην,
Τὸ τῶν δικαίων τῶνδ᾽ ἀπένθητον γένος. 900
Τοιαῦτα σοὔστι. τῶν ἀρειφάτων δ᾽ ἐγὼ
Πρεπτῶν ἀγώνων οὐκ ἀνέξομαι τὸ μὴ οὐ
875 Τήνδ᾽ ἀστύνικον ἐν βροτοῖς τιμᾶν πόλιν.

ΣΤΑΣΙΜΟΝ Γ. ΚΑΙ ΑΝΑΠΑΙΣΤΟΙ.
Χορός.

Στρ. ά. Δέξομαι Παλλάδος ξυνοικίαν οὐδ᾽ ἀτιμάσω πόλιν 905
Τὰν καὶ Ζεὺς ὁ παγκρατὴς Ἄρης τε φρούριον θεῶν νέμει,
880 Ῥυσίβωμον Ἑλλάνων ἄγαλμα δαιμόνων.
Αἵ τ᾽ ἐγὼ κατεύχομαι, θεσπίσασα πρευμενῶς, 910
Ἐπισσύτους βίου τύχας ὀνησίμους
885 Γαίας ἒξ ἀμβρῦσαι
Φαιδρὸν ἁλίου σέλας.

| Chor. | Gesetzt, ich nähm' ihn: welche Würde bleibt mir dann? |
| Athena. | Kein Haus im Lande soll emporblühn ohne dich. |

790 Chor.   Du willst's bewirken, daſs mir so viel Macht gehört?

Athena.   Dem, der dir huldigt, bau' ich auf des Glückes Haus.

Chor.   Und willst mir Bürgschaft leisten für die Ewigkeit?

Athena.   Nicht steht mir frei, zu sagen, was sich nicht erfüllt.

Chor.   Dein Wort erweicht mich, glaub' ich, und es flieht der Groll.

795 Athena.   Drum wirst du Freunde dir gewinnen hier im Land.

Chor.   Welch Seegenslied nun forderst du für diesen Gau?

Athena.   Was irgend hinstrebt nach dem Ziel des schönen Siegs,
Theils aus dem Erdreich, theils dem Meeresthau entsproſst,
Auch hoch vom Himmel. Heitres Windeswehen auch
800   Bei Sonnenglanz besuche heilsam dieses Land.
Des Bodens wie der Heerden saftgenährte Frucht,
Sie werde hier in blüh'ndem Aufwuchs nimmer laſs.
Auch für des Menschen Samen künde Seegen an;
Die Frevler aber schaff' als Leichen bald hinaus.
805   Denn wie ein Mann, der Pflanzen hütet, halt' ich gern.
Vom guten Stamm' im Lande Leid und Trauer ab.
Das sei nun dein Amt. Doch im herrlich leuchtenden
Wettkampf des Ares diese Stadt als Siegerin
Auf Erden hochzuehren, dies bleibt mein Geschäft.

Vollstimmiger Chorgesang.

Unterbrochen von den von der Athena gesprochnen Anapästen.

810 Str.   Ja, ich will wohnen neben Pallas Sitz,   will verschmähen nicht die Stadt,
Die auch   Zeus, der Herr des Alls, und Ares   als die Götterburg bewohnt,
Als der Götter Hellas   Ehrenbild und Tempelschutz.
Ihr verkünd' ich gnadenvoll   jetzo diesen Seegenswunsch:
Daſs Lebensglück, im Ueberschwang, gedeihliches,
815   Erdschooſs, dir   hellumstrahlt .
Milde Sonn' entlocken mag.

Ἀθηνᾶ.

Συστ. ά. Τάδ' ἐγὼ προφρόνως τοῖσδε πολίταις πράσσω, μεγάλας καὶ
δυσαρέστους δαίμονας αὐτοῦ κατανασσαμένη.   915

890 πάντα γὰρ αὗται τὰ κατ' ἀνθρώπους ἔλαχον διέπειν.
ὁ δὲ δὴ † κύρσας βαρέων τούτων, οὐκ οἶδεν ὅθεν πληγαὶ
βιότου ∗∗∗∗∗∗·   920

895 Τὰ γὰρ ἐκ προτέρων ἀπλακήματά νιν πρὸς τάςδ' ἀπάγει,
σιγῶν ὄλεθρος,
καὶ μέγα φωνοῦντ' ἐχθραῖς ὀργαῖς ἀμαθύνει.   925

Χορός.

Ἀντ. ά. Δενδροπήμων δὲ μὴ πνέοι βλάβα, τὰν ἐμὰν χάριν λέγω,

900 Φλογμός τ' ὀμματοστερὴς φυτῶν, τὸ μὴ περᾶν ὅρον τόπων
Μηδ' ἄκαρπος αἰανὴς ἐφερπέτω νόσος.   930

905 Μηλά τ' εὐθενοῦντα γᾶ ξὺν διπλοῖσιν ἐμβρύοις,
Τρέφοι χρόνῳ τεταγμένῳ, γόνος δὲ πᾶς †
Πλουτόχθων Ἑρμαίαν   935
Δαιμόνων δόσιν τίοι.

Ἀθηνᾶ.

910 Συστ. β'. Ἦ τάδ' ἀκούετε, πόλεως φρούριον, οἷ' ἐπικραίνει;
μέγα γὰρ δύναται πότνι' Ἐρινὺς παρά τ' ἀθανάτοις, τοῖς θ'
ὑπὸ γαῖαν·
περί τ' ἀνθρώπων φανερῶς τελέως διαπράσσουσιν,   940
τοῖς μὲν ἀοιδὰς, τοῖς δ' αὖ δακρύων βίον ἀμβλωπὸν παρέ
915 χουσαι.

Χορός.

Στρ. β'. Ἀνδροκμῆτας δ' ἀώρους ἀπεννέπω τύχας,   945
Νεανίδων ἐπηράτων
Ἀνδροτυχεῖς βιότους δότε, κύρι' ἔχοντες τὰ θνατῶν †,
920 Μοῖραι ματροκασιγνῆται,
Δαίμονες ὀρθονόμοι,   950
Παντὶ δόμῳ μετάκοινοι, παντὶ χρόνῳ δ' ἐπιβριθεῖς
Ἐνδίκοις ὁμιλίαις, .
925 Πάντᾳ τιμιώταται θεῶν.

Athena

(während dieser und der folgenden Anapästen von der Bühne in die Orchestra hinab schreitend.)

Anap.   Den Seegen erwerb' ich den Bürgern zulieb, dieweil ich bei uns sie zu
wohnen bewog, die gewaltige, schwer zu begüt'gende Macht.
Denn der Menschen Geschick zu regieren durchaus, fiel diesen zum Loos.
Wen aber der Zorn des Gefürchteten drückt, er weiſs nicht, woher sein
Leben die Schläge betreffen;
820 Denn die Sünden des Stamms, sie liefern, ein stumm fortbrütender
Fluch; ihn in ihre Gewalt,
und zermalmen, so laut er auch ruft, ihn mit feindlichem Grimme.

Chor.

Ant.   Nimmer weh', ich verkünde meine Huld, böser Hauch den Bäumen an;
Brand auch, Tod des jungen Pflanzenauges, nahe diesen Marken nie.
Nimmer schleiche fruchtaus - rottend arge Seuche her.
825 Wohlgedieh'ne Schafe soll, Zwillingslämmer tragende,
Zu rechter Zeit das Land erziehn; es sei die Zucht
Heimatschatz, Triftgottheit!
Deiner Seegensgabe werth.

Athena.

Anap.   Nun hört ihr's wohl, Schirmherren der Stadt, welch Glück sie
verleiht?
830 Gar groſs ist die Macht der Erinnys, im Kreis der Unsterblichen gleich,
wie im Reiche der Nacht;
und im Menschengeschick legt offen sie dar obwaltende Kraft,
Dem Freudengesang, doch dem Andern ein Loos, umwölket von Thränen,
bescheidend.

Chor.

Str.   Manneskraft falle nicht vor der Blüthe hingewelkt,
Mannesliebe gebt zum Loos
835 Lieblichen Mägdlein, ihr Herrscher des Menschengeschlechts, hohe Moeren,
Ihr, auch Töchter der Nacht Mutter,
Göttinnen ewigen Rechts,
Jeglichen Hauses Genossen, jeglichen Tages der Wohnung
Frommer Menschen seegensreich,
840 Allwärts hochgepriesne Göttinnen.

8

Ἀθηνᾶ.

Μέσον σύστ. Τάδε τοι χώρᾳ τῇ μῇ προφρόνως ἐπικραινομένων γάννυμαι·   955
στέργω δ᾽ ὄμματα Πειθοῦς,
ὅτι μοι γλῶσσαν καὶ στόμ᾽ ἐπωπᾷ πρὸς τάσδ᾽ ἀγρίως ἀπαννηνα-
939   μένας.
ἀλλ᾽ ἐκράτησε Ζεὺς ἀγοραῖος. νικᾷ δ᾽ ἀγαθῶν ἔρις ἡμετέρα διὰ   960
παντός.

Χορός.

Ἀντ. β᾽ Τὰν δ᾽ ἄπληστον κακῶν μήποτ᾽ ἐν πόλει στάσιν
Τᾷδ᾽ ἐπεύχομαι βρέμειν.   965
935 Μηδὲ πιοῦσα κόνις μέλαν αἷμα πολιτᾶν δι᾽ ὀργὰν
Ποινὰς ἀντιφόνους, ἄτας,
Ἁρπαλίσαι πόλεως.
940 Χάρματα δ᾽ ἀντιδιδοῖεν κοινοφελεῖ διανοίᾳ.   970
Καὶ στυγεῖν μιᾷ φρενί.
Πολλῶν γὰρ τόδ᾽ ἐν βροτοῖς ἄκος.

Ἀθηνᾶ.

Ἀντισ. β᾽. Ἆρα φρονοῦσα γλώσσης ἀγαθῆς ὁδὸν εὑρίσκει;
945 ἐκ τῶν φοβερῶν τῶνδε προσώπων μέγα κέρδος ὁρῶ τοῖσδε
πολίταις.   975
τάσδε γὰρ εὔφρονας εὔφρονες ἀεὶ μέγα τιμῶντες
καὶ γῆν καὶ πόλιν ὀρθοδίκαιον πρέψετε πάντες διάγοντες.   980

Χορός.

950 Στρ. γ᾽. Χαίρετε χαίρετ᾽ ἐν αἰσιμίαις πλούτου.
Χαίρετ᾽ ἀστικὸς λεώς, ἵκταρ ἥμενοι Διός,
Παρθένου φίλας φίλοι, σωφρονοῦντες ἐν χρόνῳ.   985
955 Παλλάδος δ᾽ ὑπὸ πτεροῖς ὄντας ἅζεται πατήρ.

Ἀθηνᾶ.

Ἀντισ. ά. Χαίρετε χ᾽ ὑμεῖς· προτέραν δέ με χρὴ στείχειν θαλάμους
ἀποδείξουσαν.   990

Athena.

A n a p. Dies meinem Gebiet wohlwollend bescheert zu vernehmen,
im Herzen, und lieb ist mir Peitho's Blick,
die die Zung' und den Mund zur Erweichung der str
Schaar mir so weise gelenkt:
doch gesiegt hat Zeus, der Versammlungen Hort, und
kehrt immer bei uns sich zum Besten.

Chor.

A n t. Doch des Leids Nimmersatt, innrer Zwist, er möge
845 Bet' ich, brausen durch das Land;
Nimmer der Boden durch Bürgerentrüstung von Blut- S
Elend, blutiger That Sühngeld,
Heischen von diesem Gebiet.
Freude nur sollen sie wechseln, treulich gesinnt der Gemeine,
850 Auch im Hassen Eines Sinns.
Vielmals wehret dies der Menschen - Noth.

Athena.

A n a p. Gehn jetzo sie wohl treumeinend den Weg friedfertigen Spruchs?
Ja, ich seh's, wie der Stadt von der Grauengestalt der gefürchteten Schaar
viel Seegen erwächst.
Wo die Freundlichen ihr stets freundlich gesinnt hoch ehret hinfort,
855 wird stets euch der Ruhm, so das Land wie die Stadt nach dem gradesten
Recht zu verwalten.

Chor.

S t r. Heil dir zu solcher Verheißung des Glücks, Heil dir!
Heil, Bewohner dieser Stadt, die dem Zeus ihr nahe sitzt,
Seiner lieben Tochter lieb, weisen Sinns zu rechter Zeit;
Unter Pallas Flügelschirm scheuet euch der Vater selbst.

Athena

(befindet sich an der Spitze des Chors in der Orchestra, in welcher auch die Schaar der G e l e i-
t e r i n n e n mit brennenden Fackeln erschienen ist)

860 A n a p. Auch euch sei Heil! Nun schreit' ich voran, euch weisend die Statt
des geweihten Gemachs.

8 *

960 πρὸς φῶς ἱερὸν τῶνδε προπομπῶν ἴτε, καὶ σφαγίων τῶνδ' ὑπὸ
σεμνῶν κατὰ γῆς σύμιεναι,
τὸ μὲν ἀτηρὸν χώρας κατέχειν, τὸ δὲ κερδαλέον πέμπειν πόλεως
ἐπὶ νίκῃ. 995

965 Ὑμεῖς δ' ἡγεῖσθε, πολισσοῦχοι, παῖδες Κραναοῦ, ταῖσδε
μετοίκοις.
εἴη δ' ἀγαθῶν ἀγαθὴ διάνοια πολίταις.

Χορός.

'Αντ. γ'. Χαίρετε, χαίρετε δ' αὖτ', ἐπιδιπλοίζω. 1000
970 Πάντες οἱ κατὰ πτόλιν, δαίμονές τε καὶ βροτοὶ
Παλλάδος πόλιν νέμοντες. μετοικίαν δ' ἐμὴν
Εὖ σέβοντες οὔτι μέμψεσθε συμφορὰς βίου. 1005

975 'Αθηνᾶ. Αἰνῶ τε μύθους τῶνδε τῶν κατευγμάτων,
Πέμψω τε φέγγη λαμπάδων σελασφόρων
Εἰς τοὺς ἔνερθε καὶ κάτω χθονὸς τόπους,
Ξὺν προσπόλοισιν, αἴτε φρουροῦσιν βρέτας 1010
Τοὐμὸν δικαίως. ὄμμα γὰρ πάσης χθονὸς
980 Θησῇδος ἐξίκοιτ' ἂν εὐκλεὴς λόχος
Παίδων, γυναικῶν, καὶ στόλος πρεσβυτίδων.
Φοινικοβάπτοις ἐνδυτοῖς ἐσθήμασι
Τιμᾶτε, καὶ τὸ φέγγος ὁρμάσθω πυρός, 1015
Ὅπως ἂν εὔφρων ἥδ' ὁμιλία χθονὸς
985 Τὸ λοιπὸν εὐάνδροισι συμφοραῖς πρέπῃ.

ΠΡΟΠΟΜΠΟΙ.

Στρ. ά. Βᾶτε δόμῳ, μεγάλαι φιλότιμοι
Νυκτὸς παῖδες, ἄπαιδες, ὑπ' εὐθύφρονι πομπᾷ. 1020
Εὐφαμεῖτε δὲ, χωρῖται.

'Αντ. ά. Γᾶς ὑπὸ κεύθεσιν ὠγυγίοισι,
990 Τιμαῖς καὶ θυσίαις περίσεπται τετύχησθε †.
Εὐφαμεῖτε δὲ πανδαμεί. 1025

Στρ. β'. Ἵλαοι δὲ καὶ εὐθύφρονες γᾷ
Δεῦρ' ἴτε, σεμναί, πυριδάπτῳ

Bei dem heiligen Licht des Geleits hier geht, und beim Opfererguſs
    hochheiligen Bluts fahrt nieder zur Kluft;
und des Unheils Fluch bannt fest in den Grund; doch was Seegen verleiht,
    das sendet der Stadt zu dem Siege.
Ihr aber nun führt, Einwohner der Stadt von des Kranaos Stamm, die
    Genossinnen hin.
Stets richte zum Wohl wohlwollend den Bürgern der Geist sich.

Chor.

865 Ant. Heil dir und Heil, es ertönet der Ruf   zwiefach,
    Allem Volk· in dieser Stadt,   Göttern gleich wie Sterblichen,
    Die ihr Pallas Burg bewohnt.   Meine Markgenossenschaft
    Haltet hoch, und euch erfreut   Lebensglück in vollem Maaſs.

Athena. Ich finde wohlgesprochen solchen Seegenswunsch,
870   Und will der hellumstrahlten Fackeln Feuerglanz
    Zur Tiefe niedersenden, nach der Erde Schoofs,
    Sammt Dienerinnen, deren rechtbeflissner Hut
    Mein Bild vertraut ist. Denn des Theseus ganzem Land
    Soll vor die Augen treten die erlauchte Schaar
875   Der Mädchen und der Frauen und der Greisinnen.
    Purpurgetränkte Prachtgewänder bringet dar
    Sie hoch zu ehren; Feuerglanz laſst flammen jetzt,
    Daſs holdgesinnt euch diese Landsgenossenschaft.
    In alle Zukunft Männerwohlfahrt schaffen mag.

Schluſsgesang der Geleiterinnen.

880 Str. Folge zum Hause, geehrt und erhaben,
    Urnachtstamm ohne Stamm, den getreu   leitenden Führern.
    Andachtstille! ihr Stadtbürger!

Ant. Tief in den Gründen der Erde, der alten,
    Bleibt jetzt euerem Dienste geweiht   Opfer und Feier.
885   Andachtstille, du Volk ringsum!

Str. Huldvoll drum und getreu   diesen Gauen
    Wallet einher,   freudig des Glanzstrahls

Λαμπάδι τερπόμεναι. καθ' ὁδὸν δ'.
995   Ὀλολύξατε νῦν ἐπὶ μολπαῖς.

Ἀντ. β'. Σπονδαὶ δ' ἐςτόπαν ἔνδαδες οἴκων.   1030
          Παλλάδος ἀστοῖς ὁ Πανόπτας
          Οὕτω Μοῖρά τε συγκατέβα.
          Ὀλολύξατε νῦν ἐπὶ μολπαῖς.

Lodernder Fackeln, und hebet im Zug
    Zu dem Schlusse des Lieds nun ein Jauchzen!

890 Ant. Stets bleibt fackelbestrahlt eure Spende.
Solchen Vertrag schloß mit Athens - Stadt
Alldurchschauender Zeus und Geschick.
    Zu dem Schlusse des Lieds nun ein Jauchzen!

ZUR KRITIK.

Angabe der Stellen, in welchen der befolgte Text von der Ausgabe Wellauer's (1824) abweicht, nebst einigen rechtfertigenden Anmerkungen, und Anführung der die Lesart betreffenden Stellen in den folgenden Abhandlungen [1].

Vers 6. Wellauer χϑονὸς   der Text Χϑονὸς

7.	—	δ' ἤ	— —	δ' ἤ die alte Lesart.
·36.	—	στάσιν	— —	βάσιν Variante bei Stephanus.
54.	—	βίαν	— —	λίβα mit Burgess, die Codd. ΔΙΑ. Vgl. §. 93.
68.	—	Ὕπνῳ πεσοῦσαι	— —	Ὕπνῳ· πονοῦσι † nach Conjectur.
76.	—	Βεβῶτ' ἂν αἰεὶ	— —	Βεβῶτ' ἀλατεὶ † [2].
90.	—	— κάρτα δ'ὢν	— —	κάρτα δ' ὢν
91.	—	— τόνδε	— —	τόνδε
92.	—	ἐκ νόμων	— —	ἐκνέμων nach Heath.
103.	—	Ὅρα	— —	Ὁρᾷ nach Pauw.
—	—	καρδίας	— —	καρδία nach demselben.
106.107.	—	ἐλίξατε· Χοάς τ'	— —	ἐλείξατε Χοάς τε nach Hermann.
112.	—	ἀρκυσμάτων	— —	ἀρκυστάτων Turnebus.
114.	—	Ἀκούσαϑ' ὡς ἔλεξα τῆς ἐμῆς πέρι, der Text Ἀκούσαϑ', ὡς ἔλεξα, τῆς ἐμῆς π. [3].
121.	—	Ὤζεις; ὑπνώσσεις; der Text Ὤζεις ὑπνώσσουσ'; Muthmaßung.
125.	—	Λάβε, λάβε, λάβε, λάβε, φράζου, der Text Φράζου· Λάβε, λάβε, λάβε, λάβε, λάβε, λάβε, λάβε. S. §. 10.

---

[1] Nur einige kleine orthographische Aenderungen sind hiebei als zu unbedeutend übergangen worden; und im Ganzen ist auch in diesen Sachen der gegebne Text, welcher keine neue Recension sein soll, dem Wellauerschen möglichst treu geblieben. † ist hiebei, wie im Texte, den Worten zugefügt, welche ohne eine hinlangliche äufsere Probabilität in den Text genommen worden sind, um ihn nur überhaupt übersetzbar zu machen. Die Verszahlen sind die der Wellauerschen Ausgabe, welche vom Griechischen Texte rechts stehn.

[2] Ich habe gewagt, für ΑΝΑΙΕΙ zu setzen ΑΛΑΤΕΙ, da ein solches Adverbium verbale von ἀλάομαι zwar sonst nirgends vorkommt, aber doch sehr gut existiren konnte (und ἅπαξ λεγόμενα sind aus Aeschylos sicher am meisten und frühsten verdrangt worden). Was aber das α in der mittlern Sylbe anlangt· so habe ich dies deswegen stehn lassen, weil auch sonst der Attische Dialekt das ᾱ für η nach einem λ (welche Liquida dem ρ zunächst steht) bisweilen festgehalten hat, wie in λέλακα, ἄπλατος; Selbst das kurze α für ε in ἐπλάκην und andern Aoristen der Art ist von der Einwirkung des λ abzuleiten, wie in ἐβράχην u. dgl. von dem ρ.

[3] Aeschylos Gedanke ist: Περὶ ψυχῆς ὁ ἀγών ἐστιν (wie die Redner sagen, vgl. über περὶ ψυχῆς in diesem Sinne Odyssee 9, 423.); in der Weise hab' ich gesprochen, in der Weise hört mich. Diesen Sinn sollte die Interpunction deutlich machen.

V. 132.	Wellauer	Οὐδ'	der Text	Σὺ δ' nach Pearson.	
135.	—	Χοραγός	—	—	Χοροῦ ἡγεμών (auch sonst).
161.	—	αἱρούμενον	—	—	ἀρόμενον. Vgl. Pindar N. VII, 59.
169.	—	ἐκείνου	—	—	ἔστιν οὖ mit Hermann.
177.	—	καρανηστῆρες	—	—	καρανιστῆρες Turnebus.
178.	—	ὑποφθοραὶ	—	—	ἀποφθορᾷ mit Erfurdt.
179.	—	κακοῦ τε	—	—	κακοῦται nach demselben ⁴).
180.	—	Λευσμόν	—	—	Λευσμός nach Casaubonus.
191.	—	εἰς	—	—	εἶς nach Canter.
202.3.4.	—	Ἀπόλλων. Χορός.	Ἀπόλλων der Text	Ἀπόλλων nach Stephanus u. A.	
202.	—	νοσφίσῃ;	der Text	νοσφίσῃ, nach denselben.	
204.	—	ἠρκέσω	—	—	ἀρκέσει mit Bothe.
208.	—	μορσίμη,	—	—	μορσίμη
209.	—	δίκη	—	—	Δίκη
211.	—	γενέσθαι	—	—	πένεσθαι † nach Hermann.
217.	—	πόνον	—	—	πόνων mit Wakefield.
230.	—	καὶ πορεύμασι	—	—	καὶ πορεύμασιν
244.	—	Χορευταί nach dem Vers 244 — Χορός vor diesem V. Nach den Scholien.				
246.	—	πάντα	der Text	παντᾶ mit Reisig.	
253.	—	χυμένον	—	χύμενον	
256.	—	πώματος δυςπότου	—	π. τοῦ δυςπότου nach Conjectur.	
258.	—	ἀντιποίκους	—	ἀντιπόνους mit Lachmann.	
259.	—	ἄλλον	—	ἄλλος nach Heath.	
260.	—	τιν' ἀσεβῶν	—	τιν' ἀσεβῶν ... wegen des Versmaafses.	
272.73.	—	θεοῦ Φοίβου,	—	θεοῦ, Φοίβου	
294.	—	καθιερωμένος,	—	καθιερωμένος,	
301.	—	ἄμα	—	ἀμά mit Canter.	
303.	—	τοὺς — προςνέμοντας	—	τὸν — προνέμοντ' † nach Hermann.	
306.	—	ἀνήρ	—	ἁνήρ nach Wakefield.	
312.	—	ποινᾶν	—	Ποινάν Ald.	
319.	—	ἀφόρμικτος, αὐονὰ	—	ἀφόρμικτος αὐονά	
332.	—	ἄμοιρος	—	ἀπόμοιρος nach Conjectur, vergl. ἀπόκλαρος Pind. P. V, 54.	

4) Ich habe nämlich hier χλοῦνις, was die Handschriften geben, mit Erfurdt für *viridis aetas* genommen; was sich nicht mehr durch Beispiele, aber wohl etymologisch begrunden läfst. Von der Wurzel ΧΛΕ (χλόος, χλοῦς) kommt χλούνης, saftvoll, strotzend, altes Epitheton des wilden Ebers, aber auch der Eunuchen, wegen der üppigen Fulle der Gliederformen. In dem dunkeln Verse aus Aeschylos Edonen *Schol. Villois.* ad *Il.* IX, 535. scheint χλούνης auch diese Ueppigkeit der Form zu bezeichnen. Davon scheint nun das Femininum χλοῦνις abstrakte Bedeutung angenommen zu haben. Hermann *de Aeschyli Lycurgea* (7 Febr. 1831) p. 9. lehrt, χλοῦνις bedeute an dieser Stelle *castratio*; ohne jedoch auf den Zusammenhang derselben näher einzugehn

V. 338. Wellauer ὁμοίως — der Text ὅμως nach Arnaldus.

339. — ὑφ' αἵματος νέου — — καμάτοισιν † nach Muthmaſsung.

340. — σπευδόμεναι δ' — — σπεύδομεν αἴδ' mit Döderlein.

341. — ἐμαῖσι λίταις — — ἐμαῖς λείταις 5)

342. — μηδ' ἐς — — μηδ' εἰς

343. — Ζεὺς γὰρ αἱματοσταγὲς — — Ζεύς γ' αἱμοσταγὲς 6)

359. — Μένει γάρ· εὐμήχανοι — — Μένει γὰρ εὐμήχανοι mit Wakefield.

360. — δὲ — — τε nach demselben.

368. — δέδοικε — — δέδοικεν

371. 72. — ἔπι — — ἐπὶ — ἐστιν nach Hermann.

373. — κυρῶ — — κύρω nach demselben.

375. 76. — βοὴν, Ἀπὸ Σκαμάνδρου — — βοὴν Ἀπὸ Σκαμάνδρου, s. §. 42. ex.

392. — θέμις — — Θέμις.

394. — αἰανῆς — — αἰανή vulg.

412. — Ἤ — — Ἤ

413. — ἀξίαν τ' ἐπ' ἀξίων — — ἄξι ἀντ' ἐπαξίων nach Hermann.

424. — ἐφεζομένη — — ἐφημένη mit Schütz.

439. — κρύψασα· λουτρῶν — — κρύψασ, ἃ λουτρῶν Hermann Opuscc. IV. p. 339.

451. — καὶ — — κεὶ mit Heath.

— — ὅμως — — ἐμοῖς nach Pauw.

453. — ὅμως δ' — — ὁσίως nach Conjectur. Vgl. §. 51.

158. — ἀμφότερα μένειν, — — ἀμφότερα, μένειν nach Hermann.

459. — Πέμπειν δὲ δυσπήμιατ' — — Πέμπειν τε, δυσπήμαντ' nach dems.

461. — ὁρκίων αἱρουμένους — — ὁρκίους αἱρουμένη nach Pearson und Casaub.

464. — δίκης θ' — — δίκης die Lesart der Handschr.

---

5) Auch hier habe ich geglaubt, ein neues Wort einführen zu müssen. Die Erinnyen vergleichen das von ihnen ubernommene schwere Amt, wodurch sie andern Gottern, die nun damit nichts zu thun haben, seelige Ruhe verschaffen, mit den λειτουργίαις, welche einzelne Burger ubernehmen, um den übrigen Freiheit von Abgaben, ἀτέλειαν, zu verschaffen. Nun gab es von λαός, att λεώς, ein Adjectiv λάιος (daher Hesych.: λαιτῶν τῶν δημοσίων τόπων), ionisch λήϊος (daher bei Herodot das Achaische Gemeindehaus λήϊτον), altattisch λῆτος (bei den Grammatikern ohne ι), junger λεῖτος, wovon λειτουργία. Von diesem λεῖτος wird nun hier angenommen, daſs das Femininum als Abstrakt (etwa wie das altattische μορτή s v a. μέρος) in der Bedeutung: munus publicum, früher in Gebrauch gewesen sei. Beilaufig aufsere ich die Vermuthung, daſs in der mifslichen Stelle, Agam. 1208 θύουσαν Ἅιδου ΜΗΤΕΡ', für das letzte Wort ΛΗΙΤΟΡ' zu schreiben sein mochte. Λήτωρ stande dann fur λήτειρα, wie ἵκτωρ bei Aeschylos von den Danaiden, θέλκτωρ Πειθώ in derselben Tragödie, παιδολέτωρ bei Euripides von der Medea u. dgl.

6) Von den Aenderungen, wodurch ich das Versmaafs, eine daktylische Reihe mit einer Basis, herzustellen gesucht habe, bedarf keine einer besonderen Rechtfertigung. Γὲ fur γὰρ schlage ich auch im Agam. 1118 vor: περιβάλοντό γ' οἳ πτεροφόρον δέμας, at hanc amixerunt saltem diu pennigero corpore.

V. 464.	Wellauer	ὀρκώματα	der Text ὀρθώματα nach Pauw.
467.	—	φρεσίν	— — φράσειν mit Wakefield.
482.	—	Ἄκεά τ᾽	— — Ἄκεα δ᾽ nach Vermuthung.
491. 511.	—	δίκας	— — Δ κας
496.	—	ἐν φάει	— — ἐν φραδαῖς † Conjectur.
497.	—	ἀνατρέφων	— — ἂν ἀνατρέφων mit Lachmann.
500.	—	βίον	— — οὖν βίον nach Heath.
506.	—	ὕβρις	— — Ὕβρις
520.	—	ἄτερ,	— — ἄτερ
524.	—	Τὰ πολλὰ	— — Ἄγοντα πολλὰ ähnlich wie Pauw.
530.	—	θερμοεργῷ	— — θερμῷ [7])
531.	—	ἀμηχάνοις	— — ἀμηχάνως nach Conjectur.
532.	—	δύαις	— — δύναι † nach Conject., vgl. Agam. 211.
535.	—	αἶστος	— — αἶστος
537.	—	οὖν * * *	— — οὐρανοῦ mit Askew.
—	—	Τυρσηνικὴ	— — ἡ Τυρσηνικὴ Robort.
541.	—	ἐμιοὺς,	— — ἐμιοὺς
543.	—	καὶ τόνδ᾽,	— — καὶ τῶνδ᾽ s. §. 36.
547.	—	καὶ δόμων	— — καταφυγῶν † nach Muthmaſsung.
551.	—	τήνδε κυρώσων	— — τήν τε κύρωσον das letzte nach dem Guelf.
586.	—	εἶπον	— — εἰπὼν nach Vermuthung.
603.	—	Δροίτῃ, περῶντι λουτρὰ	— — Δροίτῃ περαίνει † λουτρὰ nach H. Voss.
655.	—	δ᾽ Ἄρειον	— — γεραῖρον [8])
680.	—	Αἰδουμένοις τὸν ὅρκον	— — Αἰδουμένους τὸν ὅρκον. Stanlei.
687.	—	Ἦ	— — Ἦ
718. 720.	—	Ὀρέστης. Χορός	— — Ἀπόλλων nach Robort.
721.	—	Βαλοῦσά	— — Πάλλουσα [9])
727.	—	ἀνὴρ	— — ἁνὴρ nach Porson.
736.	—	ἐποίσειν	— — ἐϛήσειν Ald.

---

7) Offenbar ist nicht θερμῷ, sondern θερμουργῷ das Glossem, da θερμουργεῖν ein später gewöhnlicher Ausdruck ist. Auch sieht man den Grund, durch welchen θερμουργῷ in den Text der Handschriften gekommen, darin daſs die Scholien zu den Sieben v. 588. lehren, θερμὸς werde nur von Handlungen, nicht von Personen gebraucht.

8) Ich halte γεραῖρον noch nicht für das rechte Wort, habe es aber in den Text gesetzt, weil dieser ohne ein Verbum an der Stelle unübersetzbar ist. Auch scheint es mir poetisch nothwendig, daſs der Name des Areshügels nicht vor V. 660. eintrete.

9) Ich nehme hier an, daſs πάλλειν — das eigentliche Wort von dem Durcheinander- und Herausschütteln von Loosen, mit denen die Stimmsteine manche Aehnlichkeit haben — auch in dieser Bedeutung intransitiv stehen kann, wie so oft in andrer Beziehung. Porson zum Orest. 316. Von der Verwechslung mit βάλλειν der Englische Stephanus unter ΠΑΛΛΩ.

V. 739. Wellauer	δυσπραξίαις	der Text	δυςπραξίας	nach Conjectur.
757. 784. —	γένωμαι; δύςοιστα	— —	γένωμαι δυςοίστα [10])	
758. 785. —	πολίταις πάθον	— —	πολίταις. Πάθον	
759. 786. —	μεγάλατοι	— —	μεγάλα τοι vulg.	
802. 833. —	γᾶν	— —	γᾶς nach Hermann.	
803. 834. —	ἀτίετον, 'φεῦ, μύσος	— —	ἀτίετον μῖσος (Ald.). Φεῦ	
805. 836. —	οἲ οἲ,	— —	οἲ οἲ,	
823. —	ἐξελοῦσ'	— —	ἐκχολοῦσ' † nach Conjectur.	
826. —	μόλις	— —	δόμοις s. §. 42.	
845. —	πειθοῦς	— —	Πειθοῦς	
850. —	τῆδε γ' εὐμοίρου	— —	τῆςδε γαμόρῳ mit Dobree.	
867. —	βροτῶν ἐπίῤῥυτον,	— —	βοτῶν ἐπίῤῥυτον Stanlei.	
885. —	Γαίας ἐξαμβρόσαι	— —	Γαίας ἐξ ἀμβρῦσαι.	
891. —	ὁ δὲ μὴ	— —	ὁ δὲ δὴ † nach Pauw.	
894. —	ἀμπλακήματα	— —	ἀπλακήματα mit Askew.	
904. —	εὐθενοῦντ' ἄγαν	— —	εὐθενοῦντα γᾶ nach Dobree.	
906. —	γόνος **	— —	γόνος δὲ πᾶς nach Muthmaſsung.	
911. —	Ἐρινννὺς	— —	Ἐρινὺς Medic.	
918. 19. —	κύρι ἔχοντες θεαὶ, τῶν	— —	κύρι ἔχοντες τὰ θνατῶν † s. §. 92.	
935. 36. —	πολιτᾶν, Δι' ὀργὰν	— —	πολιτᾶν δι' ὀργὰν	
943. —	φρονοῦσι	— —	φρονοῦσα nach Hermann.	
968. —	αὖθις, ἐπιδιπλοίζω	— —	αὖτ', ἐπιδιπλοίζω zum Theil nach Wellauer's Conj.	
975. —	δὲ	— —	τε nach Hermann.	
978. —	φρουροῦσι	— —	φρουροῦσιν Robort.	
980. —	ἐξίκοιτ' ἂν, εὐκλεὴς	— —	ἐξίκοιτ' ἂν εὐκλ.	
981. —	πρεσβυτίδων	— —	πρεσβυτίδων·	
982. —	ἐσθήμασι.	— —	ἐσθήμασι·	
990. —	Καὶ τιμαῖς	— —	Τιμαῖς mit Hermann.	
— —	περίσεπται, τύχα τε	— —	περίσεπται τετύχησθε †?	
996. —	ἐς τὸ πᾶν	— —	ἐςτόπαν	
— —	ἔνδαιδες	— —	ἔνδᾳδες Robort.	
997. —	ἀστοῖσι Ζεὺς πανόπτας. —	— —	ἀστοῖς ὁ Πανόπτας mit Bothe.	
998. —	μοίρα τε	— —	Μοῖρά τε	

10) Ich halte es hier fur viel harter, zu γένωμαι ein τί aus dem Vorigen zu suppliren (woraus auch fur mich kein befriedigender Zusammenhang hervorgeht), als den Conjunktiv des Entschlusses auf Homerische Weise ohne ein einleitendes ἄγε, φέρε zu statuiren, welches doch einigemal bei den Tragikern zugelassen wird Damit habe ich das Folgende verbunden, mit der Voraussetzung, daſs Aeschylos δυςοίστα eben so gut wie ταναρκέτα νόσος u. dgl. sagen konne, und diese Form gewahlt habe, um dem Metrum der Bacchien mehr Gewicht und eine gewisse Schwerfalligkeit zu geben.

ERLÄUTERNDE ABHANDLUNGEN.

Erste Abhandlung.

Ueber die äussere Darstellung der Eumeniden.

I. DER CHOR.

A. Einrichtung des Chors.

a. Größe des Chors.

(1.) Als Aeschylos den Gedanken gefaßt hatte, für das Dionysische Festspiel, an welchem die Eumeniden gegeben worden sind, als Preisbewerber aufzutreten: war nach der Athenischen Festordnung sein nöthigstes Geschäft, bei dem Ersten der Neun Archonten um einen Chor nachzusuchen. Er empfing ihn ($\chi o \varrho \grave{o} \nu \, \ddot{\varepsilon} \lambda \alpha \beta \varepsilon$), und zwar wurde ihm, wie wir durch die erhaltene Didaskalie wissen, der Chor zugetheilt, welchen ein reicher Mann, Xenokles von Aphidna, als Choregos (Chorunternehmer) seines Stammes zusammenzubringen, während der Einübung zu unterhalten und zur Aufführung auszurüsten sich verpflichtet hatte. Aeschylos begann nun diesen Chor für die vier Stücke, die der tragische Dichter nach stehendem Brauche zugleich auf die Bühne bringen mußte, für seinen Agamemnon, die Choephoren, Eumeniden und das Satyrdrama Proteüs, einzuüben ($\delta \iota \delta \acute{\alpha} \sigma \varkappa \varepsilon \iota \nu$): ein Geschäft, welches der Staat, der sich nur an das halten konnte, was öffentlich und sichtlich hervortrat, als die wesentlichste Leistung des dramatischen Dichters behandelte; daher auch nach der ursprünglichen Sitte nie dem Dichter als solchem, sondern stets dem Chormeister ($\chi o \varrho o \tilde{v} \, \delta \iota \delta \acute{\alpha} \sigma \varkappa \alpha \lambda o \varsigma$) der Preis zuerkannt wurde.

Wie viel Personen, fragen wir nun, erhielt Aeschylos von Xenokles — denn dies war, jener Didaskalie zufolge, der einzige Chorege, mit dem er es hiebei zu thun hatte — zur Ausführung der Chortänze und Chorlieder der aus den angegebnen Stücken bestehenden Tetralogie?

Bekanntlich geben die alten Grammatiker als die gewöhnliche Zahl des tragischen Chors, auch schon bei Aeschylos, fünfzehn an (denn die vierzehn sind wohl nur fünfzehn, bei denen der Führer nicht mitgezählt ist, oder aus einem Schreibfehler hervorgegangen): wogegen in einem aus dem Alterthum erhaltenen Leben des Sophokles (so wie bei Suidas) berichtet wird, daß erst dieser Dichter die Zahl des Chors von zwölf auf fünfzehn gebracht habe. Denn hier die Zahlen etwa umzustellen, wie vorgeschlagen worden, ist schon deswegen unzulässig, weil die Grammatiker bei ihren Nachrichten über die Aufstellung und die Abtheilungen des tragischen Chors (wie sich unten zeigen wird) regelmäßig die Zahl Fünfzehn vor Augen haben, und dabei natürlich an die durch Sophokles und Euripides ausgebildete Tragödie, weit weniger aber an die dagegen veraltete Form des Aeschylos dachten.

Soviel nun dem Verfasser bekannt ist, hat man bisher diese Nachrichten allgemein so verstanden, daſs die besagten zwölf oder fünfzehn Personen hintereinander den Chor der verschiednen Stücke, also den der Greise im Agamemnon, den der leichenopfernden Frauen in dem zweiten, so wie der Eumeniden in dem dritten Stücke gebildet hätten. — Es ist wichtig, den völligen Ungrund dieser Meinung und die Nothwendigkeit einer entgegengesetzten Annahme einzusehn.

(2.) Wie? dieselben Personen, welche doch durchaus keine besonders gebildeten Künstler waren, wie die Hauptschauspieler der Bühne, sondern Leute aus dem Volke, bei denen nur die gewöhnliche Jugendbildung eines Atheners vorausgesetzt werden konnte, sollten alle die mannigfachen Figuren ($\sigma\chi\acute{\eta}\mu\alpha\tau\alpha$) so vieler langen Tänze — und man weiſs, daſs grade den ältesten Tragikern „Tanzkunst Weisen verlieh so mannigfach, als in der Sturmnacht das unermeſsliche Meer schaumende Wogen erregt" —, sollten alle die in der ältern Tragödie dreifach und vierfach zusammengefügten Reihen oder Ketten von Liedern, welche im Agamemnon, den Choephoren, Eumeniden und noch einem Satyrdrama vorkamen, wohl eingeübt und im Gedächtniſs behalten, und dieselben Personen auch gleich geschickt gewesen sein, Greise, sanfte Frauen, Furien und muthwillige Satyrn in Gesang und Tanzfiguren auszudrücken? Und woher dann die unermüdliche Kraft, die Bewegungen, die auch bei dem tragischen Feiertanz ($\dot{\varepsilon}\mu\mu\dot{\varepsilon}\lambda\varepsilon\iota\alpha$), wie wir wissen, in Sprung und Schwung nicht selten heftig, gewaltsam und von einer gewissen alterthümlichen Schroffheit waren, und zugleich die Anstrengung der Stimme, indem damals bekanntlich Gesang und Tanz noch eng verbunden waren, durch alle vier Stücke hindurch auszuhalten; woher endlich auch die Zeit, bei dem Zusammendrängen so vieler Tragödien in die kurze Festzeit, zwischen den Stücken Greise auf gehörige Weise in trauernde Frauen, Frauen in Erinnyen, und diese zuletzt in Satyrn umzukleiden?

Doch zugegeben, alles dies sei möglich und vernünftig eingerichtet gewesen: es giebt wohl Gründe noch entscheidenderer Art gegen jene Meinung.

(3.) Es ist eine sehr naheliegende Bemerkung, daſs Aeschylos in seinen Stücken auſser dem eigentlichen Chor der einzelnen Tragödien fast durchgängig Personen in bedeutender Anzahl braucht, die nicht Schauspieler, auch nicht eigentlich Choreuten sind, aber doch mit diesen offenbar groſse Aehnlichkeit haben. Um bei unserer Tetralogie stehn zu bleiben, sind solche Personen die Dienerinnen ($\delta\mu\omega\alpha\acute{\iota}$) im Agamemnon, welche die Purpurteppiche ausbreiten, auf denen der siegreiche Fürst in seinen Palast schreiten soll, dann die Areopagiten in den Eumeniden, und in derselben Tragödie der die Eumeniden geleitende Zug von Frauen und Mädchen. Ohne Zweifel geschah das Auftreten dieser Personen, dem Geiste der alten Kunst gemäſs, auf eine feierliche Weise, in einer symmetrischen Ordnung; besonders der Zug der Areopagiten und Geleiterinnen am Schlusse der Eumeniden fordert tanzgeübte Leute; endlich bewähren sich ja die Geleiterinnen auch dadurch, daſs sie den Schluſsgesang singen, als eine Art Choros. Beachtet man nun noch die Uebereinstimmung im allgemeinen Charakter, welche erstens zwischen den Greisen des Agamemnon und den Areopagiten, und dann zwischen jenen Dienerinnen der Klytämnestra und den leichenopfernden Frauen, und zugleich den Geleiterinnen der

Eumeniden, offenbar statt findet: so liegt die Muthmaßung sehr nahe, daß wir hier dieselben Chorpersonen mit wenig verändertem Costüm vor uns haben, und daß also neben dem eigentlichen Chor eines einzelnen Stücks der Tetralogie öfter der eines andern als ein Nebenchor auftritt: woraus dann nothwendig folgt, daß der eine von dem andern den Personen nach, die ihn bildeten, ganz verschieden und getrennt sein mußte.

Aber noch mehr werden wir zu solcher Annahme dadurch hingedrängt, daß ja in eben dieser Tetralogie im zweiten Stücke neben dem eigentlichen Chor desselben, den Choephoren, doch auch schon der Chor des dritten Stücks, der Eumeniden, und zwar nicht, wie in den eben erörterten Fällen, in andrer Bedeutung und Kleidung, sondern ganz und gar als Eumeniden-Chor, in seiner ganzen Tracht und Eigenthümlichkeit, auftritt. *„Dienstbare Frauen,"* ruft Orestes gegen Ende des Drama's, *„schaut die schwarzumhüllten Gorgonengleichen, die ein wimmelnd Schlangenheer rings halt umflochten. Nicht ist meines Bleibens hier."* Es ist wahr, der Chor der Choephoren sieht die Erinnyen, von denen Orestes spricht, nicht, woraus man geschlossen hat, daß sie überhaupt nur in der Einbildung des Orestes vorhanden gewesen: ein Gedanke, welcher nach meiner Meinung den ganzen poetischen und religiösen Zusammenhang der Trilogie auf das Gefährlichste angreift und zu zerstören droht. Denn wahrhaftig waren nach Aeschylos Idee die Erinnyen hier, wo sie Orestes zuerst schaut, eben so real vorhanden, wie da, wo sie ihn nach Delphi und Athen verfolgen; und es hieße alle Wahrheit des poëtischen Gebildes geflissentlich vernichten, wenn Aeschylos dieselben Wesen, die er hernach als wirklich und wahrhaft daseiend vorführen wollte, ja auf deren Dasein der Zusammenhang des ganzen folgenden Stückes gebaut ist, hier im voraus als eine bloße Einbildung, als ein Phantom eines kranken Gehirns, wie es ungefähr Euripides thut, behandelt hätte. Solcher Mißgriffe war unter allen Dichtern Aeschylos am wenigsten fähig. Wer die Erinnyen hier nicht mit Augen sah, dessen Augen, behaupten wir, mußten sie auch im Verfolg unerkennbar bleiben. Es ist wahr, der Chor der Coephoren sieht sie nicht, aber es sieht sie auch überhaupt nur, wem das Auge für die dämonische Welt, in die der Dichter uns hineinführt, erschlossen ist. Aeschylos hat sich wohl in Acht genommen, im dritten Stücke, wo die Erinnyen den Chor bilden, Personen gewöhnlicher Art mit dem Chor im Verkehr zu bringen; auch hier sehen sie außer den Göttern, den Hauptpersonen der Handlung, nur Orestes, der ihre Qual im Herzen trägt, die gottbegeisterte Pythia, und die aus der Unterwelt emporgestiegene Klytämnestra; der Areopag und der Opferzug am Schlusse, welche nicht eigentlich als handelnde Personen in das Götterdrama eingreifen, dürfen auch nicht als eine Ausnahme in Anschlag gebracht werden. Der Zuschauer dagegen muß die Erinnyen sehn, sobald sie überhaupt da sind; ihm reißt ja eben der Dichter den Schleier von der dämonischen Welt hinweg, in welche sein begeistertes Gemüth einen tiefern Blick gethan, und deren Wesen müssen ihm, wenn überhaupt, schon vom Beginne ihrer dämonischen Wirksamkeit vor Augen stehn.

Aber, zum Glück für Manche, welche nur glauben, was sie äußerlich bezeugt sehn, es steht auch geschrieben, daß es so ist. Wenigstens meldet Pollux, daß die Erinnyen der Tragödie (und an welches Stück hat man es näher zu denken als an Aeschylos Trilogie?) durch eine Art von Fallthüren (ἀναπιέσματα), welche bei der Treppe von der Orchestra nach den Schausitzen hinauf (ἀναβαθμοί) angebracht waren, gleichsam aus der Unterwelt emporgehoben wurden (IV, 132. vgl. 121.). Nun ist aber der Schluſs der Choephoren der einzige Zeitpunkt, in welchem die Erinnyen, als aus der Unterwelt kommend, gedacht werden können und müssen; beim Beginne des folgenden Stückes sind sie schon lange auf der Oberwelt, sie haben den Orestes bereits von dem väterlichen Hause in Argos hinweg nach Delphi gejagt. Folglich bezeugt Pollux auf indirekte Weise das hier Behauptete: daſs der Erinnyen - Chor auch schon neben dem Chor der Choephoren die Orchestra betrat. Zugleich erklärt er gewissermaſsen das Nichtsehen des Chors; jene Fallthüren lagen, seiner Angabe zufolge, im Rücken des der Bühne zugekehrten Chors; indessen mögen wohl noch besondre Vorrichtungen hinzugekommen sein, um zu bewirken, daſs der Platz, auf welchem die Erinnyen erschienen, nicht von der Ebne der Orchestra, sondern nur von den erhöhten Standpunkten der Bühne und der Schausitze aus gesehen werden konnte.

(4.) Nach diesen Auseinandersetzungen ordnet sich das Verhältniſs der Hilfschöre, um diesen Ausdruck zu brauchen, zu den Hauptchören in den drei Tragödien auf diese Weise:

Hauptchöre: I. Greise.	II. Frauen.	III. Erinnyen.
Nebenchore: - Die Frauen aus II.	Die Erinnyen aus III.	- Die Greise aus I. und Frauen aus II.

Alle drei Chöre ziehen am Schlusse der Eumeniden, um dem Volke eine zugleich glanzvolle und durch den Gegensatz ihres Charakters bedeutungsvolle Schau zu gewähren, in der Ordnung, in der sie aufgetreten sind, von der Orchestra; die Geronten voran (V. 965.); dann folgen fackeltragend und Purpurgewänder darbringend (V. 982.) die geleitenden Mädchen, Frauen und Greisinnen (aus welcher Stelle man nun schlieſsen darf, daſs auch die Choephoren nicht sämmtlich ältere Frauen waren, obgleich ihre Führerin eine Greisin war, Choeph. V. 169.); zuletzt die Grauengestalten der Erinnyen. Der eigentliche Chor des Stückes verläſst die Orchestra zuletzt.

Was mit vollkommner Sicherheit aus der bisherigen Erörterung hervorgeht, ist dies: Der Choregos stellt dem Dichter einen viel gröſsern Chor als den von zwölf oder fünfzehn; und des Dichters Sache ist es, diesen groſsen Chor sich nun selbst in die Chöre der einzelnen Tragödien und des Satyrdrama's zu zerfällen [1]).

---

[1]) Nachrichten aus einer spätern Zeit, in welcher die alte Wichtigkeit und Bedeutung des Chors ganz der Herrschaft ubermuthiger Histrionen Platz gemacht hat, können natürlich hier nicht Viel bedeuten. Indeſs verdient es doch angefuhrt zu werden, daſs in einer Geschichte aus Alexander's Zeit, bei Plutarch im Phokion K 19., ein Tragode, welcher auftreten wollte, die Rolle einer Königin forderte, und viele prächtig geschmückte Dienerinnen vom Choregen, der diese ihm nicht geben wollte Man sieht, daſs es immer noch dem Choregen zufiel, solche Personen zu stellen, aber es war zu einer Supererogation geworden, was ehemals mit der Chorstellung selbst sich sehr natürlich vereinigte. Vgl. zu dieser Stelle Boeckh Staatshaush. Bd. I. S. 487. N. 646.

Vielleicht hilft uns die Rücksicht auf diesen noch ungetheilten Gesammtchor dazu, die ursprüngliche Zahl der tragischen Choreuten mit größerer Sicherheit, als bisher geschehn ist, zu bestimmen.

(5.) Der tragische Chor, lehren uns Aristoteles und Andre, bildete sich aus dem dithyrambischen hervor. Der dithyrambische Chor, hören wir von verschiedenen Seiten, bestand aus fünfzig Personen (Simonides Epigr. 58. Br. Scholien zu Aeschines g. Tim. S. 721. Reiske. Tzetzes Prolegom. zu Lykophr. S. 1. Pott.). Es ist wohl ganz natürlich anzunehmen, daß der Choregos, welcher für den dithyrambischen Chor bisher fünfzig Tänzer gestellt hatte, nun für den daraus entwickelten tragischen eben so viel hergab, welche dann der tragische Dichter sich in die einzelnen Chöre der Tetralogie abtheilen konnte. Hiernach könnte man die bekannte Angabe des Pollux, daß der Chor der Eumeniden aus fünfzig bestanden habe, welche im eigentlichen Verstande jetzt wohl allgemein aufgegeben worden ist, doch noch so schützen, daß Pollux von der Anzahl der Choreuten für die ganze Tetralogie, wovon, wie wir sahen, wenigstens drei Viertel am Ende der Eumeniden auftraten, etwas vernommen und mißverstanden habe.

Indeß bedarf auch so die Fünfzig-Zahl einiger Modification. Der dithyrambische Chor war ein kyklischer, er sang den Dithyramb im Kreise um den Altar gestellt, und sich rings um denselben bald nach der einen bald nach der andern Seite bewegend. Der tragische Chor aber war, so wie der komische und satyrische, ein viereckter, τετράγωνος (s. Tzetz. a. O. Etymol. M. s. v. τραγῳδία. Schol. Dionys. Thr. S. 746. Bekk. und in Villoison's *Anecdota* II. S. 178.); welcher Ausdruck dem vorigen deutlich und bestimmt entgegensteht. Ein viereckter Chor ist nun ein solcher, der in Reihen (στίχοι, στοῖχοι) und Glieder (ζυγά) zerfällt, und eben dadurch ein Rechteck bildet. Seine Zahl muß also immer Produkt einer Multiplication sein, wie Zwölf und Fünfzehn es sind. Dabei finden wir aber immer, daß die beiden Zahlen, deren Produkt die Gesammtzahl ist (drei und vier oder fünf beim tragischen, vier und sechs beim komischen Chor, Schol. Aristoph. Fried. 735.), nicht so weit auseinander liegen, daß die eine die andre doppelt enthält. Darum hat ein viereckter Chor von fünf mal zehn wenig Wahrscheinlichkeit, und es ist viel glaublicher, daß, wenn der tragische Chor in früheren Zeiten als ein ungetheiltes Ganze auftrat, seine Zahl achtundvierzig, sechs mal acht, war. Wobei ich wohl die Vermuthung aussprechen darf, daß der sonderbare Name, den die Griechen für die Achtzahl im Würfelspiel hatten: Στησίχορος oder Chormeister (s. Stesich. Fragm ed. Kleine p. 27.), sich darauf bezieht, daß ehemals die Zahl von acht Gliedern bei Choraufstellungen besonders üblich war.

(6.) Gleichmäßig zerfällt giebt nun dieser Chor von Achtundvierzig für jedes der vier Stücke zwölf Choreuten: eine Anzahl, welche also auch, von dieser Seite betrachtet, sich als die ursprünglich bei Aeschylos herrschende empfiehlt. Sie ist überdies die Hälfte der Zahl des komischen Chors, der aus Vierundzwanzig bestand; man hielt, so scheint es, für dieses vom Staate weit weniger begünstigte Festspiel halb so viel Personen für genug, als der Chor eines tragischen Ganzen erforderte. Fünfzehn dagegen kann nun auch deswegen nicht die ursprüngliche normale Zahl des tragischen Chors gewesen sein, weil alsdann entweder der Gesammtchor über fünfzig ausgedehnt gewesen sein müfste, wogegen der enge Zusammenhang mit dem dithyrambischen spricht, oder es wären für den Satyrchor nur fünf geblieben, welche Zahl für einen Festchor zu klein ist, und den lustigen Schwarm des Dionysos, an dem besonders ein früheres Zeitalter so grofses Gefallen hatte, viel zu dünn und dürftig dargestellt hätte.

Aber, wird man hier fragen, hat denn Aeschylos nicht sicher einen Chor von fünfzehn, wie schon alte Scholienschreiber in Bezug auf den Agamemnon und die Eumeniden bemerkt (Schol. Arist. Ritter 586. Eumen. 575.), und Hermann (de choro Eumenidum Diss. I.) von jenem Stücke nach allgemeiner Ansicht so überzeugend dargethan hat? Denn kaum zu zählen sind die, welche ihren Auseinandersetzungen über den Griechischen Chor die Hermann'sche Behauptung über den Chor in Agamemnon zum Grunde gelegt haben, wie noch in den letzten Jahren Fr. Gottfr. Schoen de personarum in Euripidis Bacchabus habitu scenico S. 74. und der Rec. der Allg. Litt. Zeit. 1831 N. 233. S. 580. gethan haben [2]).

Wir kommen hier in der That zu einem merkwürdigen Beispiel, wie eine zuversichtlich vorgetragne Behauptung auch bei den besonnensten Forschern eine Zeitlang eine solche Auctorität, dafs ein Zweifel daran fast Niemandem einfällt, erlangen, und doch durchaus falsch sein kann. Grade die Stelle, die für fünfzehn Choreuten beweisen soll, liefert einen unumstöfslichen Beweis für die Zwölfzahl.

(7.) Der Chor im Agamemnon stellt einen hohen Rath (γερουσία) vor, den der Fürst zur Verwaltung des Reichs in seiner Abwesenheit hinterlassen hat (s. V. 829. 857.). Klytämnestra's böses Gemüth argwohnend, von Kassandra's Weissagungen tief ergriffen, ist die Schaar dieser Greise voll von Ahndung und Vorgefühl der schrecklichen Begebenheit, die so nahe bevorsteht. Da hört man Agamemnon's Todesschrei aus dem Innern des Palastes; ein Geront macht zuerst die andern darauf aufmerksam; ein zweiter spricht es aus, dafs die gefürchtete That jetzt vollbracht werde; ein dritter fordert die Uebrigen auf, darüber zu berathen (κοινοῦσθαι βουλεύματα). Jünglinge würden sogleich hinzueilen und einbrechen; die Greise indessen, welche durch das ganze Stück bei wackrer Gesinnung eine gewisse Schwäche zeigen, berathen zunächst, ob man das Verbrechen durch Eindringen in das Innre des Palasts zu verhindern suchen, ob man etwa die Bürger zu Hilfe rufen, oder die That, welche ja doch nun wohl geschehn sei, erst hernach vor Gericht ziehen solle. Die Stimmen darüber werden in Iambischen Doppelversen abgegeben (die vorigen kurzen Reden, welche im ersten Schreck gesprochen wurden, waren in dem lebendigeren Versmaafs der Trochäen); es sind solcher Doppelverse zwölf an der Zahl. Die erste Meinung siegt mit bedeutendem Uebergewicht; der letzte Stimmgeber bestätigt sie, wahrscheinlich derselbe Geront, der die

---

2) Dagegen erhalte ich eben, indem ich diese Arbeit dem Druck übergeben will, eine Marburger Doctor-Dissertation: de Carminibus Aeschyleis a partibus chori cantatis, von Ferd. Bamberger zu Wolfenbuttel, welche viel Scharfsinniges enthält, in der ich mich freue im Wesen dieselbe Ansicht von der Stelle im Agamemnon zu finden, S. 55 f.

Berathschlagung veranlaſst hatte (da das ἐπιψηφίζειν und ἐπικυροῦν meist derselben Person zukam), und unmittelbar darauf befinden sich auch schon die Geronten im Innern des Palastes. Das heiſst: das Innre des Palastes, das Zimmer mit der silbernen Bade- wanne, mit Agamemnon's Leichname in dem verhängniſsvollen Mantel und mit der bewaffneten Klytämnestra, welche den Platz der Mordthat noch nicht verlassen hat (ἕστηκα δ᾽ ἔνθ᾽ ἔπαισα V. 1352. vgl. 1451. 1520.), wird durch ein sogenanntes Ekkyklema (§. 28.) auf die, Bühne gerückt. Klytämnestra, die durch diese Maschinerie herausgeschoben worden ist, wird dabei doch, nach Aeschylos Worten, als im Innern bleibend gedacht; der Chor, der auſserhalb geblieben, muſs also nothwendig, nach der Vorstellung des Dichters, in das Innre eingedrungen sein. Die Berathschlagung ist mithin offenbar vollendet und der Ordnung gemäſs geschlossen worden, woraus wiederum folgt, daſs alle Geronten ihre Stimmen abgegeben haben. Denn wahrhaftig würden die Athener, die wohl wuſsten, wie es bei der Berathung einer Bule zugehn müsse, gar sehr den Kopf geschüttelt haben, wenn Aeschylos drei Geronten ganz schweigen lassen, oder damit gleichsam abgefunden hätte, daſs sie die Uebrigen vorher auf den Vorgang auf- merksam gemacht haben: wodurch sie doch auf keine Weise ihr Recht, nun auch eine Stimme abzugeben, verwirkt hatten. — Der Vorstellung, daſs hier überhaupt nur drei Greise mit einander sprechen (welche Genelli, Theater zu Athen S. 183. hegt, und Lindner in einem sonst manches Schöne enthaltenden Aufsatze über den Chor im Aeschylos, in Jahn's Jahrb. II, I. S. 103., ausführt), kann ich keine empfehlende Seite abgewinnen; und man hat mit Recht dagegen bemerkt (W. H. Kolster *de parabasi veteris comoediae Atticae* p. 15.), daſs zwischen den Reden, welche nach einer solchen Abtheilung einem jeden der drei Greise zufallen würden, keineswegs die gehörige Uebereinstimmung des Inhalts statt findet.

(8.) Die bei dieser Verhandlung ganz deutlich vor Augen liegende Zwölfzahl der Chorpersonen im Agamemnon blickt auch in andern Theilen dieser Tragödie durch. In dem vorhergehenden Gespräche mit der Kassandra sprechen erst zwölf Personen in Iamben, und zwar so, daſs immer drei Reden in näherer Beziehung auf einander stehn [3]), sich untereinander zu einem Ganzen gruppiren. Darauf, als die Begeisterung und Unglücksahndung der Kassandra in demselben Maaſse auf den Chor übergeht, in welchem die Weissagerin selbst sich klarer zu besinnen und ruhiger zu fassen anfängt: singen die Geronten sechsmal, vielleicht paarweise, Lieder voll lyrischer Bewegung, welche die der Kassandra fortsetzen, zuerst mit Iambischen, die gewöhnliche Rede

---

3) Die Choreuten, welche diese Iamben von V. 1045 bis 1111. sprechen, stehen wahrscheinlich so zu- sammen:

$$6 \quad 12 \quad 9 \quad 3$$
$$5 \quad 11 \quad 8 \quad 2$$
$$4 \quad 10 \quad 7 \quad 1.$$

Man bemerkt nämlich, daſs jedesmal die dritte Person (3. 6. 9. 12) die Kassandra nicht anredet, sondern nur von ihr redet; diese scheinen also einem von der Buhne entfernter stehenden Stichos anzugehoren. 1 und 4 sprechen drei Iamben; alle übrigen nur 2.

darstellenden, Versen verbunden, dann ohne solche; worauf alsdann wieder von drei Hauptpersonen des Chors jede ein längeres Gespräch, welches regelmäſsig mit vier Versen beginnt und mit einzelnen Versen fortgeführt wird, über Kassandra's Weissagungsgabe und den Inhalt ihrer Verkündigungen mit ihr führt. Auch der Klytämnestra gegenüber und im Streite mit ihr singt hernach der Chor sechs Strophen und eben so viele Antistrophen, welche den einzelnen Personen desselben anzugehören scheinen.

(9.) Endlich stimmt hiermit auch die obige Behauptung genau, daſs die Geronten im Agamemnon in den Eumeniden von neuem als Areopagiten auftreten. Es wird nämlich wahrscheinlich, daſs Aeschylos für den Areopag die beliebte Zahl einer Rathsversammlung aus heroischer Zeit, Zwölf, angenommen habe; welche auch Die als die ursprüngliche betrachteten, welche die Zwölfgötter zuerst auf dem Areopag richten lieſsen. Es erhellt dies jedoch bestimmter aus dem Vorgange der Abstimmung über Orestes, von V. 700. an. Athena hat die Areopagiten aufgefordert, von ihren Sitzen aufzustehn, den Stimmstein vom Altar zu nehmen und ihn in die dazu bestimmte Urne zu werfen. Es versteht sich, daſs die Greise dies nicht in einem regellosen Durcheinanderlaufen ausführen, sondern daſs die ganze Handlung den die ältere Kunst beherrschenden Gesetzen der Eurhythmie und Symmetrie gemäſs vorgeht. Nun sprechen während dieser Handlung, von dem Punkte an, wo Athena die Richter aufstehn geheiſsen hat, bis zu dem, wo sie selbst den letzten Stimmstein vom Altare nimmt, Apollon und die Eumeniden elfmal jedesmal zwei Jamben; wodurch zwölf gleich weit von einander entlegne Zwischenräume oder Ruhepunkte entstehn, in denen ohne Zweifel jedesmal ein Areopagit den Stimmstein in die Urne warf, und der den Athenern wohl bekannte Ton der $\psi\tilde{\eta}\varphi o\varsigma$ $\delta\iota\varkappa\alpha\sigma\tau\iota\varkappa\eta$ ($\varkappa\acute{o}\gamma\xi$) vernommen werden konnte. Denn daſs hier nach Zwischenräumen der Reden, und nicht nach den Reden selbst zu rechnen ist, folgt schon daraus, daſs die Zahl der letztern eine ungrade, die der Stimmsteine aber eine grade war; erst durch den Zutritt der Athena wird sie ungerade, und Orestes hat eine Stimme mehr für sich. Denselben Schluſs macht aus dieser Stelle Boeckh im *Corpus Inscript.* T. II. p. 311.

(10.) So klar wie im Agamemnon sehen wir nun in keinem andern Stücke, indem daraus, daſs hier die Zwölfzahl feststeht, keineswegs dasselbe für alle folgt. Vielmehr kann, nachdem einmal Sophokles die Fünfzehnzahl eingeführt, und theils der Choregos dem Chorpersonal im Ganzen einige zugegeben, theils vielleicht auch der Tragiker den Chor des Satyrspiels geschmälert hatte, auch Aeschylos sehr wohl hie und da die erweiterte Zahl angewandt haben. In den Persern, Schutzflehenden, Sieben gegen Theben glaube ich indeſs auch die Zwölfzahl wahrscheinlich machen zu können, wie sie unter den verlornen Tragödien des Aeschylos ohne Zweifel bei dem Titanen-Chor im Befreiten Prometheus statt fand [4]). Im ersten Stücke unter den genannten stellt der Chor ebenfalls

---

4) S Welcker Aeschylische Trilogie S 39. Nachtrag S. 67. Dagegen gilt nun wenigstens nicht mehr die Einrede: *Satius erit, opinor, quod usus postulabat, quindecim.* In den Sieben nimmt Passow (*Prooem. Lect. Univ. Vratisl.* 1832 zu Ostern) die Vierzehnzahl an, welche nach meiner Meinung eine seltne Ausnahme war.

einen Rath von Geronten vor, für den die Zwölfzahl stehend gewesen sein möchte; selbst noch in Sophokles Antigone scheint sie annehmbar [5]); auch scheinen mir bei der Evocation des Dareios aus seinem Grabe sechs Stimmen hervorzutreten (V. 625 bis 658.), welche sich dann zu einem Schlufsgesange vereinigen. In den Schutzflehenden mufs man sich daran halten, dafs eine jede Danais eine Dienerin bei sich hat (V. 956.) und also der aus beiden zusammengesetzte Chor eine grade Zahl haben mufs; da aber die Zahl Vierzehn eine besondre Eigenheit von Euripides Schutzflehenden (wo man sie wirklich mit gutem Grunde angenommen hat) [6]) gewesen zu sein scheint: so wird man auch hier bei der Zwölfzahl bleiben müssen, unter welche sich auch der Schlufsgesang der Tragödie ganz wohl vertheilen läfst [7]). Bei den Sieben gegen Theben endlich lassen sich die Gründe weniger kurz darlegen, und es soll nur als Meinung hier stehn, dafs sie sich den genannten Tragödien anschliefsen. Ueber die Zahl der Choephoren und Eumeniden aber läfst sich nach dem Agamemnon nicht schlechthin entscheiden; von fünfzig Choreuten konnte Aeschylos dem ersten Stücke zwölf, den beiden folgenden jedem fünfzehn geben und dem Satyrdrama acht lassen, welche zur Bildung eines Chors nicht zu wenig sind (Pausan. V, 16, 2.). Ja, bei den Eumeniden spricht, auch abgesehn von dem (§. 6.) angeführten Zeugnisse, welches wir hier zu verachten keinen bestimmten Grund haben, auch alles Andre für die Fünfzehnzahl; indem mehreremal in Chorliedern, welche kommatisch sind, d. h. von einzelnen Personen gesungen werden, eine Siebenzahl verschiedner Stimmen hervortritt, welche wohl so erklärt werden mufs, dafs nach Abzug des Chorführers sieben Paare bleiben, unter welche das Lied zu vertheilen war. Die

---

5) S. über die Bedeutung des Chors in der Antigone V. 159. 835. Boeckh Ueber die Antigone, Erste Abhandl. S. 45.

6) Dafs in Euripides Hiketiden Sieben Mütter mit eben so viel Dienerinnen den Chor bilden, würden auch wohl Reisig (Enarr Oed. Col. v. 1308.), Axt (in einem Programm des Gymnasiums von Cleve, Sept. 1826) und Schoen a O. S. 76. den bestimmten Worten des Dichters zugegeben haben, wenn sie den Chor der Tragodie gehörig als ein Ganzes, eine Corporation ins Auge gefafst hätten, wobei die besondern Verhältnisse und individuellen Empfindungen der einzelnen, wie in diesem Falle derjenigen Mutter, die die Leichname ihrer Sohne nicht wiedererhalten konnen, nicht berücksichtigt werden. Am besten spricht davon Elmsley, *Classical Journal* V. IX. n. XVII. p. 56.

7) Dem Sinn und Zusammenhang entspricht vielleicht folgende Abtheilung: $\Sigma\tau\varrho$. $\acute{\alpha}$. erst Dan. 1. dann $\varDelta\mu$. 1. $\mathrm{'}A\nu\tau\iota\delta\iota\varrho$. $\acute{\alpha}$. ebenso Dan. 2 $\varDelta\mu$. 2 — $\Sigma\tau\varrho$. β'. Dan. 3. $\varDelta\mu$. 3. $\mathrm{'}A\nu\tau$. β'. Dan. 4. $\varDelta\mu$. 4. — $\Sigma\tau\varrho$. γ'. Dan. 5 (`O $\mu\acute{\epsilon}\gamma\alpha\varsigma$) $\varDelta\mu$. 5 ($T\grave{o}$ $\mu\grave{\epsilon}\nu$ $\check{\alpha}\nu$). Dan. 6 ($\Sigma\grave{v}$ $\delta\grave{\epsilon}$ γ'). $\mathrm{'}A\nu\tau$. γ'. $\varDelta\mu$. 5 ($T\acute{\iota}$ $\delta\grave{\epsilon}$ $\mu\acute{\epsilon}\lambda\lambda\omega$). Dan. 5 ($M\acute{\epsilon}\tau\varrho\iota\upsilon\nu$). $\varDelta\mu$. 6 ($T\grave{\alpha}$ $\vartheta\epsilon\tilde{\omega}\nu$ $\mu\eta\delta\grave{\epsilon}\nu$ $\grave{\alpha}\gamma\acute{\alpha}\zeta\epsilon\iota\nu$). So erhalt die funfte Danaide 2 und 2, eben so die funfte Dienerin 2 und 2 Verse, die jenen antistrophisch correspondiren, und die sechsten von beiden Seiten schliefsen mit einem Verse Strophe und Antistrophe ab; zugleich entsteht ein Gespräch und eine Art Streit, in welchem die Danaiden auf keine Weise sich der Ehe fugen zu wollen erklären, die Dienerinnen aber (schon von der vierten an) ihnen rathen, sich jedenfalls dem gottlichen Willen zu bequemen. Doch bedarf dies noch weiterer Erörterungen; indessen halte ich diese Auffassung noch gegen die von R. H. Klausen in der ALZ. 1830 Jul. N. 138. vorgeschlagene fest, nach welcher die Dienerinnen blos in den Gesang einstimmen, nicht entgegnen. Die in der eben angefuhrten Schrift von Bamberger S. 59 ff. gegebne Vertheilung dieses Chorlieds weicht nur in der Strophe und Antistr. γ'. von der hier empfohlenen Anordnung ab

Analyse der einzelnen Gesänge muſs hievon die Begründung liefern: indessen mache ich hier nur auf eine Stelle im Dialog (V. 125.) aufmerksam, in der diese Siebenzahl, freilich auf eine nach unsern Begriffen spielende Weise, aber doch ganz deutlich hervortritt. Der Chor der Erinnyen, aus tiefem Schlummer durch die beängstigende Ahndung, daſs Orestes entflohen sei, erweckt, fordert, noch halb im Traume, mit dumpfem Geheul sich wechselsweise auf, auf das Wild zu passen und es anzupacken. Der Vers, in welchem dies geschieht, hatte nach der Angabe des Scholiasten (zu V. 1.) folgendes Metrum (welches er als ein Dimetron brachykatalekton und ein Hephthemimeres aus Tribrachen beschreibt): ◡ — ◡ — ◡ — ◡◡◡ ◡◡◡ ◡◡◡ ◡; er las also, wie besonders die Vergleichung seiner übrigen Angaben über das Metrum lehrt, so: Μὺ μῦ, μὺ μῦ, Φράζου — Λάβε, λάβε, λάβε, λάβε, λάβε; und ich nehme keinen Anstand das: Paſs auf (Φράζου) gegen die gewöhnliche Ordnung vor das: Pack an (Λάβε), zu stellen, was auch der natürliche Sinn der Stelle, in der die Erinnyen wie auf das Wild anschlagende Doggen vorgestellt werden, sehr empfiehlt. Nun ist aber gar kein Grund abzusehn, warum hier der gewöhnliche Gang des Iambischen Verses unterbrochen werden sollte, indem nach dem Brauche der Tragiker nur die unarticulirten Laute des Aechzens und Stöhnens, Μὺ μῦ, ein Recht haben, auſserhalb des dialogischen Versmaaſses zu stehn, keineswegs aber die darauf folgenden Worte gewöhnlicher Art; und wir werden also gewiſs nicht ohne Grund verfahren, wenn wir das Wort Λάβε, welches die Handschriften viermal haben, der Scholiast aber fünfmal las, siebenmal setzen, wodurch allein der Iambische Trimeter vollkommen ausgefüllt wird, und folgende Abtheilung entsteht:

Chorführer.　Φράζου

St. 2.　3.　——————————　Λαβέ
　　　4.　5.　——————————　Λαβε
　　　6.　7.　——————————　Λάβε
　　　8.　9.　——————————　Λαβέ
　10. 11.　——————————　Λαβε
　12. 13.　——————————　Λάβε
　14. 15.　——————————　Λαβέ [8]).

Natürlich darf man sich dieses dem Scheine nach kleinliche und ängstlich abgezirkelte Schema nur als die Unterlage einer kraft- und lebensvollen Darstellung denken, in welcher ein wildes und zorniges Geheul, ähnlich dem harmonischen Bellen einer dazu abgerichteten Koppel von Jagdhunden, mit groſser Schnelligkeit, ohne den Takt des Verses zu unterbrechen, durch die ganze Reihe der erwachenden Erinnyen lief.

b. Anordnung des Chors.

(11.) Statt weitläuftiger Auseinandersetzungen will ich gleich hier aus den Angaben der Grammatiker die Gestalt des später gewöhnlichen Chors von fünfzehn Choreuten,

---

8) Auch Genelli a O. S. 219. vertheilt dies Λάβε unter die Erinnyen, aber nicht richtig, wie mir scheint.

sowohl wie er regelmäßsig geordnet in die Orchestra einzieht, als auch wie er sich auf der Mitte derselben aufstellt, durch einige Linien darstellen, und die Ausdrücke hinzufügen, wodurch die einzelnen Glieder und Stellen desselben bezeichnet werden.

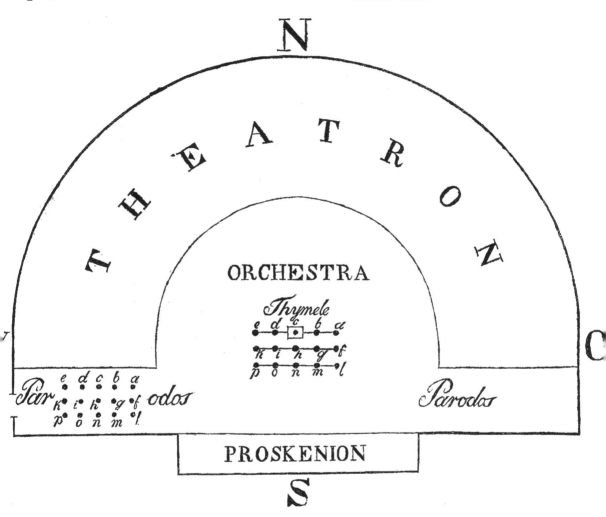

In dieser Zeichnung ist der Chor zweimal angegeben, einmal beim Einzuge durch die Seitenflügel der Orchestra (αἱ κάτω πάροδοι), dann in der Mitte der Orchestra um die Thymele stehend. Daſs die Thymele, hervorgegangen aus dem Dionysischen Altar, um den sich der kyklische Chor bewegte, im Mittelpunkte der Orchestra lag, ist eine durchaus natürliche Annahme; für gewöhnlich stand aber der Chor mehr nach der Bühne als dem Theatron zu (Schol. zu Arist. Fried. 735.), also zwischen der Thymele und dem Proskenion. Darnach sind die Linien gezogen worden, welche im alten Theater auf der

11

Orchestra selbst für die einzelnen Reihen (στοῖχοι) des Chors bezeichnet waren (Hesychios *s. v. γραμμαί*). Die Himmelsgegenden sind nach der Lage des Athenischen Theaters an der Burg angegeben; worauf auch bei Sophokles, Aias 874. 877., und bei Euripides, Orest. 1258., Beziehungen vorkommen.

(12.) Nun geht bei der Behandlung des Chors die Analogie desselben mit einer Rotte oder einem Trupp zur Schlacht gerüsteter Krieger (Lochos) auf eine merkwürdige Weise durch; daher es Aeschylos liebt, den Chor selbst Lochos zu nennen, und sogar einmal im Agamemnon die Geronten mit der Hand am Schwerdtgriffe als Lochiten gegen Aegisthos anrücken läfst. Dies zeigt sich nun auch in den Abtheilungen des Chors und den verschiednen Ausdrücken dafür. Der auf obigem Plane dargestellte Chor von Fünfzehn zieht in Gliedern ein (*κατὰ ζυγά*), welche aus drei Choreuten bestehn; die Reihen in die Tiefe, jede aus fünf Choreuten, heifsen *στίχοι* oder *στοῖχοι*. (S. Pollux IV, 108. Photios *s. v. τρίτος ἀριστεροῦ*, wo *τριῶν ὄντων* στ. *καὶ πέντε* ζ. zu schr.) Neben dem Einmarsch in Gliedern kommt auch das Einziehn in Reihen oder in der Breite von fünf vor (Pollux IV, 109.); doch kann dies, der Bedeutung der Worte: Zygon und Stichos nach, nicht das ursprüngliche gewesen sein. Die Choreuten a b c d e, welche gegen das Theatron gerichtet standen, hiefsen die Linksgestellten, *ἀριστεροστάται* (Photios, Pollux u. die Schol. zu Aristid. Miltiades S. 202, 7. Fr. oder S. 535, 20. Dind., wo, für *ΕΠΕΙΧΟΝ, ΣΤΟΙΧΟΝ* zu schreiben ist), woraus folgt, dafs der Chor gewöhnlich durch eine im Westen liegende Pforte in die Orchestra einzog; diese Plätze der linken Reihe galten, als die den Blicken der Zuschauer am meisten blosgestellten, für die ehrenvollsten. Unter diesen ist aber wieder der dritte (der *τρίτος* oder *μέσος ἀριστεροῦ*) der vornehmste; der hierhin gestellte ist der Hegemon des ganzen Chors, welcher in alten Zeiten mit dem den Chor ausrüstenden Choregos eine Person war (Photios, und Bekker's Anecd. S. 444.). Er kömmt, wenn der Chor sich an dem angegebnen Platze in der Orchestra aufstellt, von selbst auf die Thymele zu stehn; auch bedarf er schon deswegen einer höhern Stelle, um über die zwei andern Reihen hinweg mit den Personen der Bühne sprechen zu können. L m n o p sind die Rechtsgestellten, *δεξιοστάται* (Pollux); f g h i k die *λαυροστάται* (Pollux nach der alten Lesart, Photios, Hesych.), das heifst, die welche in der Gasse stehn, die von den beiden andern Reihen gebildet wird. Am wenigsten von aufsen gesehn, denn bei allen Schwenkungen des Chors blieben sie doch immer von den andern Reihen gedeckt, waren sie natürlich diejenigen, auf welche die geringste Aufmerksamkeit und Sorgfalt gewandt wurde; ziemlich dieselben Plätze, besonders wohl g h i, heifsen bei Hesychios *τὸ ὑποκόλπιον τοῦ χοροῦ*. Die Ausdrücke Protostat, Deuterostat u. s. w. dürfen nach schärferem Sprachgebrauch nicht die Personen des ersten, zweiten Stichos, sondern müssen den ersten, zweiten in jedem Stichos bezeichnen, und demgemäfs werden auch die Protostaten als die ersten am Flügel der Aufstellung (*παρὰ τὸ κέρας τῆς παρατάξεως* Hesych.) erklärt; dazu gehören offenbar a f l. Der Name der Koryphäen scheint nicht immer in demselben Sinne genommen worden zu sein; denn bei Plutarch (Sympos. V, 5, 1.) werden die Koryphäen als die vordersten den *κρασπεδῖται* als den hintersten und von ihnen entferntesten entgegengesetzt, wobei man schwerlich an andre als die a f l denken kann, welche bei dem Einzuge die Vordermänner waren. Wenn aber Poseidonios bei Athenäos IV. S. 152. den, welcher in einem Kreise am mittelsten Platze sitzt, mit dem Koryphäen eines Chors vergleicht: so hat er offenbar den Hegemon in Gedanken, und damit übereinstimmend spricht Demosthenes (gegen Meidias S. 533.) von einem Hegemon-Koryphäos. Darnach kann man wohl alle fünf Aristerostaten a b c d e, als die vordersten gegen das Theater bei ruhigem Stande des Chors, Koryphäen nennen. Immer ist mit dem Namen Koryphäos der Begriff eines an der Spitze stehenden verbunden (Aristoph. Plut. V. 954.). Darum stellt auch Aristoteles (Politik III, 2.) den Koryphäen die Παραστάται entgegen, wodurch wohl jedes hintre Glied im Verhältniß zum vordern bezeichnet wird.

(13.) Diese Angaben beschreiben nun die eigentliche feste Ordnung oder Stellung (στάσις) des Chors, in welcher er zwar schon einziehn konnte, und sehr oft auch wirklich einzog, aber doch keineswegs immer gleich von Anfang an aufgestellt war. Von dem Chor der Eumeniden ist im Gegentheil gewiß, daß er erst, als er den fesselnden Hymnus (ὕμνος δέσμιος) an die Nacht singen will, sich in Reih und Glied stellt; sein eignes ausdrückliches Zeugniß, welches in den Worten liegt: „laßt uns den Chor jetzt knüpfen", kann, besonders wenn man die verschiedne Beschaffenheit der vorhergehenden und der folgenden Chorgesänge dabei vergleicht, nicht mißverstanden werden. Auch stimmt damit vollkommen die Nachricht des Alterthums überein (Leben des Aeschylos), daß der Chor der Eumeniden zerstreut (σποράδην) eingetreten sei.

Auf welche Weise aber ungefähr der Chor der Eumeniden zuerst auftrat und sich bewegte, ehe er eine regelmäßige Stellung annahm, das kann nur die Einrichtung seiner Gesänge lehren, zu deren specieller Betrachtung wir jetzt übergehen.

B. Die Chorgesänge.

I.

(14.) Die Eumeniden unterscheiden sich von allen andern Tragödien der Griechen, welche wir kennen, dadurch, daß der Chor nicht erst beim Beginne des Stücks hereinzieht, sondern von Anfang an da ist; man sieht ihn zuerst in Schlaf versunken, auf Sesseln hingelehnt, auf der Bühne, bis ein Choreut nach dem andern erwacht, aufspringt und sich mit den übrigen auf der Bühne aufstellt. Daß dabei der Chor sich fortwährend auf der Bühne, dem Proskenion, und nicht auf seinem eigentlichen Tanzplatze, der Orchestra, befindet, sieht man daraus, daß die Erinnyen innerhalb des Delphischen Tempelhauses gedacht werden (V. 170.), die Orchestra stellt aber offenbar den Raum vor dem Tempel vor, wie wir bei der genaueren Bezeichnung und Vertheilung der Räume, im folgenden Abschnitte, genauer darzuthun suchen werden. Bei dieser ersten Aufstellung des Chors auf der Bühne stand wahrscheinlich der Hegemon in der Mitte,

11 *

die übrigen zur Rechten und zur Linken, so dafs sich die Einen dem Platze des Apollon näher befanden, die Andern aber dem Orte, wo der Schatten Klytämnestra's erschienen war, welcher gewifs in möglichster Entfernung von den Augen des Gottes Phoebos Apollon, dessen Wesen solchen Erscheinungen abhold ist, und halb hinter seinem Rücken sich gezeigt hatte. Auf solche Weise mufs es wohl erklärt werden, warum in dem ersten Chorgesange die erste und zweite Antistrophe gegen den Apollon gerichtet sind, während die vorhergehenden Strophen den Eindruck schildern und die Empfindung aussprechen, welche die Erscheinung aus der Unterwelt bewirkt hatte; die Choreuten, die jene ausführten, mögen dem Apollon gegenüber gestanden haben, an die Andern war das Eidolon Klytämnestra's näher herangetreten; am Ende vereinigen sich indefs Alle in einer Empfindung des Hasses und der Rache gegen Apollon und seinen Schützling.

In Bezug auf seine innre Einrichtung haben wir diesem Chorgesange die Bezeichnung *Κομματικά* gegeben. Die Gesänge der alten Tragödie lassen sich nämlich überhaupt in zwei Classen theilen, deren Unterschied wichtiger scheint als irgend ein andrer: in Gesänge des **ganzen Chors**, wozu hauptsächlich die Stasima gehören, und in Gesänge **Einzelner**. Diese letztern sind entweder Gesänge der Bühnenpersonen allein (*τὰ ἀπὸ σκηνῆς, μονῳδίαι*); oder zwischen Bühnen und Chorpersonen getheilte Lieder, welche *κομμοί* hiefsen, weil in der ursprünglichen Tragödie Todtenklagen ihr Hauptinhalt waren; oder drittens zwar vom Chor, aber in einzelnen Stimmen, oder doch in kleineren Abtheilungen, gesungne Stücke. Für die letztern hat Aristoteles (Poëtik 12.) keinen Kunstausdruck, wohl deswegen, weil diese Chorlieder mehr der älteren Form der Tragödie angehörten, wie die Monodien in der späteren sich ausbreiteten. Dafs aber der Chor bei Aeschylos öfter auf diese Weise auftritt, ist schon mehrmals bemerkt worden, und die Eumeniden selbst bieten zwei Hauptbeispiele davon dar. Der Ausdruck kommatisch, welcher von Kommos abgeleitet ist, wird von den Alten selbst auf solche Lieder angewandt (Schol. Eumen. v. 139.). Man erkennt diese Kommatika gleich an ihrer Einfügung in das Ganze der Tragödie als den Kommen und Bühnenliedern verwandt, und von einem Stasimon grundverschieden. Durch die Stasima zerfallen die Tragödien in Akte, sie bilden Ruhepunkte, motiviren das Erscheinen neuer Personen und deuten auf ein merkliches Vorrücken der Zeit; ihrer innerlichen Bedeutung nach dienen sie dazu, dem Geiste die Sammlung und erhabene Fassung zu geben, welche die alte Tragödie auch in der gröfsten Aufregung der Gefühle festzuhalten sucht. (Vgl. §. 100.) Dagegen die Kommatika, wie die ihnen verwandten Gattungen, den einzelnen Akten oder Abtheilungen selbst angehören, (so dafs sie oft durch Dialog ersetzt werden könnten, von dem sie gleichsam nur eine lyrische Steigerung sind), und darnach auch wesentlich zur Fortführung und Motivirung der Handlung beitragen, indem sie Willensbewegungen, leidenschaftliches Begehren, mit einander kämpfende oder einander unterstützende Neigungen und Bestrebungen auf das lebendigste ausdrücken.

Von diesem ersten Chorgesange der Eumeniden nun würde es auch ohne die Angabe der alten Erklärer (*κομματικῶς ἕκαστον κατ' ἰδίαν προενεκτίον*) in die Augen springen, dafs er nicht zugleich vom ganzen Chor, sondern von Einzelnen daraus, gesungen wird; und wenn man die Zahl Vierzehn einmal in Gedanken hat, läfst sich das Ganze gewifs auch bequem unter so viele eintheilen. In der ersten Strophe leuchtet wohl ein, dafs die Rede der ersten Person durch das Einfallen einer zweiten Stimme unterbrochen, aber dann wieder aufgenommen und fortgesetzt wird; Gleiches mufs man der Symmetrie wegen in der Antistrophe annehmen, und kann es auch recht wohl, da in dem Aufnehmen des flüchtigen Mörders mehr die heimtücksche List des Apollon, nach der Ansicht der Erinnyen, als sein in den Staub treten der Götter des alten Stammes zum Vorschein kömmt [1]). Die Strophen des zweiten und dritten Paars lassen sich wohl nicht auf eine symmetrische und gefällige Weise einzelnen Stimmen zuweisen; wir müssen daher, wenn wir die Vierzehnzahl festhalten, eine jede Strophe von zwei Erinnyen singen lassen.

In der metrischen Analyse und Uebertragung dieses Gedichts macht eine besondre Schwierigkeit, aufser der Nachbildung der eine heftige Leidenschaft ausdrückenden Dochmien, bei denen wir uns immer an die reinste und einfachste Form gehalten haben, die räthselhafte Parakataloge, welche, nach allem darüber bis jetzt Geschriebnen, in einer Anzahl von kurzen Sylben besteht, die, in iambische und dochmische Rhythmen eingeschoben und beinahe wie Prosa ($\varkappa\alpha\tau\alpha\lambda o\gamma\acute{\alpha}\delta\eta\nu$) in einem gleichmäfsig schwebenden Tone vorgetragen, das scheinbar Regellose jener Maafse aufs höchste steigerten. Dahin scheinen in unserm Gedicht die Stellen $\acute{v}\pi\grave{o}$ $\varphi\varrho\acute{e}\nu\alpha\varsigma$ und $\pi\varepsilon\varrho\grave{i}$ $\pi\acute{o}\delta\alpha$ „in die Brust bis in das Herz” und „um den Fufs wie um das Haupt” zu gehören. Da das Wiedergeben der einzelnen Sylben grade hier völlig unmöglich ist: so hat der Uebersetzer sich um so mehr bemüht, das Entsprechen in Wort und Klang, welches· auf eine sehr kunstreiche Weise das ganze Strophenpaar regelt und zusammenhält, nach Kräften nachzubilden [2]).

---

1) Jetzt sehe ich, dafs auch Hermann in einer spätern Anmerkung zu der ersten *Diss. de Choro Eumenidum, Opuscula V.* II. *p.* 136. bemerkt hat, dafs dieselbe Chorperson, welche den ersten Vers der Strophe gesprochen, von einer andern unterbrochen, hernach ihre Rede wieder aufnimmt. — Eine andre Vorstellung hat Passow zu dem Catalog der Vorlesungen der Breslauer Universität im Sommer 1830 entwickelt, welche wir hier nur in aller Kürze andeuten wollen. $\Sigma\tau\varrho.$ $\acute{\alpha}.$ 1. $\iota o\acute{v}.$ 2. $\tilde{\acute{\eta}}$ $\pi o\lambda\lambda\acute{\alpha}.$ 3. $\grave{e}\pi\acute{\alpha}\vartheta o\mu\varepsilon\nu$ 4. $\grave{e}\xi$ $\dot{\alpha}\varrho\chi\tilde{\omega}\nu$ 5. $\acute{v}\tau\varphi.$ $'A\nu\tau\iota\sigma\tau\varrho.$ $\acute{\alpha}$ 6. $\iota\acute{\omega}$ 7. $\nu\acute{e}o\varsigma$ 8. $\tau\grave{o}\nu$ $\mu\eta\tau\varrho.$ 9. $\tau\acute{\iota}$ $\iota\tilde{\omega}\nu\delta^{\cdot}.$ — $\Sigma\tau\varrho.$ $\beta'.$ 10. $\grave{e}\mu o\acute{\iota}.$ 11. $\pi\acute{\alpha}\varrho\varepsilon\sigma\tau\iota$ $'A\nu\tau\iota\sigma\tau\varrho.$ β' 12. $\tau o\iota\alpha\tilde{v}\tau\alpha.$ 13. $\varphi o\nu o\lambda\iota\beta\tilde{\eta}$ — $\Sigma\tau\varrho.$ $\gamma'.$ 14. $\grave{e}\varphi\varepsilon\sigma\acute{\iota}\varphi$ $'A\nu\tau.$ $\gamma'.$ 15. $\varkappa\ddot{\alpha}\mu o\acute{\iota}.$ Mehr Symmetrie sucht in die Vertheilung unter einzelne Stimmen F. Bamberger *de carm. Aeschyleis·a part. chori cant. p.* 42. zu bringen; aber ich kann nicht zugeben, dafs man vor $\Pi\acute{v}\varrho\varepsilon\sigma\tau\iota$ $\gamma\tilde{\alpha}\varsigma$ $\grave{o}\mu\varphi\alpha\lambda\acute{o}\nu$ interpungiren könne; auch nicht, dafs man aufser funfzehn Chorpersonen noch dem Koryphaeos eine Stimme geben dürfe.

2) Parakatalogisch möchte auch ein Theil des letzten Verses der zweiten Strophe und Antistrophe gewesen sein, nämlich die vier Sylben: $\pi\varepsilon\varrho\acute{\iota}\beta\alpha\varrho\upsilon$ und $\dot{\alpha}\varrho\acute{o}\mu\varepsilon\nu o\nu$, ohne welche der übrige Vers einen Dochmius bilden würde. Auch in der erstern Stelle reducirt sich wohl die Parakataloge eigentlich auf die vier Sylben: $\acute{v}\pi\grave{o}$ $\varphi\varrho\acute{e}\nu\alpha\varsigma$, das Folgende ist ein Creticus. Diese Aeschyleische Parakataloge, wahrscheinlich nach dem Muster der alten Iambiker gebildet, erscheint sehr mäfsig und bescheiden angewandt gegen die der spätern Tragödie.

II.

(15.) Indem die Erinnyen dem Gebote Apollon's, seinen Tempel zu verlassen, gehorchen: verläſst der Chor die Bühne und entschwindet den Augen der Zuhörer. Es schlieſst ein erster Akt, ohne daſs ein Stasimon eintreten kann, da der Chor, weit entfernt einen ruhigen Stand auf der Orchestra einzunehmen, in der Verfolgung des Orestes begriffen ist. Bald aber erscheint der Chor von neuem, und zwar jetzt auf seiner eigentlichen Stätte, der Orchestra, wie der Verfolg abnehmen läſst. Auf diesen Einzug kann sich auch nur das oben §. 13. Angeführte: σποράδην εἰσάγειν τὸν χορὸν beziehn: woraus aber noch nicht sogleich zu schlieſsen ist, daſs die Erinnyen einzeln (καϑ' ἕνα, Pollux) durch das Thor der Orchestra eingezogen wären, indem jenes Wort seine Geltung auch dann bewährt, wenn der Chor überhaupt nur nicht in Gliedern und Reihen einherzieht. Vielmehr liefert Ein Wort, welches der Erklärung in jedem andern Fall die gröſsten Schwierigkeiten in den Weg legt, den Beweis, daſs sie in zwei langgedehnten Reihen hereinkamen, und sich theils nach der rechten, theils nach der linken Seite wandten, wie es dem Begriffe von Suchenden, die Gegend nach Art von Jagdhunden Durchspürenden, vollkommen angemessen ist. Ich meine den Dualis λεύσσετον, der bekanntlich eben so gut in alter poetischer Sprache von den auf zwei Ruderbänken vertheilten Ruderern, so wie von vier Rossen, die rechts und links an die Deichsel geschirrt sind, als von zwei eigentlichen Individuen gebraucht werden kann (Dissen zu Pindar's Ol. II, 87.), und daher durchaus nicht zur Begründung der sonderbaren Meinung, daſs der Erinnyen-Chor überhaupt nur aus drei Personen, dem Chorführer und zwei andern, bestanden habe, angeführt werden durfte. Die Uebersetzung: *„blicket rechts, links auch"* hat von dem Begriffe des Dualis nur so viel aufgenommen, als sie ohne Nachtheil der poetischen Sprache thun konnte; in λεύσσετον drängt sich mehr Anschauung zusammen. Auch bei dem nun folgenden Chorgesange tritt, wie bei dem vorigen, das Abgebrochne, Kommatische, deutlich hervor; schon das Dochmische Versmaaſs eignet sich für vielstimmigen Gesang sehr wenig; dann geschieht auch die Fortführung des Gedankens meist durch Gegensätze, auf eine ganz dialogische Weise. Auſserdem unterstützen bei der Vertheilung der Stimmen die eingestreuten Iambischen Verse, indem in diesem Gedichte keine Rede anders, als mit einem gewöhnlichen Iambischen Verse anfängt, von welchem sie alsdann bei steigender Bewegung in dochmische Weisen übergeht, aber zum Theil auch, sich selbst beruhigend, wieder mit einem Iambischen Verse schlieſst. Aber eben so wenig glaub' ich zweifeln zu dürfen, daſs dieses Lied, den Vorgesang (Προῳδός) abgerechnet, antistrophisch geordnet war, indem die antistrophische Entgegnung in dem zweiten Strophenpaar ganz bestimmt hervortritt, in dem dritten wenigstens durchschimmert. Freilich hat, auch nach unsrer Textanordnung, jede der zwei Abtheilungen, in welche die dritte Antistrophe nach den verschiednen Stimmen zerfällt, einen Dochmius mehr als in der vorhergehenden Strophe gefunden wird; aber wenn ich, mit dem Entsprechen im Uebrigen, zugleich den besonders energischen Gedanken erwäge, der grade in diesen scheinbar überhängenden, das antistrophische Verhältniſs störenden Stellen liegt, welche in wenig Sylben wahre Blitzstrahlen gegen den Orestes schleudern: so finde ich Nichts wahrscheinlicher und annehmlicher, als daſs hier die Stimmen, welche die Strophe sangen, auch in die Antistrophe einfielen, und mit den gegenüberstehenden vereinigt, die in Rede stehenden überzähligen Worte: *ἢ τοκέας φίλους*, „*und wer Eltern schlug,*" und *ἔνερϑε χϑονός*, „*im Erdschlunde tief*" sangen: obschon ich weiſs, daſs eine solche Vereinigung von Stimmen — wie wohl auch vieles andre zur Technik der alten Tragödie Gehörige — bis jetzt noch nirgends nachgewiesen worden ist.   Nach diesen Annahmen vertheilt sich das Lied auf eine gewiſs sehr ungezwungne Weise unter vierzehn Personen; womit indeſs nicht geläugnet werden soll, daſs vielleicht auch andre Vorstellungen ihr Empfehlendes haben können ³).

III.

(16.) Der Wendepunkt in der Anordnung des Chors der Eumeniden liegt in dem Anapästischen Liede V. 296.

Anapästen sind ihrer Bestimmung nach ein Metrum, welches zur Begleitung eines festen kräftigen Schrittes am geeignetsten ist. Daſs darin der starke Takttheil dem schwachen, die Arsis der Thesis, der Quantität nach gleich ist, giebt ihnen den Charakter des Gemessenen, Sicheren; die Arsis folgt aber dabei wohl deswegen auf die Thesis, weil nach dem natürlichen Gesetze des menschlichen Ganges der stärkere Fuſs beim Ausschreiten stehen bleibt, um den Körper fortzuschwingen, und erst wenn diesem der Schwung gegeben ist, nachtritt, und um so schwerer und kräftiger nachtritt, je mehr der Körper von ihm vorzugsweise getragen zu werden gewohnt ist. Wie deswegen die Marschlieder des Alterthums in der Regel anapästisch waren: so läſst sich auch in der Tragödie ziemlich überall, wo Anapästen vorkommen, ein Schreiten nachweisen (Boeckh über die Antigone S. 46.); der Chor singt sie, wenn er einzieht, abgeht, einer Person entgegen wandelt oder sie geleitet; man wird überall an jene Marsch- und Schlachtlieder des Dorischen Alterthums (*ἐμβατήριοι παιᾶνες*) erinnert, mit deren Rhythmus auch die dabei gebräuchliche Acclamation *Ἐλελεῦ* übereinstimmte, wovon das Anstimmen des Kriegspäan (*Παιωνισμός*) selbst *ἐλελίζειν* hieſs ⁴). Jene langen Reihen

---

3) Dieses Lied hat einige Aehnlichkeit mit dem ersten Abschnitt des ersten Kommos im Oedipus auf Kolonos des Sophokles (V. 116). Die den Oedipus suchenden Greise kommen offenbar auch *στορύδην* herein, und singen, sich in zwei Reihen ausbreitend; antistrophische, aber offenbar unter mehrere Stimmen getheilte Lieder. Die erste Strophe und Antistrophe möchte sich am besten unter zweimal drei, die zweite unter zweimal vier Stimmen vertheilen lassen; abgesehen von den Anapästen und den von der Buhne gesungenen Stucken. Es ist in den Chorgesangen des Oedipus auf Kolonos Alles kommatisch bis zu der Parodos *Εὐΐππου, ξένε, τᾶσδε χώρας*. V. 668. Vgl. §. 16.

4) Offenbar gehört, genau genommen, das *Ἐλελεῦ* zum Paeonismus, wie Plut. Thes 22. sagt; es ist der dabei gebrauchliche *ὀλολυγμός* (vgl. Aeschyl. Sieben v. 250.); Apollon heiſst davon *Ἐλελεύς* Macr Sat. I, 17.; und das *ἀλαλάζειν τῷ Ἐνναλίῳ* folgt erst hernach, Xenoph. Anab. V, 2, 14. Vgl. Hellen. II, 4, 17. Doch setzt Xenophon Anab. I, 8, 18. auch hiefur *ἐλελίζειν*. Vgl. Demetr. *de eloc*. 98. Schol. Aristoph. Vög. 364. und Suidas *s. v. ἐλελεῦ*.

von Anapästischen Systemen, wie man sie am Anfange von Aeschylos Persern, Schutzflehenden, Agamemnon findet, möchten wohl die ursprüngliche Form für den Einzug
des Chors, für die Parodos im eigentlichsten Sinne, gewesen sein, wenn der Chor
gleich in Reihen und Gliedern geordnet die Orchestra betrat; später mifsfiel die grofsartige Simplicität dieser langen und bei Aeschylos oft sehr inhaltreichen Einmarschlieder,
und man mischte entweder mit den Anapästen Lieder, welche antistrophisch getanzt
wurden, wie Sophokles in der Antigone, oder setzte auch antistrophische Gesänge ganz
an die Stelle jener Anapästen, wodurch der Begriff der Parodos selbst zweifelhafter und
schwieriger geworden ist [5]). Bisweilen holte man indefs auch später noch die einfache
Form der älteren Tragödie wieder hervor, wie Euripides in der Hekabe thut. Das
Maafs der Bewegung, welches der Chor während der Absingung dieser anapästischen
Systeme beobachtete, kann etwa daraus abgenommen werden, dafs die Geronten im
Agamemnon 118, in den Persern 123 Doppelanapästen singen, während sie den Raum
vom Eingang bis zur Thymele, der im Attischen Theater auf 150 bis 200 Fufs angeschlagen werden mufs, durchmessen; flüchtiger und eiliger als diese Geronten bewegen
sich aber offenbar die schutzflehenden Danaiden, welche denselben Raum mit 76 Doppelanapästen ausfüllen. Wie diese Anapästen vorgetragen wurden, lehrt uns wohl am besten

---

5) Indessen doch nicht so, dafs Hermann Recht hätte, Parodos das zu nennen, was in Wahrheit
nur das erste Stasimon ist. Die Stelle des Aristot. Poet. 12, 7.: πάροδος μὲν ἡ πρώτη λέξις ὅλου
χοροῦ, στάσιμον δὲ μέλος χοροῦ τὸ ἄνευ ἀναπαίστου καὶ τροχαίου, welche Tyrwhitt im Ganzen recht
verstanden hat, lafst sehr bestimmt merken, dafs die Parodos sich vom Stasimon besonders durch
Anapästen und Trochaen, d. h. Systeme oder langere Verse dieser Gattungen, unterschied. Hephä-
stion, π ποιημ. ç. 10. p. 128., τ. σημείων c 15, 3. p. 135. Gaisf., schreibt die ungleich gemessenen
Anap. Systeme grade den παρόδοις zu. — Als einzelne πάροδοι finde ich angegeben: Sophokl.
Oedip Kol. 668 : Εὐΐππου, ξένε, τᾶσδε χώρας. Elektra 121. Ὦ παῖ, παῖ δυστανοτάτας. Eurip.
Elektra 167 : Ἀγαμέμνονος ὦ κόρα ἤλυθον. Orest 140.: Σῖγα, σῖγα λεπτὸν ἴχνος ἀρβύλης (was auffallend
ist). Phoeniss. 210.: Τύριον οἶδμα λιποῦσ᾽ ἔβαν. S. Plutarch An seni 3. Lysander 15. Schol. Soph..
El. a. O. Metr. Schol. Phoeniss. 210. Hypoth. zu Aesch Persern. Im Prometheus liegt die Parodos vor
σπένω σε τᾶς οὐλομένας τυχας Προμηδεῦ, welches das erste Stasimon ist, Schol. Wesp. 270. Und
um auch Beispiele aus den Komikern hinzuzunehmen: so wird in den Wolken: Ἀένναι Νεφέλαι
V. 326., in den Wespen: Χωρει πρόβαιν᾽ ἐρρωμένως V 230. für die Parodos ausgegeben. Obgleich diese
Beispiele keineswegs alle mit einander übereinstimmen: so wird doch durch die meisten die Definition
der Schol. zu den Phoen. 210 : πάροδος δέ ἐστιν ᾠδὴ χορου βαδίζοντος, ᾀδομένη ἅμα τῇ ἐσόδῳ,
bestätigt. Es ist auffallend, dafs Hermann, zur Poetik a. O. und El. Doctr. metr. p. 724., bei
dem beklagten Mangel an Zeugnissen doch auch wieder von den wenigen vorhandenen nur so wenige
benutzt hat. Für die Behauptung, dafs diese Anapästen nur gesprochen, nicht gesungen worden
seien, sehe ich mich umsonst nach einem Beweis um; denn dafs Aristot. Poet. 12, 6. bei der
Definition der Exodos auf die wenigen Schlufsanapästen keine Rucksicht nimmt, und diese dort nicht
als χοροῦ μέλος in Anschlag bringt, kann bei der Kürze seiner Angaben nicht befremden. Das
Wahrscheinliche ist bei den Anapästen der Parodos ein recitativartiger Vortrag; für einen solchen
konnte der angeführte Scholiast den Ausdruck ᾠδή, und Aristoteles die Benennung λέξις brauchen.
So sind auch die Tanzbewegungen der Parodos als ἐμβατήριοι von den eigentlich χορευτικοῖς verschieden zu denken. Vgl. Athenaos I. S. 22 a.

die Analogie jener EmLaterischen Päanen, bei denen der Feldherr den Gesang anstimmt und gewissermaafsen vorsingt (ἐξάρχει Xenoph. Hell. II, 4, 17. Plut. Lyk. 22.), aber natürlich das ganze Heer Theil nahm; auf dieselbe Weise singen die Kreter im Homerischen Hymnus, im Taktschritt von Krissa nach Pytho wandelnd, den Päan, bei dem Apollon selbst ἄρχει, wie beim Päan überhaupt regelmäfsig ein ἐξάρχων vorkömmt. Verbindet man damit die Bemerkung, dafs in diesen anapästischen Chorliedern gemeiniglich immer drei Systeme enger unter einander zusammenhängen als mit den übrigen, dafs ferner die Anapästen-Masse der Parodos in allen drei eben genannten Stücken (Agamemnon, Perser, Schutzflehende) in dreimal drei Systeme zerfällt, und zugleich diese Dreizahl der anapästischen Systeme durch die ganzen Tragödien durchgeht [6]): so wird es sehr wahrscheinlich, dafs die drei Protostaten der drei Reihen (στοῖχοι) die ἐξάρχοντες waren, welche von ihrer Reihe im Gesange begleitet wurden, und ein jeder von diesen Protostaten ein einzelnes System vortrug, so dafs immer am Schlusse von dreien die Ordnung wieder von vorn anhob. Womit sich auch wohl Aristoteles Angabe verträgt, dafs die Parodos die erste Rede des ganzen Chors gewesen sei, welche ich so verstehe, dafs erstens der vereinigte, in Glieder und Reihen regelmäfsig geordnete Chor die Parodos sang, und dann auch alle Choreuten, zwar nicht zugleich, aber doch hintereinander, daran Theil nahmen.

(17.) Von diesen regelmäfsigen Einmarschliedern unterscheiden sich nun die Anapästen in unserer Tragödie dadurch, dafs sie bestimmt sind, von dem schon in der Orchestra befindlichen Chor gesungen zu werden, der sich aber erst jetzt, wie schon oben bemerkt wurde, ordentlich in Reihe und Glied stellt. Damit hängt offenbar auch die eigenthümliche Natur dieser Anapästen zusammen, welche, statt jener langgestreckten Systeme, in kürzere Verse zerfallen, die auch nicht alle mit Katalexen, sondern zum Theil mit vollen Anapästen endigen, jedoch so, dafs alsdann andre Zeichen der Versabtheilung, in Uebereinstimmung mit der innern Anordnung der Gedanken, eine Trennung nothwendig machen. Die nach diesen Grundsätzen gemachte Abtheilung ergiebt nun von selbst sieben Verse von folgendem Maafse [7]):

I	II	III	IV	V	VI	VII.
5 k.	4 k.	2 k.	4 ak.	2 k.	4 k.	6 k.

---

[6] Die Zahl der in Rede stehenden Systeme in diesen Stücken ist: Im Agamemnon, zuerst 9., dann 3. 6. und 3. (Dabei nehme ich die antithetisch gestellten V. 1430 ff. aus). Perser 9. 3. 2. 1. (Denn die Anapästen V. 885. Γᾶ δ᾽ αἰάζει entbehren des regelmäfsigen Schlusses). Schutzflehende 9. 1. 2. (Denn dafs die Worte V. 976. Ξύν τ᾽ εὐκλείᾳ u. s. w. auch dem Chor, und zwar, wie ich meine, den Dienerinnen in dem Chor, nicht aber dem König, gehören, ist schon daraus klar, dafs der König doch unmöglich in demselben Moment herausgehn, und der von ihm erst herbeigerufne Danaos eintreten kann. Der König geht ab bei V. 973 etwa). Die Gesammtzahlen sind also im Agam. 3 × 7. Pers. 3 × 5. Schutzfl 3 × 4. Kritische Erörterungen, die dabei zum Grunde liegen, können hier nicht ihren Platz finden.

[7] Die arabischen Ziffern geben die Zahl der μέτρα in jedem Vers, k. bezeichnet die Katalexis.

Hier tritt nun erstens sichtlich die antithetische Anordnung hervor, welche bei anapästischen Systemen im Gröfsern so häufig gefunden wird, indem sich genau II und VI, III und V entsprechen, und die Entgegnung von I und VII nur durch Zufügerg eines Doppelanapästs gestört ist [8]); zugleich wird es durch die Siebenzahl dieser Verse, und durch die starke Interpunction, die zwischen ihnen allen eintritt, denkbar und sogar wahrscheinlich, dafs auch hier die vierzehn Personen des Chors, den Hegemon aus dem Spiel lassend, paarweise singend auftreten. Erwägt man nun noch, dafs bei der Aufstellung auf den drei Linien der Orchestra nothwendig die Choreuten der einen Reihe einen längern Weg zu machen haben als die der andern, und diese einen längern als die der dritten, und dafs man nun hier in einem die Aufstellung begleitenden Liede Verse von dreifach verschiedner Länge (2. 4. 6.) vorfindet: so bietet sich für die Darstellung dieses Chorgesangs folgende Ansicht dar, der ein gewisser Grad von Evidenz zuzukommen scheint. Die Personen des Chors, welche aus zwei Reihen bereits in eine zusammengetreten waren, stehn ziemlich in derselben Linie vor der Thymele nach dem Theatron zu. Der Hegemon, der sich in ihrer Mitte befindet, steigt nach den Worten: „*Nun sollst ein Lied du horen, das dich binden wird*" die Thymele hinan. Hierauf bewegen sich die Choreuten zuerst der einen, dann der andern Seite paarweise nach ihren Plätzen, in einer Ordnung, deren Symmetrie sich besser durch einige Linien verdeutlichen läfst.

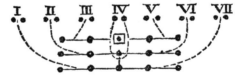

Wobei nur das Eine unerklärt gelassen wird, warum das Paar VII einen Doppelanapäst mehr singt, als das entsprechende erste; wenn der Grund davon nicht blos in dem Bedürfnisse eines vollen und nachdrücklichen Schlusses zu suchen ist.

IV

(18.) Nun sind wir zu dem ersten Liede gekommen, welches der geordnete Chor als ein Ganzes in Gliedern und Reihen stehend absingt, zu dem ersten Stasimon. Dieses erhabene und schwungvolle Lied, welches anhebt: „*Mutter, du die mich gebar, Urnacht*," ist ein Hymnus der Nachtkinder an die mütterliche Urgottheit, in dem sie ihr Recht auf den Besitz des Muttermörders bald mit leidenschaftlich aufgeregtem Gemüthe, bald mit mehr Stolz und Zuversicht verkünden. Durch diese Verkündigung soll jeder Erdenbewohner und insbesondre Orestes von dem Versuche zurückgeschreckt werden, sich der Macht der Erinnyen zu entziehn, Orestes soll wie mit un-

---

8) Ein solches, nicht völlig genaues, Entsprechen Anapästischer Systeme wird sich auch sonst nachweisen lassen.

zerreifslichen Banden gefesselt werden, welches Streben gewifs auch durch die Art der Tanzbewegungen des Chors veranschaulicht wurde. Deswegen heifst der Hymnus ein zauberartig fesselnder Gesang, ὕμνος δέσμιος. Er steht also in einer gewissen Verwandtschaft mit den καταδέσεις des Alterthums, welche mit dem Zwecke, Andre dem Verderben zu weihen, an den unterirdischen Hermes, die Erdgöttin und ähnliche Dämonen gerichtet wurden. Diesen Charakter unterstützt auch der Refrain des ersten Strophenpaars 9); eine solche·Wiederholung der Stelle, welche den eigentlichen Zweck der ganzen Handlung ausdrückt, war grade bei Zauberliedern und Schicksalsverheifsungen gewöhnlich, wie im Liebeszauber von Theokrit immer von neuem wiederkehrt: „*Iynx, führe den Mann, den ersehneten, mir in die Wohnung*” und in dem Gesange der Schicksalsgottheiten bei der Hochzeit der Thetis nach Catull: „*Reget euch eilig die Faden verlängerend, reget euch, Spindeln.*” Ohne Zweifel waren die· Bewegungen des Chors dabei gegen die· Bühne gerichtet, und hatten etwas besonders Umzingelndes und Einengendes; man sah es mit Augen, wie Orest mit geheimen Ketten umschlungen und festgebannt wurde.

Den musischen Charakter dieses Chorlieds müssen wir uns mit einer gewissen düstern Pracht auf das Gemüth wirkend denken. Die Kithara, welche, wie sie von den Griechen behandelt wurde, auf das Gefühl dieser Nation überall beruhigend, erheiternd, das rechte Gleichgewicht herstellend wirkte, schweigt: die Flöten, welche bald Exstase, bald Betäubung hervorbringen, aber immer, nach einstimmigem Urtheile des Alterthums, dem ruhigen Gleichmaafse der Stimmung und Empfindung entgegenwirken, tönten allein. Denn gewifs ist Aeschylos „*phorminxloser Hymnus*” keine hlofse Redensart; so wenig wie die „Klaglieder ohne Lyra” bei Euripides (Iphigenia in Taurien 147.) und sonst: wir sind vielmehr sicher, hier ein rein aulodisches, kein kitharodisches Lied (vgl. Aristoph. Frösche 1263.) vor uns zu haben. Aus demselben Grunde wie hier, wird in einer schauervollen Scene in Euripides Rasendem Herakles, wo die personificirte Wuth auf den Helden herabfährt, um ihn zum Mörder seiner Kinder zu machen, nur die Flöte geblasen; „Herakles mufs, sagt der Chor, zu der sinnverwirrenden Flöte der Lyssa tanzen” (874), und: „Eilt hinweg, ruft er den Kindern zu, ein feindseliges, ein feindseliges Lied stimmt die Flöte an.” Ein Flötenliedchen ist auch das von dem Chor der Trachinierinnen bei Sophokles (216) in der höchsten Bewegung der Freude gesungene:

9) Ueber solche Refrains (*de epiphthegmaticis versibus Aeschyli*) hat kürzlich G. C. W. Schneider eine Abhandlung geschrieben, bei einem Programm des Weimarischen Gymnasiums 30 Octob. 1829 mit dem Bestreben, sie in manchen Aeschyleischen Chorgesangen, wo jetzt keine Wiederholung statt findet, herzustellen. Auch in unserm Chorgesange soll ἀνατροπὰς, ὅταν Ἄρης κ. τ. λ. eben so den Refrain der Antistrophe, wie der Strophe, β′ bilden, und μάλα γὰρ οὖν ἀλλομένα κ τ. λ wird an Strophe und Antistrophe γ′. gefügt. Allein erstens verschwindet mir dann aller Zusammenhang, besonders in Antistrophe β′., und dann sind doch auch diese Stellen nicht von der Art, dafs sie eine Wiederholung dulden konnten, was immer nur bei solchen der Fall ist, welche den Grundton des Ganzen, den Zweck der ganzen Handlung, den Gedanken, auf den man immer zurückkommt, ausdrucken.

12 *

„*Mich faſst's, ich widerstrebe nicht dem Flötenton, der meinen Geist tyrannisch zwingt.*"

(19.) In der besten Uebereinstimmung damit war die **Tonart** dieses Stasimon. Ich glaube die Ueberzeugung aussprechen zu dürfen, daſs diese **Phrygisch** war, und lasse mich darin auch nicht irre machen durch die dunkle Stelle des Aristoxenos im Leben des Sophokles, welche **diesem** Dichter gewiſs nur die Einführung der Phrygischen Tonart in die Gesänge **einzelner** Personen, die Monodien (*ἴδια ᾄσματα*, vgl. Aristot. Poet. 12.), zuschreiben will, da durchaus nicht zu glauben, daſs die Phrygische Tonart, welche sich durch das Enthusiastische und zugleich Feierliche ihres Charakters so sehr für die Tragödie eignete, aus den dithyrambischen Chorgesängen, denen sie ganz eigentlich angehörte (Aristot. Polit. VIII, 7. Plut. Mus. 19. Prokl. Chrestom. p. 345.), nicht sollte in die daraus entstandnen tragischen übergegangen sein. Hauptmittel, um einen Begriff von den Rhythmen, welche mit der Phrygischen Harmonie verbunden zu sein pflegten, zu erhalten, scheinen mir folgende zu sein. Erstens die Monodie eines Virtuosen, welchen Euripides im Orest, dem weichlichen Geschmacke einer spätern und schon entarteten Zeit huldigend, als einen vor Furcht zitternden Phrygischen Eunuchen auf die Bühne bringt. Hier läſst Euripides, dem offenbar daran liegt, sein musikalisches Kunstwerk hervorzuheben und geltend zu machen, den Phryger selbst melden, daſs er ein **Harmatéisches Lied** mit fremdklingender Stimme (*ἁρμάτειον μέλος βαρβάρῳ βοᾷ*) singe. Daſs aber der *Ἁρμάτειος νόμος*, welcher aulodisch war und zum Enharmonischen Tongeschlecht gehörte, Phrygische Tonart hatte, kann kaum bezweifelt werden, indem ihn die kundigsten Zeugen (bei Plut. Mus. 7.) von dem alten Phrygischen Tonkünstler Olympos, Andre zwar von Andern, aber doch immer aus Phrygien (Etymol. M. s. v.), herleiten; daſs ihn ein Phryger hier singt, daſs er seinen Gesang selbst als unhellenisch bezeichnet, daſs er ihn mit einem Trauerlied (*Αἴλινος*) vergleicht, welches die Barbaren mit Asiatischer Stimme beim Untergange eines Königs anstimmen, deutet insgesammt auf Phrygische Weisen. Ferner dürfen wir das erhaltne Bruchstück eines Pindarischen Dithyrambus als Phrygisch in Anspruch nehmen; die Länge der Strophe, welche schon der völligen Aufhebung des Antistrophischen vorspielt (die der Dithyramb in einem spätern Zeitalter erfuhr, da er ganz den Chören entzogen und einzelnen Virtuosen zur Ausführung übergeben wurde), auch die Mannigfaltigkeit und Art der Rhythmen weisen auf eine andre Tonart hin, als die von Pindar in den Epinikien angewandten sind, in welchen man bekanntlich nur die Dorische, Aeolische und Lydische nachweisen kann. Drittens macht auch eine Stelle in dem ersten Chorgesange von Euripides Bacchen (159) sehr deutlich darauf aufmerksam, daſs er in Phrygischer Tonart zur Flöte gesungen wurde. Um nun bei diesen Beispielen stehen zu bleiben, so treten aus der groſsen Mannigfaltigkeit von Versmaaſsen, welche wir hier finden, als besonders charakteristisch die Kretiker, vorzüglich die aufgelösten oder Päonen, hervor [10])

---

10) Vgl. zum Beispiel in den Bacchen *λωτὸς ὅταν εὔκλαδος ἱερὸς ἱερὰ παίγματα βρέμῃ σύνοχα φοιτάσιν εἰς ὄρος* u. s w. In den prachtigsten Stellen treten auch aufgeloste Choriamben ein, wie in dem Pindarischen: *Τὸν Βρόμιον τὸν Ἐριβόαν τε καλέομεν γόνον ὑπάτων μὲν πατέρων μελπέμεν.*

wobei man sich erinnern muſs, daſs grade diese Rhythmen aus dem Flötenspiele des Phrygers Olympos in die Compositionen des Kreters Thaletas übergegangen sein sollen (Hoeck Kreta III. p. 355.), und daſs vor allen Rhythmen diesen Päonen der Charakter des Prächtigen ($\mu\varepsilon\gamma\alpha\lambda\sigma\pi\varrho\varepsilon\pi\acute{\varepsilon}\varsigma$, Demetr. de eloc. 38.) zukam. Auſserdem erscheint häufig der aus den Liedern der Phrygischen Göttermutter stammende Galliamb (vgl. Telestes bei Athen. XIV, p. 626.), welcher indeſs einen weichlichern und unedlern Charakter hat, als der Phrygischen Tonart, in deren Bereich auch das Erhabne liegt, an allen Stellen gut thun würde. Auch der rasche Rhythmus der Trochäen ist, wie jene Beispiele und Erwähnungen (Plutarch Erotikos K. 16.) zeigen, dem Phrygischen Gesange nicht fremd. Sehr zu beachten ist es ferner, daſs jene zur Einleitung oder zum Abschlusse einer metrischen Reihe dienenden einzelnen Versfüſse, welche man jetzt Basen und Ekbasen zu nennen gewohnt ist, grade in der Phrygischen Weise sehr häufig sind, und hier oft auf solche Stellen und auf so gewichtvolle Worte fallen, daſs man nothwendig fühlen muſs, daſs diese Versfüſse überaus feierlich und langsam einhertraten, und der Zeit nach ganzen Reihen das Gleichgewicht hielten [11]). Mir scheint, daſs man hierin kaum den bald freudig bald wehevoll (vgl. Aeschyl. Agam. V. 1124.), aber immer besonders mächtig und prachtvoll tönenden $N\acute{o}\mu\sigma\varsigma$ $\ddot{o}\varrho\vartheta\iota\sigma\varsigma$ verkennen kann, den Herodot und Plutarch in engem Zusammenhange mit dem Dithyramb erwähnen, und von dem wir wissen, daſs ihn auch Aeschylos gebraucht hat (Schol. Arist. Frösche 1308.). Wir können aus einer Stelle, die sonst Dunkelheiten hat (Plutarch Mus. 28.), doch so viel mit Sicherheit abnehmen, daſs die beiden Versfüſse, der Orthios und Trochäus Semantus, besonders im Nomos Orthios ihre Stelle hatten; jenes ist ein Iambus, dies ein Trochäus von z w ö l f Zeiten, also von vierfacher Geltung [12]). Gewiſs waren diese feierlich gedehnten Maaſse (vgl. Arist. Quint. p. 38. 98.), verbunden mit raschen Kretikern und flüchtigen Päonen, weit mehr für die in Gegensätzen wild umherschweifende enthusiastische Phrygische, als für die im höchsten Gleichmaaſs fortschreitende Dorische Tonart geeignet. Auch wissen wir noch, daſs ein andrer Fuſs ähnlicher Art, der aus zehn Zeiten bestehende Päon Epibatus

---

11) Vgl. zum Beispiel bei Pindar: $\overset{x}{\alpha}\chi\varepsilon\iota|\tau\alpha\iota$ $\overset{x}{\tau}$ $\acute{o}\mu|\varphi\alpha\acute{\iota}$ $\mu\varepsilon\lambda\varepsilon\omega\nu$ $\sigma\upsilon\nu$ $\alpha\upsilon\lambda\sigma\iota\varsigma$, und den folgenden Vers. Bei Euripides im Orest: $\acute{O}$ $\delta\grave{\varepsilon}$ $\xi\upsilon\nu\varepsilon\varrho\gamma\sigma\varsigma$ $\alpha\lambda\lambda$ $\grave{\varepsilon}\pi\varrho\alpha\sigma\sigma$ $\acute{\iota}\omega\nu$ $\kappa\acute{\alpha}\kappa\sigma\varsigma|\overset{x}{\Phi}\omega\tau\varepsilon\upsilon\varsigma$. $\Phi\alpha\varrho\varepsilon\alpha$ $\pi\sigma\varrho\varphi\acute{\upsilon}\varrho\varepsilon\alpha$ $\delta\omega\varrho\grave{\alpha}$ $K\lambda\upsilon\tau\alpha\iota|\overset{x}{\mu}\nu\eta\sigma\tau\varrho\alpha$. Nomina propria werden gern dadurch gehoben.

12) Eine Andeutung auf diese Versfüſse sehe ich auch in der Stelle Pindar's, Olymp. IX, 109. Das ganze Lied — ein hochtonender Preis gottergleicher Naturkraft — ist in seiner metrischen Composition sehr eigenthümlich, und scheint etwas vom Phrygischen zu haben; besonders die Epode durch die gehäuften Basen und Ekbasen. Nun fordert der Dichter in der letzten Epode, in der inhaltschwersten Stelle des Ganzen, sich auf, den Ruf, daſs der Besungne durch die göttliche Kraft seiner Natur ein groſser Athlet sei, $\ddot{o}\varrho\vartheta\iota\sigma\nu$ ertönen zu lassen, und dies geschieht grade in Rhythmen, welche wir mit vollem Rechte o r t h i s c h e nennen dürfen. $\ddot{O}\varrho\vartheta\iota\sigma\nu$ $\ddot{\omega}\varrho\sigma\alpha\iota$ $\overset{x}{\vartheta}\alpha\varrho\sigma\acute{\varepsilon}\omega\nu$ $\tau\acute{o}\nu\delta$ $\overset{x}{\grave{\alpha}}\nu\acute{\varepsilon}\varrho\alpha$ $\delta\alpha\iota\mu\sigma\nu\acute{\iota}\alpha$ $\gamma\varepsilon\gamma\acute{\alpha}\mu\varepsilon\nu$ $E\overset{x}{\ddot{\upsilon}}\chi\varepsilon\iota\varrho\alpha$, $\delta\varepsilon\xi\iota\acute{o}\gamma\upsilon\iota\sigma\nu$ - $\overset{x}{\acute{o}}\varrho\tilde{\omega}\nu\tau$ $\grave{\alpha}\lambda\kappa\acute{\alpha}\nu$. In der Stelle des Agamemnon V. 1124. glaube ich in den den Dochmien vorhergehenden Stellen: $\acute{I}\omega$, $\iota\grave{\omega}$ $\tau\alpha\lambda\alpha\acute{\iota}\nu\alpha\varsigma$ und $\acute{I}\omega$, $\iota\grave{\omega}$ $\lambda\iota\gamma\varepsilon\acute{\iota}\alpha\varsigma$, den orthischen Ton zu vernehmen.

(Arist. a. O.), von Olympos für die Phrygische Tonart gebraucht worden war (Plut. 33.). Daſs das Orthische Lied zwar nicht nothwendig (denn auch die Kithar kömmt dabei vor), aber doch öfter mit Flötenspiel verbunden war, daſs insbesondre die dumpftönende krumme Flöte, das Phrygische Horn, dabei gebraucht wurde (Lukian. Bakch. 4.), fügt sich mit der hier gegebnen Vorstellung wohl zusammen.

(20.) Diese Angaben und Schlüsse über die Phrygische Tonart, auf unser Chorlied angewandt, lassen dessen musikalischen Charakter wohl nicht zweifelhaft. Die offenbar auf Orthische Weise vorgetragnen Stellen der ersten Strophe (s. auch Hermann *Elem. Doctr. Metr. p.* 661. *Opuscc.* II. *p.* 121.), welchen der Uebersetzer auf diese Weise ihren gehörigen Nachdruck zu geben versucht hat: „Mutter, du die mich gebar, U r n a c h t" und: „Mich der erhellten wie der düstern Welt S t r a f g e i s t" so wie die in der letzten Strophe: „nie vergessend heischen wir E h r f u r c h t" und: „wo Tages Licht a u s l i s c h t"; die auf jene folgenden Reihen von Kretikern, so wie die unruhvollen Päonen am Schlusse des ersten und zweiten Strophenpaars — deuten augenscheinlich auf Phrygische Tonart. Auch scheint es nach Euripides (vgl. Aristoph. Frösche 1351.) und den Fragmenten des spätern Dithyrambus, daſs Wiederholung desselben Worts, so wie gleichklingende Endungen, in den mit Phrygischer Tonart verbundnen Liedern wahrscheinlich schon in einheimischen Poesien Kleinasiens, besonders gesucht wurden: davon enthält wohl auch das in der Uebersetzung unnachahmliche παρακοπα, παραφορά einen Anklang. An denjenigen Stellen, wo das Gefühl der Erinnyen mehr ruhiger Art ist, wo mehr ein stolzes Bewuſstsein der ihnen gebührenden Würde und Macht als die Furcht vor der Schmälerung derselben ausgedrückt werden soll, nähern sich die Rhythmen — lange Daktylische Reihen mit Spondeischen Ausgängen, denen auch Trochäische Clauseln angefügt werden, — den in der Dorischen Tonart gebräuchlichen, und man könnte das Eintreten dieser Harmonie wahrscheinlich finden, wenn nicht auch die Phrygische grade die sehr langen Daktylischen Reihen in manchen Fällen gern zuließe [13]).

(21.) Mit diesem ersten Stasimon hat der Chor festen Stand in der Mitte der Orchestra ergriffen, und verläſst nun auch diesen Platz nicht mehr vor dem Ende des Stücks. Die Vorstellung, welche Manche hegen (Hermann zur Poetik 12, 8. und *Doctr. Metr. p.* 727.), daſs der Chor bei der Darstellung der Strophen und Antistrophen sich nach den entgegengesetzten Enden der Orchestra hin bewegt habe, und jetzt nach der rechten, jetzt nach der linken Seite gewandert sei, ist schon deswegen irrig, weil der

---

13) So am Schlusse des Chorlieds in den Bacchen: ἡδομένα δ' ἄρα πῶλος ὅπως ἅμα ματέρι φορβάδι πῶλον ἄγει ταχύπουν σκιρ|τήμασι Βάκχου. Daſs Combinationen von daktylischen Reihen zu langen Versen der Phrygischen Tonart gemäſs sind, dafur giebt das Fragment aus Stesichoros Orestee bei den Schol. zu Aristoph. Frieden V. 797. einen entschiednen Beweis. Dies lautet: Τοιάδε χρὴ Χαρίτων δα|μώματα καλλικόμων ὑμ|νεῖν Φρύγιον μέλος ἐξευ|ρόντα Ἁβρῶς ἦρος ἐπερχομένου, und sein metrisches Schema ist: 3(— ∪∪ — ∪∪ — —) $\overset{x}{\smile}$ — $\overset{x}{\underset{\smile}{}}$ — ∪∪ — ∪∪ —.

Chor dann gar keine Stasis mehr, wie er doch in den Tragödien selbst öfter genannt wird (Aeschyl. Ag. 1115. Choeph. 111. 454.), und sein Lied kein Stasimon (στάσις μελῶν Arist. Frösche 1281.) gewesen wäre. Es bedarf bei der Deutlichkeit des Ausdrucks kaum erst eines bestätigenden Schwarms von Scholiasten-Zeugnissen (Schol. zu Eurip. Hekab. 647. zu Aristoph. Wesp. 270. Frösche 1307. Hypoth. zu Aeschyl. Persern. Favorinus u. A.), daſs der Chor bei einem Stasimon seinen Platz nicht verläſst. Nur glaube ich daraus nicht schlieſsen zu dürfen, daſs der Chor bei dem Stasimon ganz ohne Bewegung gewesen sei (Boeckh über die Antigone, zweite Abh. S. 51.); da alsdann der Chor bei seinen meisten und gröſsten Liedern, beinahe möchte ich sagen, seine Natur (das χορεύειν) aufgeben würde. Sondern grade so wie der alte kyklische Chor, welchen Hephästos nach der Beschreibung der Ilias auf dem Schilde des Achilleus darstellte, sich wie eine Töpferscheibe jetzt zur Rechten und jetzt zur Linken im Kreise bewegt, aber dabei doch immer denselben Raum behauptet [14]): so ist es der Begriff der antistrophischen Chorbewegung, daſs, während die Einzelnen ihre Plätze verändern, doch das Ganze seine Stelle behauptet. Eben deswegen hieſs bei den alten Taktikern diejenige Evolution eines Lochos im Kriege, bei der die Vordersten die Hintersten wurden und umgekehrt, ohne daſs jedoch der Lochos im Ganzen seine Stelle verlieſs, vorrückte oder rückwärts geschoben wurde, die Chor-Evolution (χόρειος ἐξελιγμός). Daraus nehmen wir mit ziemlicher Sicherheit ab, daſs in der Strophe des Chortanzes ebenfalls die Protostaten a f l durch eine Bogenbewegung zu den Plätzen e k p, die Deuterostaten b g m nach d i o gelangten, und in derselben Zeit die Kraspediten e k p sich nach a f l, die Tänzer der vorletzten Reihe d i o nach b g m verfügten: welches dann alles in der Antistrophe wieder rückwärts ging. (S. das oben gegebne Schema §. 11.) Die Choreuten, welche von Anfang an auf der Orchestra mit dem Gesicht gegen einander standen (ἀντιπρόςωποι ἀλλήλοις στάντες Hephäst. π. ποιημ. 14. p. 131. vgl. Schol. zu Arist. Rittern 512.), traten dabei von beiden Seiten einander gegenüber, und machten einander entsprechende sich wechselseitig nachahmende Bewegungen (dies ist das ἀντιστοιχεῖν Xenoph. Anab. V, 4, 12. vgl. Sympos. 2, 20. Süvern über Aristoph. Vögel S. 102. Kolster de parabasi p. 13.), wobei sie sich zuerst immer näher kamen, dann einander vorübergingen und am Ende die Plätze tauschten. Ein Chor, im ersten Viertel der strophischen Bewegung festgehalten, würde hiernach ungefähr einen solchen Anblick geben: wobei nur bemerkt werden muſs, daſs das Mannigfaltige und Ausdrucksvolle zum Theil grade in den Linien gelegen haben muſs, welche die Choreuten bei

---

14) Il. XVIII, 599. Uebereinstimmendes bei Mar. Victorin p. 2501. Putsch. Euanth. *de trag. et com.* 2. Etym. M. *s. v.* προςόδιον. Schol. zu Pindar Ol. S. 11. Boeckh. Schol. Eurip. Hekabe 647. Immer kehrt in diesen Zeugnissen wieder, daſs die Bewegung, welche in der Strophe nach der Rechten gemacht wird, in der Antistrophe sich nach der Linken hin wiederholt. Uebrigens ist der Tanz in der Ilias in so fern schon kunstlicher, wie auch in den Schol. und bei Eustath. bemerkt wird, daſs die Jünglinge und Madchen erst in bunter Reihe den Kreistanz machen, und dann die Reihe auflösend, die Jünglinge und Madchen besonders, in graden Linien (στίχες) einander entgegenhüpfen.

der Veränderung der Plätze in dem einzelnen Chorliede beschrieben, wie namentlich bei unserm **Hymnos Desmios.**

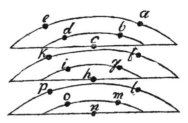

V.

(22.) Das zweite **Stasimon** hat einen sehr einfachen Charakter, indem meistentheils Trochaische Reihen, bald kürzere bald längere, zu gröfsern Versganzen zusammengeflochten werden. Die kürzesten Reihen haben das Ansehn von Kretikern, aber sind dem Charakter des Ganzen, so wie der Art der Verbindung nach, doch sicher mit einer Pause am Schlusse als katalektische Trochaische Dipodieen (— ◡ —) zu lesen, so dafs der Trochaische Rhythmus durch den ganzen Vers und somit durch den gröfsten Theil des Liedes ungestört bleibt. Wenn nun also ein Wort aus einer auf diese Weise abgebrochnen Reihe in die nächstfolgende hinübergezogen wird: so mufs nothwendig, da Zerhackung des Worts durch eine Pause schwerlich anzunehmen ist, der Zeittheil, welcher sonst leer bleiben würde, der Sylbe vor dem Schlusse der ersten Reihe zugefügt und diese gedehnt werden. Wodurch dann dieses Wort einen ganz besondern Nachdruck und ein volleres Gewicht erhält, daher denn grade hier gern besonders bedeutungsvolle Worte stehn, wie in *τουδε μη|τροκτονου, ευχερει|α συναρμοσει, παϑεα προςμενει τοκευ|σιν μετα τ᾽ αὐϑις ἐν χρονω.* Ich weifs nicht, ob nicht durch diese Bemerkung die Frage nach dem Grunde der verschiedenen Verbindung, welche unter den Reihen der Chorverse bei den Tragikern statt findet, ihrer Lösung wenigstens etwas näher gerückt wird; ich meine die Frage, warum Trochaische und Logaödische Reihen, welche schwerlich ganze Verse für sich bildeten, oft in einem Chorgesange lose und unverbunden neben einander stehn, und dann an gewissen Stellen auf eine consequente Weise doch wieder durch herübergezogne Worte eng verknüpft sind. Dafs an solchen Stellen ein besondrer Nachdruck für eine einzelne Stelle erzielt werde, ist wenigstens dem Verfasser oft fühlbar geworden; fast nirgends mehr, als in dem Chorgesange des Agamemnon bei den Worten: *σαῖ|νων* und *ᾱ|τας* (707. 717.), die auch durch ihr Gegenüberstehn an denselben Stellen der Strophe und Antistrophe gleichsam wie die verschiednen Pole, um die sich das Ganze dreht, erscheinen müssen. Wessen Gefühl sollte nicht auffallend berührt werden, wenn in der Strophe erzählt wird, wie der junge Löwe (Aegisthos), wie ein Hündchen im Hause erzogen, von Allen gepflegt und gehätschelt wird:

„Und in den Armen liegt er oft | so wie das neugeborne Kind,
Gern auch folgsam der Hand und lieb|kosend Den, der ihn nähret":

und nun in der Antistrophe das Gegenbild des herangewachsnen und die angestammte Mordgier nicht mehr verhehlenden Leuen aufgestellt wird:

„Und für des Hauses Ingesind | ein unbezwinglich Todesgraun,
Hat dem Stamm das Geschick zum Fluch|priester jenen erzogen";

In unserer Accentsprache freilich muſs bei der Uebersetzung grade dieser Reiz am meisten aufgeopfert werden, weil bei der trochäischen und daktylischen Weise, in der wir unsre Spondeen und spondeïsch anhebenden Worte betonen, eine Reihe, die in der Mitte eines Worts anheben soll, immer der gehörigen Kraft am Anfang ermangeln und auf eine matte Weise hinter ihrer Vorgängerin nachschleppen wird, wie denn auch die obigen Beispiele von logaödischer Reiheverbindung von unaufmerksamen Lesern ziemlich wie schlechtgebaute Hexameter recitirt werden möchten.

(23.) Als das eigentliche rhythmische Thema des Chorliedes bei dem wir stehn, mit welchem es anhebt und welches immer durchtönt, ist die katalektische Trochaische Tetrapodie — ◡ — ◡ — ◡ — zu betrachten, welche wohl deswegen, weil sie in schneller leichter Folge, wie ein paar Tropfen aus einem Oelfläschchen, hervorrinnt, *Ληκύθιον* genannt wurde (Hephäst. 6. p 33.): möglich, daſs darauf auch Aristophanes berühmtes *Ληκύθιον ἀπώλεσεν* (Frösche V. 1208 ff.) anspielt, mit welchen Worten dort Aeschylos dem Euripides grade immer dies Lekythion (— ◡ — ◡ — ◡ —) vom Iambischen Trimeter abschneidet [15]. Was die Tonart des Gedichts betrifft: so sind diese meist aus reinen Trochäen zusammengesetzten Lieder, in denen nichts von dem Schwunge und der Pracht des Phrygischen sich zeigt, gewiſs fast immer **Lydisch** gewesen. Das Lydische war weich, anmuthig, aber artete leicht in Schlaffheit aus; grade derselbe Charakter hat dem Trochäischen Versmaaſse den Namen Kordax gegeben (Aristot. bei Quintil. IX, 4. Cicero Orat. 17.), von einer weichen und üppigen Tanzart, welche ebenfalls aus Lydien stammte, wie uns Pausanias (selbst ein Lyder von Herkunft) VI, 22. berichtet. Um jener Schlaffheit auszuweichen, mischt Aeschylos im dritten Strophenpaar lange Daktylische Reihen ein; dieselben Maaſse, welche den Phrygischen Rhythmen Ruhe gewährten, verleihen hier den Lydischen Adel; und überaus kunstvoll legt Aeschylos grade an diese Stellen Sinnsprüche oder Gnomen, für welche die Feierlichkeit dieses ruhigen und gewichtvollen Metrums (*μέτρον στασιμώτατον καὶ ὀγκωδέστατον*, sagt Aristoteles) besonders geeignet ist. Dagegen geben der letzten Strophe dieses, wie auch des vorigen Chorlieds, die den Trochäischen Reihen vorgeschobnen Iambischen Dipodieen einen raschern und

---

15) Aristophanes Spaſs geht zwar vorzugsweise auf den Inhalt der Prologen, die wie eine Erzählung aus dem gemeinen Leben anheben; damit konnte sich aber immer eine Anspielung auf Etwas in der alten Vers-Technik vereinigen, ein Spott über den einförmigen Abschnitt in den ersten Versen der Euripideïschen Prologen. Das *ληκυθίζειν* bei der Recitation und die *Μοῦσα ληκυθία*, welche von *λήκυθος*, dem Kehlkopf, der dabei angestrengt wird, den Namen haben (Weichert *Poet. Latinorum reliquiae* p. 388. Verraert *de Clearcho* p. 106.), gehört wohl nicht hieher. Uebrigens kommt *λήκυθος* auch als *guttus* oder *ampulla* von *λακεῖν*, von den abgebrochnen und dumpfen Tönen der durch den engen Hals durchgehenden Tropfen, her.

13

bewegtern Gang, der wieder durch den lieblichen Flufs einer logaödischen Clausel, welche Aeschylos sehr oft braucht, auf das angenehmste beruhigt wird.

VI. VII.

(24.) Die in den beiden vorigen Chorgesängen noch schwankende und schwebende Empfindung der Erinnyen ist durch den Sieg des Orestes im Areopag wieder zur wilden Wuth und Leidenschaft geworden; die regelmäfsigen Reihen lösen sich von neuem, und es tritt ein Lied ein, welches offenbar, wie die obigen, kommatisch gesungen, und nach dem Zeugnisse der dabei gebrauchten Versmaafse mit sehr wilden Bewegungen begleitet wurde. Diese Versmaafse sind besonders Dochmien, welche nach Umständen Trauer und Freude, aber immer die heftigste Bewegung des Gemüths anzeigen [16]); auch kommen hier deutlich die ihrer Arrhythmie wegen in der Tragödie nur selten gebrauchten Bacchien vor. Bei dem ersten Liede führen, aufser dem Inhalt, die eingestreuten Iambischen Verse darauf, dafs man drei Stimmen (etwa die der drei Protostaten) unterscheiden mufs; das zweite, welches fast nur in einzelnen kurzen Ausbrüchen des gröfsten Ingrimms besteht, kann man unter sieben theilen. Die Wiederholung desselben Lieds drückt hier das eigensinnige Beharren auf derselben Empfindung aus, welche sich durch das dazwischen Gesprochne gar nicht stören und umstimmen läfst.

VIII. IX. X.

(25.) Nachdem die Besänftigung der Eumeniden durch die Athena eingetreten ist, folgt das dritte Stasimon (weniger hat keine Tragödie des Aeschylos), bestehend aus drei Strophenpaaren, die zwar durch Anapästen, welche Athena dazwischen singt, der Zeit nach getrennt werden, aber, da gar keine Beziehung des Chorgesangs auf den Inhalt jener Anapästen statt findet, und die Strophen und Antistrophen in drei Paaren regelmäfsig folgen, darum doch nicht den selbständigen und ruhigen Charakter eines Stasimon verlieren. Das Chorlied, welches ein Seegenslied, einen ὕμνος εὐκτικός, darstellt, ist wieder theils aus leichten Trochaischen, theils aus feierlichen Daktylischen Reihen zusammengesetzt. Die Molosser: γαίας ἐξ ἀμβρῦσαι, πλουτοχθων Ἑρμαίαν, sind nach Daktylischer Mensur zu messen ($- \cup \cup -. \mid - \cup \cup -.$), und nehmen so jedesmal die Zeit von vier Daktylen oder acht leichten Trochäen (zwei Lekythien) ein; so gelesen machen sie wenigstens allein den richtigen Eindruck. Wie der Verfasser sonst die schwierigen Stellen dieses Gedichts, namentlich im zweiten Strophenpaar, ansieht, zeigt die Uebersetzung hinlänglich.

In den Zwischenräumen dieser sechs Strophen singt Athena fünfmal Anapästische Systeme, welche einander antithetisch (1. 2. 3. 2. 1.) entsprechen. Diese Anapästen

---

16) Hatten die Dochmien immer Phrygische Tonart, weil sie in den Bacchen μέλη βάρβαρα heifsen, 1026. (Νόμος βακχεῖος Eur. Hek. 685.)? Ich sollte glauben, oft auch die für leidenschaftliche Darstellung geeignete Aeolische. Oder die klagende Mıxolydische?

sind hier so gedruckt, dafs das ganze System als ein zusammenhängendes Ganzes erscheint; die Unterabtheilungen, welche keine eigentlichen Verse darstellen sollen, sind mit Rücksicht auf die Gliederung der Sätze angeordnet, da die sonst gewöhnliche Abtheilung in Dimeter und Monometer den mächtig daherrollenden Strom solcher Anapästen-Reihen auf eine zu kleinliche Weise zu zerstückeln scheint. — Dafs Athena während dieser Anapästen ihren Platz verändert, zeigt auch der Inhalt derselben an. Sie redet zuerst von der Bühne zu den Areopagiten oder vielmehr zu dem versammelten Volke von Athen, und spricht dabei von den Eumeniden in der dritten Person; erst gegen Ende redet sie diese an, ruft auch ihnen Heil zu, und meldet ihnen, dafs sie nun die Pflicht erfüllen wolle, die furchtbaren Göttinnen in ihren heiligen Thalamos zu geleiten. Man sieht deutlich: Athena ist von der Bühne allmälig in die Orchestra hinabgestiegen, und hat sich am Ende an die Spitze des Chors gestellt, zu dem sich nun auch die Areopagiten und die geleitenden Dienerinnen gesellen. Diesen Geleiterinnen gehört das letzte, kleine, aber besonders feierliche, und, wenn man den Sinn richtig gefafst hat, in grofser Einfachheit sehr erhabne Schlufslied an.

II. THEATER.

(26.) Aeschylos Eumeniden sind in dem grofsen steinernen Theater beim Heiligthum des Dionysos aufgeführt worden, welches die Athener, einer bekannten Nachricht zufolge, nach dem ersten Jahre der siebzigsten Olympiade zu bauen angefangen, aber erst während der Finanzverwaltung des Lykurgos gegen die hundertzehnte Olympiade vollendet haben. Ein Theater konnte aber, wie ein antiker Tempel, wie eine gothische Kirche, Jahrhunderte lang gebraucht werden, ohne ganz vollendet zu sein; und gewifs ist aus der mitgetheilten Nachricht nicht zu schliefsen, dafs etwa die Stücke der grofsen Tragiker noch in einem hölzernen Bau aufgeführt worden wären, da selbst das unansehnliche Epidauros durch Polykletos, einen Zeitgenossen des Phidias, ein prachtvolles Theater von Stein erhalten hatte [1]).

Ohne Zweifel war das damals gebaute Theater von Athen, dessen perspectivische Einrichtung selbst Untersuchungen der ausgezeichnetsten Physiker der Perikleischen Zeit, des Anaxagoras und Demokritos, veranlafst hatte, das Urbild des Griechischen Theaters, welches Vitruvius beschreibt: was auch im Einzelnen bestätigt werden kann. Daher über die allgemeine Anlage des ganzen Bau's, über die Abtheilung der Orchestra, Bühne und Schausitze u. s. w. hier auf die Schriften unserer Landsleute verwiesen werden kann, in denen Vitruvius Regeln und Angaben mit Geschmack und Kenntnifs zu einem zusammenhängenden Bilde ausgeführt worden sind. Etwas Besondres und Eigenthümliches hatte bei der Darstellung der Eumeniden nur die Einrichtung der Bühne, welche die Griechen als den Raum vor der Bühnenwand ($\sigma\varkappa\eta\nu\acute{\eta}$) Proskenion, als ein über die Fläche der Orchestra emporsteigendes Gerüst Logeion (*pulpitum*) oder in älterer Sprache Okribas nannten.

Um aber diese Einrichtung der Bühne mit Wahrscheinlichkeit auffinden zu können, mufs nothwendig die Bedeutung derselben für die verschiednen Theile des Stücks gefafst, und müssen die Mittel angegeben werden, wodurch der Dichter diese Bedeutung versinnlichte.

(27.) Am Anfange des Stücks, im Prologos, sehn wir die Pythias auf dem offnen Vorplatze vor dem Tempel des Apollon zu Delphi. Sie betet zu den Göttern des

---

[1] Sonderbar ist die Angabe bei Hesych. s. v. $\varphi\delta\varepsilon\tilde{\iota}o\nu$, dafs im Odeion die Rhapsoden und Kitharoden kämpften, ehe das Theater gebaut wurde.

Heiligthums offenbar an einem Altar der wahrscheinlich den „gro ſ sen Altar" von Delphi (Paus. X, 14, 4.) darstellte. Auch Euripides im Ion gedenkt dieses Altars öfter (Φοίβου·ϑυμέλα ὑπο ναοῖς, 115, βωμός 1269 ff.), und wir erfahren durch ihn (1418), daſs an diesem Altar Schnitzbilder von Gottheiten (ξόανα) vorhanden waren, welche von Schutzflehenden umfaſst wurden. Ich finde es sehr glaublich, daſs diese Bilder diejenigen Götter, welche das der Weissagung geweihte Local von Anfang an inne gehabt hatten, Gäa, Themis, Phöbe und Phöbos, darstellten. Ein Hauptgrund dafür liegt in den Worten der Pythias selbst, welche in unserm Prologos auf das bestimmteste ihr Gebet zu den genannten vier Gottheiten von der ehrenvollen Nennung der übrigen unterscheidet; sie betet offenbar nur zu den unmittelbar gegenwärtigen Göttern, und wendet sich dann in Gedanken zu den entfernteren, zunächst an Pallas, welche vor dem Pythischen Tempelhofe (τέμενος), am Wege nach Böotien und Athen, als Pronäa verehrt wurde, dann aufsteigend zu den Gottheiten der Korykischen Tropfgrotte, bei welcher man jetzt noch fromme Weihe-Inschriften an Pan und die Nymphen liest (Corp. Inscr. n. 1728.), zu den Quellnymphen des Flusses Pleistos und dem Quellgotte Poseidon, endlich zu dem am höchsten auf dem Gipfel Lykoreia wohnenden Zeus (Λυκωραῖος Steph. Byz.), der auch bei der Apotheose Homer's, in dem bekannten schönen Relief, als den Gipfel des Parnass innehabend gebildet ist

Hierauf geht die Pythias in das Tempelgebäude hinein, aber kehrt bald erschreckt zurück, und verläſst, nachdem sie den Eindruck des Gesehenen geschildert, den Schauplatz.

Gleich darauf sieht man das Innre des Heiligthums den Blicken geöffnet. Das Adyton selbst, der verborgne Wohnsitz der Prophezeiung (μαντικοί μυχοί 171.), liegt offen vor Augen. Als die Hauptbezeichnung desselben, welche das Local auf eine völlig bestimmte Weise angiebt, wird öfter der Erdnabel oder Omphalos erwähnt. Die Pythias sieht den Orestes auf dem Omphalos sitzend (40), und die Erinnyen nennen deswegen denselben Erdnabel: „einen oben und unten bluttriefenden Sitz, der (durch Orestes Aufnahme im Tempel) die verabscheuenswürdige Befleckung des Blutes sich selbst zugezogen habe" (158). Dieser Omphalos lag aber in Aeschylos und Pindar's Zeit im Adyton des Pythischen Heiligthums; auf ihm saſsen die goldnen Bilder der Adler, welche, der Sage nach, von Aufgang und von Niedergang fliegend hier zusammengekommen waren, bis diese bei der Plünderung des Tempels durch den Phokeer Philomelos verloren gingen; der Omphalos selbst aber wurde später aus dem Innern des Heiligthums entfernt und lag zu Pausanias Zeit auf dem Vorplatze. Dieser Punkt der Delphischen Alterthümer ist bereits von Dissen, zu Pindar's Pyth. IV, 4., genau entwickelt, und zugleich von Bröndsted in seinem Reisewerke über Griechenland (Th. 1. S. 121.). Was aber die Form dieses weiſsen Steins, wie ihn Pausanias nennt, betrifft: so verdanken wir die genauere Kenntniſs derselben einer Entdeckung der neuern Archäologie, welche in dem auf Reliefs, Münzen, Vasengemälden so häufig vorkommenden halbkugel- oder halbeiförmigen Gegenstande, den man bisher ohne allen festen Anhaltpunkt in den alten Schriftstellern als einen Theil des Dreifufses ansah, diesen Omphalos erkannt hat [2]). Der Verfasser dieser Zeilen nimmt diese Erkenntnifs, durch welche zugleich aller Streit um den Dreifufs und seinen Holmos auf erwünschte Weise geschlichtet wird, um so lebhafter in sich auf, je mehr ihn selbst der bisherige Gang der Untersuchungen über das Delphische Tempelgeräth darauf hindrängen mufste. Zahlreiche Bildwerke, die früher nicht recht verstanden werden konnten (s. Böttiger, Archäologie und Kunst S. XXII.), stellen jetzt deutlich den im Mittelpunkte der Erde auf dem Omphalos sitzenden Gott dar, wie auch Platon (Staat IV. S. 427.) den Pythischen Apollon nennt. Eine Apollonstatue im Tempelcostüm, früher in Villa Albani, jetzt, wie es scheint, in Neapel, hat zwar selbst ihren Sitz auf einem sonderbar verhüllten Dreifufse, aber setzt dafür die Füfse auf den ebenfalls mit einem Felle bedeckten Omphalos. Am deutlichsten aber sprechen die mit Aeschylos Worten aufs genaueste stimmenden Vasengemälde, welche den Orestes als Schutz- und Sühnefleher im Heiligthum Apollon's und auf dem Omphalos zeigen; sowohl das schon von Millin, als auch das neuerlich von Thorlacius (Progr. Havn. 1826. Jan.) herausgegebne und gelehrt erklärte, und unter den von Raoul-Rochette in seiner Oresteide zusammengestellten, besonders das oberste Bild der grofsen Kollerschen Vase (*Pl.* 35.), welche jetzt eine Zierde des Berliner Museum bildet. Die mannigfachen, bald horizontalen, bald sich kreuzenden, bald von oben herabhängenden, Streifen, welche an dieser Halbkugel zu sehen sind, hält der Verf. dieser Abhandlung überall für Binden, Infuln, στέμματα oder auch ταινίας, mit denen der heilige Nabelstein geschmückt wurde, und knüpft deren Erklärung an ein Wort des Strabon (τεταινιωμένος) an. Wenn diese aus lockern Wollenfäden bestehenden Infuln kreuzweise zusammengeknotet sind und eine Art von Netz bilden: so darf man ihnen den Namen Grenos oder Agrenon geben, mit welchem ein netzförmiger wollner Ueberwurf genannt wurde, wie ihn alte Weissager und Bacchanten trugen [3]).

(28.) Mit diesem Omphalos nun, hinter dem man vielleicht auch den Dreifufs erblickte, wie in den angeführten Vasengemälden, erscheint im Pythischen Heiligthum zugleich folgende Versammlung: Orestes, der auf dem Omphalos selbst sitzt, neben ihm Apollon, im Hintergrunde Hermes, um den Orestes die auf Sesseln ruhenden und schlafenden Erinnyen; eine Versammlung, die auf achtzehn Personen berechnet werden mufs. Auf welche Weise, mufs man fragen, wurde diese bedeutende Gesellschaft den Zuschauern, nach dem von der Pythia gesprochnen Prologus, auf einmal vor die Augen gerückt? Denn das kann wohl nicht geläugnet werden, dafs sie ihnen erst nach

---

2) S die scharfsinnige Erörterung von Passow in Böttiger's Archäologie und Kunst St. I. S 158 Mit Passow trifft im Resultat zusammen Raoul-Rochette, *Monumens Inédits*, *Orestéide* p. 188., wo aber ohne hinlanglichen Grund Brondsted als Urheber dieser Meinung genannt wird.

3) S aufser Winckelmann *Mon. In.* p. 212. und Uhden im Museum der Alterthums-W. I. S. 363. jetzt Fr. Gottfr. Schon *de Personarum in Eur. Bacch. habitu* p. 34. Aber ein ganz anderes Wort, als γρῆνος oder ὑγρηνον mit einem euphonischen ά, ist Fϱῖνος, Leder, welches nach der gewohnlichen Verwechselung des Digamma mit dem Gamma bei dem Etymol. M. und Eustath. als γϱῖνος vorkommt

diesem Prologus vor die Augen trat; die ganze Beschreibung der Unholdinnen, welche den Orestes umgeben, durch die Pythias wäre matt und frostig, wenn zugleich der Anblick der Erinnyen, etwa hinter einer niedern Mauer, die sie nur der Priesterin und nicht den Zuschauern verbarg, die Zuschauer über ihre Gestalt belehrt hätte; das Wort darf hier den Anblick nur vorbereiten, nicht ihm zur Seite gehn.

Es giebt zwei verschiedne Arten, durch welche diese plötzliche Erscheinung bewerkstelligt werden konnte. Die eine, welche schon ein alter Erklärer (zu V. 64. vgl. zu 47.) und unter den Neuern ein für die Kenntnifs der alten Bühne hochverdienter Archäolog, Böttiger, in Vorschlag gebracht hat (*de deo ex machina p.* 9. Furienmaske S. 98.), ist die Exostra oder das Ekkyklema.

Exostra oder Ekkyklema (der letzte Ausdruck ist viel gewöhnlicher) bezeichnet ein Gerüst oder eine hölzerne kleine Bühne, welche an solchen Stellen des Dramas, wo das Innre eines Hauses den Blicken der Zuschauer offengestellt werden soll, durch die grofsen Thüren der Scenenwand vorgestofsen oder auf Rädern vorgerollt (ἐκκυκλεῖν), und dann, wenn das Innre wieder unsichtbar werden sollte, zurückgerollt wurde (εἰσκυκλεῖν). Pollux IV, 128. Schol. Acharn. 407. Eust. zur Il. p. 976, 15. Rom. Ven. Schol. zur Il. Σ, 474. vgl. Bekker p. 830. Sichere Beispiele von Ekkyklemen, welche uns dazu dienen können, den Kreis zu beschreiben, innerhalb dessen diese Maschinerie anwendbar war, finde ich bei den alten Tragikern folgende: In Aeschylos Agamemnon sieht man (1345) plötzlich aus dem Innern des Pallastes ans Licht hervortretend, offenbar als ein Ekkyklema, das Badegemach des Königs, mitten darin die silberne Wanne, dabei den in das betrügerische Gewand verwickelten Leichnam, und Klytämnestra, die blutige Waffe in der Hand, selbst blutbesprützt, in stolzer Haltung über der vollbrachten That stehend. Dasselbe Badegemach tritt zum zweitenmal in den Choephoren (967) aus der mittlern Thüre der Scenenwand hervor, wobei auch die Scholien auf das Ekkyklem aufmerksam machen; man sieht Orestes über den beiden Leichen der Klytämnestra und des Aegisth; er hält das verhängnifsvolle Gewand in den Händen [4]). Bei Sophokles in der Elektra (1450) befiehlt der getäuschte Aegisth, das grofse Thor des Atriden-Pallasts allen Mykenäern und Argeiern zu öffnen, damit jeder sich vom Tode des Orestes überzeugen könne; auf einem Ekkyklema wird ein verhüllter Leichnam auf die Bühne geschoben; Aegisth enthüllt ihn; es ist der der Klytämnestra. In der Antigone (1293) erscheint auf einem Ekkyklema der Leichnam der Eurydike, deren Selbstmord im Innern des Hauses eben gemeldet worden war, der Chor macht durch die Worte darauf aufmerksam: „Wir dürfen's schauen; nicht verbirgt's das Innre mehr." (Auch die Scholien reden davon). Im Aias (346) öffnet den ihren Herrn und Fürsten zu sehn begierigen Salaminiern Tekmessa das Zelt; in dem Augenblick, in welchem sie die Vorhänge von einander schlägt, wird durch ein Ekkyklema (welches wieder auch die Scholien bemerken) Aias

---

4) Klytämnestra kömmt (871) aus der Thüre rechts, den γυναικείαις τύλαις heraus, und wird von Orestes in das Hauptgebäude durch die mittlere Thur abgeführt. Die Thure rechts gehort dem Deuteragonisten, welches offenbar Klytamnestra ist. Vgl. unten §. 33.

herausgeschoben, blutbesprützt, ein bloſses Schwerdt in der Hand, von erwürgten Thieren umgeben, in tiefen Schmerz versunken. Im Oedipus Tyrannos (1297) wird der unglückliche Sohn des Laios mit den bluttriefenden durchbohrten Augen, unfähig sich ohne Führer fortzubewegen, durch die geöffneten Flügelthüren des Pallasts im Innern desselben sichtbar; offenbar wird er durch ein Ekkyklema vorgeschoben, daher auch hernach Sophokles, mit einem gewissen Vergessen der Bedeutung des Ekkyklem, dem Kreon den Befehl in den Mund legt, dies Gräuel nicht so unenthüllt dem Tageslichte darzustellen, sondern den Oedipus in das Haus hinein zu bringen (1429). In Euripides Rasendem Herakles (1030) öffnen sich die Riegel der Pforte des Herakleïschen Pallastes; man sieht, vermöge eines Ekkyklems, den schlafenden Helden mit Armen und Beinen an den Sturz einer Säule gebunden, von den Leichen seiner Kinder und seiner Frau, und den Trümmern von Pfeilern und Säulen umgeben. Im Hippolytos (818) befiehlt Theseus die Pforten des Pallastes zu öffnen, in welchem Phädra sich erhängt hat; man sieht darauf, ohne Zweifel durch ein Ekkyklem, den herabgenommenen und auf einem Lager ausgestreckten Leichnam mit dem an der Hand befestigten verhängniſsvollen Briefe. In der Medea (1314) erscheint, da Iason die Pforte des Hauses mit Gewalt öffnen will, die Kolchische Zauberrin in der Höhe, wahrscheinlich auf einem hohen Ekkyklema, in dem von Helios geschenkten Wagen stehend, auf welchem sich auch die Leichen ihrer Kinder befinden [5]).

(29.) Alle diese Beispiele des Ekkyklema haben das mit einander gemein, daſs sie Gruppen, welche ihrer Natur nach in das Innre des Hauses gehören, dem Zuschauer vor Augen bringen. Wo daher die Personen derselben eben so gut aus den Thüren der Bühnenwand hervor ins Freie treten könnten, werden Ekkyklemen nicht angewandt; sie sind, wo wir sie finden, stets nothwendig und unumgänglich durch den Gang des Stücks gegeben. Nur wenn das sich im Innern der Gemächer Befindende selbst nicht heraustreten kann, wird der Zuschauer gewissermaſsen hinein geführt. In allen angegebnen Beispielen sind es Scenen von Mord oder blutiger Verwundung, welche das Ekkyklema darstellt; meist Gruppen von Lebenden und Todten, die man sich kunstmäſsig geordnet denken kann, da gewiſs in keinem andern Theile die Dramatik so nah an das Gebiet der plastischen Kunst anstreifte, als im Ekkyklema. Schon in dieser Hinsicht würde also die Scene, welche hier besprochen wird, als Ekkyklema eine sehr abweichende Erscheinung sein; aber mehr noch durch die groſse Zahl von Personen, die wir oben auf achtzehn berechneten, welche dadurch zugleich vorgeschoben werden müſste, indem alle übrigen Beispiele immer nur eine, zwei, drei oder höchstens vier Personen, und niemals den Chor angehn. Wie umfassend müſste die bewegliche Bühne sein, welche den Orest am Omphalos, die Götter, den gesammten Chor, geschmackvoll

---

5) Man muſs damit, zu groſserer Deutlichkeit, noch die Ekkyklemen der Komödie vergleichen, z. B. Aristoph Wolken 223 mit den Schol., Ritter 1151 (wo Kleon und der Wursthandler mit ihren dem Demos bereiteten Gerichten auf Sesseln vor Tischen sitzend vorgerollt werden, vgl. 1249. κυλίνδετ' εἴσω), Acharner 407. mit den Schol

gruppirt, vorführen könnte; wie weit die Oeffnung der Thüre durch welche sie durch-gerollt werden könnte!

Es giebt aber noch andre Betrachtungen, welche gegen das Ekkyklem entscheiden. Wir sahen vorher die Pythia auf dem freien Vorplatze des Pythischen Heiligthums. Wir sollen jetzt in das Innre des Tempels blicken. Ein Ekkyklem soll dies bewirken. Der Raum dieses Ekkyklems, dieser vorgerollten Bühne, würde dann also für uns den vorher verschlossnen Tempel darstellen müssen. Nun erwachen die Erinnyen, springen auf, sprechen während eines Chortanzes ihren Schmerz, ihre Wuth gegen Apollon aus. Dies geschieht Alles noch im Tempel; denn erst nachher gebietet ihnen der Gott, aus seinem Hause zu weichen. Dafs nun aber der Chor auch zu diesen wilden Bewegungen auf jener vorgerollten Bühne Platz habe, ist noch viel unglaublicher als alles Andre. Folg-lich genügt ein Ekkyklem durchaus nicht; die ganze Bühne mufs vielmehr als Tempel-raum gedacht werden.

So werden wir zu der zweiten Annahme hingedrängt, welche zwar keine äufsere Bescheinigung, aber mehr innre Wahrscheinlichkeit hat: dafs ein Vorhang den Raum, welcher das Innre des Tempels darstellen soll, vorher verdeckte. Nur glaube ich nicht, dafs wir blos einen Vorhang über einen Theil der Bühne, eine Art Gardine, welche zusammengeschoben wird, wie das *Siparium* der Römischen Mimen und Pantomimen war, annehmen müssen: sondern die ganze Bühne war durch ein gewöhnliches Auläon oder Parapetasma, durch einen allgemeinen Vorhang, bedeckt, solange die Pythias den Prolog sprach. Die Pythias stand auf der Orchestra, welche den Vorplatz, die Aula des Pythischen Tempels, bedeutet; hier war der Altar der Weissagegötter angebracht; die Bühne mufs man sich durch einige Säulen und Stirnpfeiler als Tempel bezeichnet denken. Es wird sich zeigen, dafs wir mit dieser Abtheilung durch das ganze Stück vollkommen ausreichen.

Wir sind bei dieser Auseinandersetzung immer von der Voraussetzung ausgegangen, welche sich uns als natürlich und nothwendig aufdrängte, dafs von dem Schlusse des Prologs an das Innre des Tempels mit den Erinnyen, auf die eine oder die andre Weise, sichtbar werde. Auch ist dies wohl die allgemeine Annahme [6]); und nur bei Genelli (Theater von Athen S. 218.) finden wir eine durchaus andre Auffassung der gesammten Scene. Diese beruht darauf, dafs man sich den ganzen Vorgang zwischen den Erinnyen und Klytämnestra's Schatten jenseits der Rückwand der Scene denken soll; das Adyton des Delphischen Heiligthums soll hinter der Bühne liegen, und die Erinnyen sollen erst vor dem Liede „*O weh, wehe mir*" einzeln durch die mittlere Scenenthüre herausspringen. So grofse Wirkung nun einzelne Laute und Ausrufungen

---

[6]) Es ist auch die A. W. v. Schlegel's, Gesch. der dramat. Poësie I. S 148 ff.; nur glaubt Schlegel, dafs man die Erinnyen zuerst, ehe sie aufspringen, blos durch die geöffneten Thüren des Heiligthums sehe; was sich aber weder mit der Einrichtung der alten Buhne, noch mit dem Zusammenhange des Stücks recht vereinigen lassen will.

aus dem verborgnen Innern eines Zeltes oder Zimmers auf der Bühne hervorbringen können: so wenig findet dies seine Anwendung auf das Zwiegespräch des Schattens der Klytämnestra und des im Schlummer ächzenden und stöhnenden Chors; und so wenig war gewiß Aeschylos geneigt, seine Zuschauer der höchst tragischen Gestalt des königlichen Schattens mit der blutigen Wunde in der Brust, auf welche Klytämnestra selbst hinweist, und des seltsamen Anblicks der im Schlaf sich ingrimmig und krampfhaft regenden Erinnyen zu berauben.

(30.) Mit V. 225. tritt ein großer Abschnitt ein. Orest, dann auch der Chor, zuletzt Apollon, haben die Bühne verlassen; und auf einmal sind wir von D e l p h i nach A t h e n versetzt, und müssen in der Phantasie einen langen Zeitraum ergänzen, in welchem Orest viele Länder durchwandert ist und Meere durchschifft hat: eine Geringachtung der·äußern Einheiten des Dramas, die völlig im Charakter der Aeschyleïschen Poesie ist. Auch im Agamemnon erfährt man im ersten Akt oder Epeisodion den Fall Troia's und zwar durch Feuerzeichen an demselben Tage (V. 270.), und im folgenden Akt ist Agamemnon selbst schon, nachdem er große Gefahren auf der See bestanden (635), an der Küste von Argos gelandet: was erst kürzlich ein Holländischer Kritiker (Westrik *de Aeschyli Choephor. p.* 69.) mit Unrecht getadelt hat. Aeschylos bedient sich auch hierin nur der ächten Freiheit der Kunst, die bei den Griechen, im Bezirke der Poësie wie der Plastik, bei strenger Beobachtung des innern Zusammenhangs, Raum und Zeit sehr als Nebensache behandelte, und in der Tragödie·sich erst später herabließ, einer gemeinen Illusion ($\dot{\alpha}\pi\dot{\alpha}\tau\eta$) zu huldigen. Was aber die Scenenveränderung betrifft, welche zur Verwandlung des Orts nöthig war: so konnte diese auch ohne Niederlassen des Vorhangs leicht bewerkstelligt werden, da wir nur aus einem Tempel in den andern treten; es durfte nur durch eine Vorrichtung in der Mittelthüre der Omphalos in demselben Momente verschwinden, in dem das Bild der Pallas hervortrat: vielleicht drehten sich dabei auch die P e r i a k t e n, gewisse an den Ecken der Scenenwand stehende dreieckige und auf einem Zapfen leicht bewegliche Pfeiler, deren Seiten mit verschiedenen Ansichten und Perspektiven bemahlt waren, so daß durch die Umwendung dieser Periakten die nähere und entferntere Umgegend (der $\tau\acute{o}\pi o\varsigma$ und die $\chi\acute{\omega}\rho\alpha$) leicht und schnell verändert werden konnte. — Das alte heilige Bild der Pallas ($\pi\alpha\lambda\alpha\iota\grave{o}\nu$ $\beta\varrho\acute{\epsilon}\tau\alpha\varsigma$), welches Orestes, Apollon's Befehle gemäß, umfaßt, kann kein andres sein, als das im Tempel der Burggöttin ($\Pi o\lambda\iota\acute{\alpha}\varsigma$) seit alten Zeiten aufbewahrte, der Sage nach vom Himmel gefallene und von den Autochthonen Attika's geweihte, Holzbild ($\xi\acute{o}\alpha\nu o\nu$) [7]),

---

[7]) Pausan. I, 26, 7. Plutarch T. XIV. p. 291. Hutten. In der Stelle der Scholien des Aristides p. 103. Frommel, p. 320. Dindorf, $\lambda\acute{\epsilon}\gamma o\iota$ $\delta^{,}$ $\ddot{\alpha}\nu$ $\varkappa\alpha\grave{\iota}$ $\pi\epsilon\varrho\grave{\iota}$ $\ddot{\alpha}\lambda\lambda\omega\nu$ $\pi o\lambda\lambda\tilde{\omega}\nu$ $\Pi\alpha\lambda\lambda\alpha\delta\acute{\iota}\omega\nu$, $\tau o\tilde{\upsilon}$ $\tau\epsilon$ $\varkappa\alpha\tau\alpha\lambda\upsilon\acute{o}\mu\epsilon\nu o\nu$ ($\varkappa\alpha\tau\alpha\lambda\varkappa\acute{o}\mu\epsilon\nu o\nu$ eine Handschr.) $\tau\grave{o}\nu$ $\alpha\dot{\upsilon}\tau\acute{o}\chi\vartheta o\nu\alpha$ $\varkappa\alpha\grave{\iota}\cdot\tau\tilde{\omega}\nu$ $\pi\epsilon\varrho\grave{\iota}$ $\alpha\dot{\upsilon}\tau\epsilon\varphi\upsilon\varrho\tilde{\omega}\nu$ $\varkappa\alpha\lambda o\upsilon\mu\acute{\epsilon}\nu\omega\nu$, $\dot{\omega}\varsigma$ $\Phi\epsilon\varrho\epsilon\varkappa\acute{\upsilon}\delta\eta\varsigma$ $\varkappa\alpha\grave{\iota}$ $\text{'}A\nu\tau\acute{\iota}o\chi o\varsigma$ $\iota\sigma\tau o\varrho o\tilde{\upsilon}\sigma\iota$, $\varkappa\alpha\grave{\iota}$ $\tau\tilde{\omega}\nu$ $\varkappa\alpha\tau\epsilon\nu\eta\nu\epsilon\gamma\mu\acute{\epsilon}\nu\omega\nu$ $\dot{\epsilon}\nu$ $\tau\tilde{\eta}$ $\tau\tilde{\omega}\nu$ $\Gamma\iota\gamma\acute{\alpha}\nu\tau\omega\nu$ $\mu\acute{\alpha}\chi\eta$, ist, wie ich jetzt sehe, $\tau o\tilde{\upsilon}$ $\tau\epsilon$ $\varkappa\alpha\tau^{,}$ $\text{'}A\lambda\alpha\lambda\varkappa\acute{o}\mu\epsilon\nu o\nu$ $\tau\grave{o}\nu$ $\alpha\dot{\upsilon}\tau.$ (s. Pausan. IX, 33, 4. Plutarch T. XIV. p. 289. u. A.) zu schreiben Das Folgende ist noch dunkel.

welches den Mittelpunkt des Athenischen Götterdienstes bildete, und allein mit so allgemeinen Ausdrücken bezeichnet werden konnte. Folglich stellt die Bühne jetzt den Tempel, oder wenigstens, wenn man an kein eigentliches Tempelgebäude denken will, den heiligen Bezirk der Pallas Polias auf der Attischen Akropolis vor; der Chor, welcher sich jetzt auf der Orchestra befindet, wird auf dem Vorplatze dieses Heiligthums weilend gedacht. — In dieselbe Orchestra, gewiſs nicht auf die Bühne, treten hernach auch die von der Göttin zur Entscheidung des Rechtstreites erwählten Bürger, die ersten Areopagiten; und zwar müssen diese auf Sitzen Platz genommen haben, die sich unterhalb der Schauplätze am Halbkreise der Orchestra befanden (vgl. die Zeichnung I. §. 3.). Es kommt nämlich im Folgenden dem Dichter offenbar darauf an, den Areopag im Drama und die als Zuschauer versammelten Athener als ein Ganzes fassen zu können, welches die Athena in ihrer Stiftungsrede des Areopag (651 ff.) gemeinschaftlich anredet. Wie bei den Gerichten der Homerischen Geronten: so wird auch bei dieser ersten Ausübung des Blutbanns in Athen eine Volksversammlung (die λαοί oder λεώ) als gegenwärtig gedacht, welcher die Göttin während der Rathssitzung durch die Stimme des Herolds und Trompetentöne Schweigen gebeut (536). Gewiſs lieſs Aeschylos dabei wirkliche Trompetenstöſse durch das Theater erschallen, und man hörte, wie sonst, den Ruf des Herolds: Ἀκούετε λεώ. Die Volksversammlung aber konnte unmöglich durch Menschenhaufen, welche sich auf der Bühne oder in der Orchestra sehen lieſsen, dargestellt werden, sondern die im Theater versammelten Athener selbst sind das gegenwärtige und angeredete Volk. Am schönsten aber wird dies dann zur Erscheinung gebracht, wenn die Areopagiten auf Stühlen in der Orchestra, unmittelbar unter den Sitzreihen des Theatron, Platz nehmen; zunächst über ihnen sitzt dann der wirkliche gegenwärtige Rath von Athen, dem die unterste Sitzreihe (το βουλευτικόν) angewiesen war; darüber steigt in zahllosen Reihen und immer weiteren Kreisen die dichtgedrängte Masse des Athenischen Volkes empor; gegenüber auf der Bühne erhebt sich, wie ein Redner auf dem Bema, die erhabne Gestalt der Athena, welche das Areopagitische Gericht anordnet, und die Heiligkeit dieser Stiftung den Athenern ans Herz legt. Auf diese Weise wird das Athenische Volk mit einer unwiderstehlichen Gewalt in das Drama selbst hineingezogen und gleichsam mitzuspielen genöthigt; das Theater verwandelt sich wie durch einen Zauberschlag in die Pnyx, der Dichter in einen rathenden und warnenden Redner, die mythische Vergangenheit in unmittelbare, über Wohl und Wehe der Zukunft entscheidende Gegenwart.

(31.) Daraus, daſs die Göttin, in ihrer Einsetzungsrede, des Areshügels als des Ortes gedenkt, auf welchem das eben gestiftete Gericht seine Sitzungen halten worde (653), daſs sie diesen Hügel auch als vor den Augen der Zuschauer befindlich bezeichnet (Πάγον — τόνδε 655), könnte man vielleicht schlieſsen, daſs die Scene von neuem verlegt worden sei. Doch läſst sich dies nicht ohne die gröſsten Schwierigkeiten durchführen, und es genügt völlig, anzunehmen, daſs man den der Burg gegenüberliegenden Hügel auf einer Periaktos dargestellt in der Ferne erblickte, und Athena, zeigend, die Hand nach dieser Aussicht ausstreckte. Wird doch grade auch in derselben

Stelle (658) die Burg von Athen als vor den Augen der Zuschauer befindlich be-zeichnet [8]).

Was die Ausführung dieser Ansichten, wie des Delphischen Tempels und des alten Heiligthums der Pallas, und der perspektivischen Aussichten auf den Areopag und das Attische Land betrifft: so darf man annehmen, daſs diese in der That eine gewisse optische Täuschung erreichte und den Eindruck der Wirklichkeit wiedergab, indem Agatharchos, der Erste, welcher die perspektivische Scenenmahlerei ausbildete, wozu wissenschaftliche Studien eben so viel beitrugen, wie ein kühner und gewandter Pinsel, aller Wahrscheinlichkeit nach grade für diese Trilogie des Aeschylos in Anspruch ge-nommen wurde (darüber Völkel's Archäologischer Nachlaſs, Heft 1. S. 149.). Die Treue muſste allerdings um so gröſser sein, da die Athener hier auf der Bühne dasselbe schau-ten, was sie wenige Schritte davon, nur in minder alterthümlichem Zustande, zu sehen gewohnt waren; daſs dadurch der feierliche und erhabne Eindruck der tragischen Poesie gestört werden könnte, war bei dem durch Glauben und Dichtung erhöhten Schwunge, womit die Griechen ihr Vaterland und alle die heiligen Stätten der Heimat anzusehn gewohnt waren, nicht zu befürchten; die Wirklichkeit floſs bei ihnen mit der Sagenwelt in ein erhabnes Ganzes zusammen.

Sonach bleibt die Scene bis zum Schlusse des Stückes in und bei dem Heiligthum der Pallas Polias. Von da geht hernach auch der Zug aus, welcher die Erinnyen nach ihrem Heiligthume (zwischen der Burg und dem Areopag) geleitet; die Dienerinnen des Pallastempels selbst bilden einen Theil dieses Zuges (978.)

Der Altar auf der Orchestra, dessen wir oben für den ersten Theil des Stückes bedurften, ist auch in dieser zweiten gröſsern Abtheilung nöthig, da die Areopagiten die Stimmsteine vom Altare nahmen. Die Bilder der Delphischen Orakelgötter, welche für den ersten Theil des Stückes daran vorausgesetzt wurden, konnten wohl durch eine leichte Vorrichtung weggenommen, oder den Blicken der Zuschauer entzogen werden.

---

8) Ich kann diese Stelle nämlich nur so verstehn, daſs die Amazonen die neue Feste, d. h. die von Theseus gebaute Stadt und Burg, die hochgethürmte, durch eine Gegenburg auf dem Areopag an-greifen (ähnlich wie die Perser, Herodot VIII, 52), und rechtfertige mir ἀντιπυργοῦν πόλιν in diesem Sinne durch ἀντιύζειν τινά, jemanden angreifen. „Sie thurmten eine hochgethürmte neugebaute Stadt entgegen" scheint mir dagegen unerträglich pleonastisch ausgedruckt.

III. COSTÜM DER SCHAUSPIELER.

(32.) Wenn man sich, wozu diese Auseinandersetzungen die Hilfsmittel liefern sollen, von dem Vorgange einer antiken Tragödie auf der Bühne ein lebendiges und richtiges Bild zu machen strebt: mufs man nur zuerst die von _ der bildenden Kunst der Alten hergenommenen und aus natürlichen Gründen unserem Geiste beständig vorschwebenden Vorstellungen von den Personen der Griechischen Mythologie ganz entfernen. Das scenische Costüm der alten Götter und Heroen ist mit dem plastischen durchaus nicht zu vergleichen, vielmehr gab es, wie die Nachrichten der alten Grammatiker und unter den Bildwerken bcsonders die Mosaiken des Vaticanischen Museums [1]) beweisen, eine allgemeine Tracht der Tragödie, eine tragische Stola, welche Nichts als eine weitere Ausbildung der hellfarbigen und glänzendbunten Festkleider der Dionysischen Aufzüge ($\pi o i x i \lambda \alpha$ oder $\dot{\alpha} \nu \vartheta i \nu \dot{\alpha}$) war, in welcher die verschiedenen Rollen nur verhältnifsmäfsig geringe Modificationen nöthig machten. Lange, bis zu den Füfsen in breiten Falten herabwallende Chitonen von verschiednen bunten Farben; sehr breite, hoch an der Brust sitzende Gurte mit gestickter Arbeit ($\mu \alpha \sigma \chi \alpha \lambda \iota \sigma \tau \tilde{\eta} \varrho \varepsilon \varsigma$) [2]); darüber geworfne Obergewänder, oft von Purpur, auch mit goldnen Säumen, und ähnlichen Schmucke werden, aufser dem Kothurn und dem Haaraufsatze Onkos, allgemein dazu gerechnet. Wie bei den Dionysischen Cultusgebräuchen auch die Männer in weiberähnlicher Tracht gingen, so unterschieden sie sich auch in der Tragödie in ihrem Costüm von den Frauen nur wenig; sehr oft erwähnen die Tragiker auch bei Helden den Peplos, eine Tracht, die damals im gewöhnlichen Leben an Männern durchaus nicht gesehen wurde; wenn nicht über die langen bunten Chitonen die der alten Rittertracht angehörigen Chlamyden geworfen, oder Waffen hinzugefügt sind, oder auch die Masken schärfere Unterschiede darbieten, läuft

---

1) _Description d'une Mosaique antique du Musée Pio - Clementin à Rome représentant des Scènes de Tragédies par_ A. L. Millin. 1819. Vgl. Gott. Gel. Anz. 1821. St. 124.

2) Den Maschalister oder Achselgurtel erkennt man als Stück des tragischen oder Bacchischen Costüms (nach Pollux) in jenen Mosaiken und an den Statuen der Melpomene, namentlich dem Coloss im Louvre.

man beständig Gefahr, in jenen Musivgemälden Heroen und Heroinen mit einander zu verwechseln.

Diese allgemeine Festtracht muſs man auch immer im Auge behalten, wenn man geneigt ist, sich darüber zu verwundern, warum die Alten, mit einer auffallenden Scheu die Zahl der Schauspieler zu vermehren, lieber verschiedne und oft sehr verschiedne Rollen von Einem spielen lieſsen; es bedurfte nämlich durchaus nicht der Umkleidung und gänzlichen Costümveränderung, welche heutige Grundsätze und der moderne Geschmack nöthig machen würden. Wir verlangen von Anfang an Illusion; die Alten blieben es sich beständig bewuſst, und wollten es sich bewuſst bleiben, daſs Alles eine Dionysische Festlust sei.

(33.) Es ist bekannt, daſs Aeschylos in seinen frühern Stücken nur zwei Schauspieler hatte, von denen der eine, der Protagonist, die tragische Hauptperson (das heiſst die, deren äuſseres oder innres Pathos das gröſste ist), der andre, der Deuteragonist, die mit mehr Ruhe einwirkenden Personen vorstellte. So finden wir es in den Persern, den Sieben, den Schutzflehenden. Im Prometheus tritt dazu ein dritter Schauspieler (eine Neuerung, welche Sophokles eingeführt hatte), aber hier nur für den Prolog, in der Trilogie des Agamemnon, der Choephoren und Eumeniden dagegen für den ganzen Verlauf aller drei Stücke: eine den Alten wohlbewuſste Sache (Scholien zu Choeph. 892.), die kein aufmerksamer Leser zweifelhaft finden kann. Die Vertheilung der Rollen war in den drei Stücken dieser Trilogie ungefähr die hier folgende; im Ganzen ist sie ziemlich sicher; das Zweifelhafte einiger Punkte ist durch Fragezeichen angedeutet worden. Es ist dabei angenommen worden, daſs ohne Noth nicht dieselbe Rolle in aufeinanderfolgenden Stücken verschiedenen Schauspielern gegeben worden sei.

Im Agamemnon.

Protagon. Wächter, Herold, Agamemnon.
Deuterag. Klytämnestra.
Tritagon. Kassandra, Aegisthos.

Choephoren.

Protagon. Orestes.
Deuterag. Klytämnestra, Wärterin (?).
Tritagon. Elektra, Aegisth, der Bote aus dem Hause, Pylades [3]).

---

3) Der thurhütende Sklave V. 646. wird nicht sichtbar, und es braucht keines besondren Schauspielers dazu. Pylades wird als stumme Person von V. 642. an bis 707 von einer vierten Person dargestellt, allein wo er von neuem sprechend auftritt, hat der Tritagonist seine Rolle übernommen, wie die angeführten Scholien bemerken, ἵνα μὴ δ' λέγωσιν

Eumeniden [4]).

Protagon. Orestes.
Deuterag. Pythias, Klytämnestra, Athena.
Tritagon. Apollon.

(34.) Ich lasse eine Angabe des Costüms der einzelnen Personen dieses dritten Stücks folgen, welche aus den allgemeinen Kenntnissen über diesen Gegenstand, und aus den besondern Andeutungen zusammengesetzt ist, die sich im Stücke selbst finden.

1. Orestes. Ueber dem langen buntfarbigen Chiton liegt eine durch eine Schnalle auf der rechten Schulter befestigte Chlamys; hinter dem Kopfe hängt an einem Riemen ein Petasus, der den wandernden Helden bezeichnet. In der einen Hand hält er, wenigstens in der ersten Hälfte des Stücks, ein blofses Schwerdt, in der andern die $i\varkappa\epsilon\tau\eta\varrho\iota\alpha$, einen hohen schlanken Ast vom Oelbaum mit einigen Blättern am Ende, um welchen Flocken weifser Wolle, welche fadenartig in die Länge gezogen sind, ohne Knoten zu bilden, lose herumgehängt sind. Das verworrne Haar des Kopfes (die $\alpha v\chi\mu\dot\omega\delta\eta\varsigma$ $\varkappa\dot o\mu\eta$ Eur. Or. 217. 381.) hängt ihm in das Gesicht, dessen Blässe und Abgezehrtheit die Drangsale anzeigt, welche Orestes schon erlitten.

2. Die Pythias trägt ein langes Priester- oder Propheten-Gewand ($\chi\varrho\eta\sigma\tau\eta\varrho\iota\alpha$ $\dot\epsilon\sigma\vartheta\dot\eta\varsigma$ Agam. 1243.), welches besonders in dem in graden Falten, die durch keinen Gürtel gebrochen sind, herabfliefsenden Chiton ($\dot o\varrho\vartheta o\sigma\tau\dot\alpha\delta\iota o\varsigma$) besteht (wozu vielleicht noch das oben §. 27. erwähnte Agrenon kömmt), überdies einen Lorbeerkranz um das Haupt ($\mu\alpha\nu\tau\epsilon\dot\iota\alpha$ $\sigma\tau\dot\epsilon\varphi\eta$) und ein Skeptron (Agam. 1238.) in der Hand. Die Maske bezeichnet das Alter.

3. Klytämnestra erscheint wahrscheinlich mit demselben königlichen Prachtgewande, in dem sie in den vorigen Stücken aufgetreten war, nur düstrer und schattenartiger. Ohne Zweifel sieht man die entblöfste Brust, die sie, nach einem Zuge der Sage, den die Poësie und die Kunst gleichmäfsig festhalten (Choeph. 883. vgl. 524. Eurip. Orest. 520. 852. Elektra 1215. Euphorion Fragm. 51. Meineke, und das von Heeren erklärte Relief des Vaticans [5])), dem Sohne, der sie morden wollte, hinhielt, und über dieser, mehr am Halse, den blutigen Streif der Wunde (103. 562.).

---

4) Ich glaube, dafs ein Grund, warum die beiden letzten Stücke vom Chor den Namen haben, darin liegt, dafs in beiden Orest der Protagonist. Von den Personen der Bühne giebt, so viel man nachweisen kann, immer nur die Hauptrolle des Protagonisten dem Stücke den Namen.

5) Zu den früher bekannten Reliefs der Art kommt nun das von Raoul-Rochette *Orestéide* pl **25, 2.** herausgegebne Chiaramontanische, wo die Darstellung des Vaticanischen und Giustinianischen mehr zusammengezogen erscheint. Verwandt, obwohl abweichend, ist das Borghesische Relief (im Louvre n. 388. *Musée de Bouillon* T. III. pl. 56.), wo die Schlange, die nach dem Busen der Klytämnestra züngelt, aus dem Traume derselben, Choeph. V. 526., erklärt werden mufs.

4. **Athena** im langen Peplos, mit der Aegis, den Helm auf dem Haupt. Die Aegis liegt nicht, wie seit Phidias in der Kunst gewöhnlich war, der Brust an, sondern fällt in weit gröfserm Umfange über die linke Schulter und den Arm herab, wie man es an Bildwerken des ältern Styls, namentlich der Aeginetischen und Herculanischen Statue (Millingen *Anc. Uned. Mon. Ser.* II. *pl.* 7. vgl. Raoul - Rochette *Orestéide* pl. 35. p. 191.), auch an der Athenischen Terracotta bei Bröndsted *Voy. dans la Grèce Livr.* II. *pl.* 42. *p.* 170., sich deutlich machen kann. Athena hat bei ihrer Fahrt über das Meer die Aegis, wie sie selbst sagt (382), wie ein Seegel in der Luft sausen lassen. Dies Aegis Segel hat aber, nach Aeschylos kühner Erfindung, einem mit Rossen bespannten Wagen gleichsam zur Schwinge gedient, auf welchem Athena, wie die Worte des Dichters deutlich besagen, hereinfährt (383). Wie Aeschylos, der an der Einführung auffallender Gestalten ein besondres Gefallen fand, dergleichen eingerichtet, darüber wäre es zwecklos, weitere Vermuthungen aufzustellen [6]).

5. **Apollon**, in einem langen, geärmelten, buntgestreiften Chiton, mit einem auf den Schultern befestigten, nach hinten herabfallenden leichten Mantel, welche Stücke zur Pythischen Stola der Kitharsänger in den Delphischen Spielen gehörten. In der ersten Scene hält er einen Bogen in der Linken.

6. **Hermes.** Stumme Person (aber gewifs nicht, wie Mehrere gemeint haben, unsichtbar). Die Chlamys und der Petasos wie bei Orestes. Ein Heroldstab in der Hand.

Was das Costüm des **Chors** betrifft: so hat theils Böttiger in der gelehrten Schrift: „die Furienmaske", diesem eine sehr umfassende Untersuchung gewidmet; theils wird bei der Nachforschung über die Bedeutung des Chors davon zu reden noch Zeit sein.

---

6) Dagegen bemerke ich, dafs man dabei ohne Zweifel deutlich sah, was κατηρεφῆ πόδα (284) bedeutet. Auf den alten ἅρμασι stand man, wie zahlreiche Bildwerke beweisen, gebuckt, so dafs bei Frauen das Gewand über die Fufse fällt (s z. B. Stuart *Antiquit. of Ath. V.* II. *ch.* 1. *pl.* 20). Zu Fufs kampfend dagegen setzt Pallas das linke, grade ausgestreckte, Bein vor, τίϑησιν ὀρϑὸν πόδα, wie auf den Panathenaischen Vasen. Darnach habe ich die Uebersetzung eingerichtet.

ZWEITE ERLÄUTERNDE ABHANDLUNG.

—— ————

Ueber den Inhalt und die Composition der Eumeniden.

————————————

I. POLITISCHER GESICHTSPUNKT.

A. Innre Verhältnisse.

(35.) Unter allen Dramen der alten Tragödie, welche uns erhalten sind, ist kein in welchem das Mythische und das Politische, die Entwickelung einer Begebenheit aus dem heroischen Zeitalter und die Beziehung auf Zustände und Ereignisse des gleichzeitigen Staatslebens, so innig verschmolzen wären, als die Eumeniden. Die politischen Anspielungen laufen nicht blos als feine und nur dem sorgfältigeren Auge erkennbare Fäden durch das mythologische Gewebe hindurch; sondern es nimmt zugleich die ganze mythische Darstellung eine solche Richtung auf Institute des Attischen Staatsrechts, welche damals vor allen wichtig waren, dafs man, dem Eindrucke des Gedichtes sich überlassend, eine Zeit lang das im Theater versammelte Volk für eine zur Berathschlagung über Verfassung und Recht berufene Volksversammlung halten kann. Die Areopagitische Stiftungsrede der Athena ist zugleich eine Volksrede, eine Demegorie, in welcher die Ermahnung, dem Areopag seine alten, wohlgegründeten Rechte zu lassen, und die Warnung vor Neuerungen, welche zu einer völlig schrankenlosen Volksherrschaft führen mufsten, überall sehr vernehmlich durchgehört wird.

Der Areopag, obgleich nicht mehr Ausschufs eines besondern Standes, seit alle Athenischen Bürger Archonten, und die Archonten Areopagiten werden konnten, erschien doch einer Zeit, in welcher die Demokratie aufs Höchste gestiegen war, wegen der lebenslänglichen Dauer des Amts, der geringen Zahl der Mitglieder, des grofsen Einflusses, welchen dieser Rath noch immer ausübte, der strengen Gesinnung, welche ohne Zweifel von den ältern Areopagiten aus den Geschlechtern auf die von ihnen erst nach freier Prüfung zugelassenen Mitglieder der neuen Wahl-Art übergegangen war, und besonders wegen des sittlichen Respekts, den das demokratische Volk, im Streite mit seinen eignen Neigungen und Gelüsten, dieser Behörde zu erweisen von Jugend auf gewohnt war, als ein sehr bedeutendes Gewicht für die Aristokratie, und als eine Hemmung in den Plänen einer Politik, welche die Athener überall aus den Bahnen der ererbten, von den Vätern überlieferten Sitte heraus, in ein ungewohntes Streben nach Macht, Ruhm und Glanz hineinziehn wollte, und welche den durch die Gewalt seiner Ideen die Volksversammlung erschütternden und beherrschenden Redner zur einzigen wahren Macht, neben der alle Auctorität von Obrigkeiten und Behörden völlig versinken sollte, zu machen bestrebt war. Dies war der Geist der Politik des Perikles und seiner Freunde,

15 *

zu denen auch Ephialtes gehörte, den man mit Unrecht als einen gemeinen Helfershelfer jenes großen Mannes dargestellt hat; alte Zeugnisse ermächtigen uns, ihn als einen ausgezeichneten und, von seinen Partheibestrebungen abgesehn, unbescholtnen Staatsmann und Feldherrn uns vorzustellen [1]). Dieser Ephialtes, Sophonides Sohn, war es, welcher damals der Volksversammlung ein Psephisma vortrug, durch welches der Areopag, wie Aristoteles sagt (Pol. II, 9.), verstümmelt wurde (ähnlich Pausan. I, 29, 5.), dem Diodor (XI, 77.) zufolge, der Rath des Areopags geschwächt, und die ererbten und berühmten Herkommen vernichtet wurden, nach Plutarch's bestimmterem Ausdrucke aber (Perikl. 7. 9. Kim. 15. vgl. *Reip. ger. praec.* 10. 15.) diesem Rathe seine Macht und, wenige ausgenommen, alle Rechtstreite entzogen wurden, und, um mit Cicero's Vorstellung der Sache (*de R. P.* I, 27.) zu schließen, durch Aufhebung des Areopag's alle Macht der Volksversammlung allein übergeben und dem Staate seine Ehre und Zier genommen wurde: ein Gedanke, den Isokrates (Areopagit. §. 50 ff.) mit gewohnter Redseligkeit weiter ausführt.

(36.) Diodor erzählt dies als eine dem Aegyptischen Kriege gleichzeitige Begebenheit unter dem Jahre Olympias 80, 1. Da indessen Diodor in demselben Jahr, nach seiner aus Pragmatismus und Annalistik sehr unglücklich gemischten Weise des geschichtlichen Vortrags, die Ereignisse viel späterer Jahre, bis Olymp. 81, 1. herab, zusammenfaßt: so kann man auch keineswegs gewiß sein, daß Ephialtes Angriff auf den Areopag grade auf 80, 1. fiel. Folgt man dem Eindrucke der Aeschyleischen Tragödie, von der man sicher weiß, daß sie im zweiten Jahre dieser Olympiade, und zwar im siebenten oder neunten Monate dieses Jahrs (an den Lenäen oder den großen Dionysien), aufgeführt worden ist: so muß man glauben, daß damals der Streit noch nicht beendet, daß noch Hoffnung war, den Areopag gegen die ihm drohende Herabwürdigung vertheidigen zu können. Ich kann mir nicht denken, daß Aeschylos die Stadtgöttin selbst von der Bühne herab sagen lassen konnte: „*Auch für die Zukunft wird bei Aegeus Bürgerheer allzeit bestehen dieser Richter hoher Rath* (653. 654.)", wenn die nächste Vergangenheit sie Lügen gestraft hätte, wenn der Areopag bereits fast ganz aufgehört hätte, ein hoher Rath von Richtern zu sein. Wie konnte der Dichter die Göttin dann mehrmals sagen lassen, daß sie *ihre Stiftung für die Ewigkeit stifte* (462. 542.)? [2]). Auch im

---

1) S. die Ehrenrettung des Ephialtes in Wachsmuth's Hellen. Alterthumskunde B. II. S. 60. Die Angabe in der Sammlung Δικῶν ὀνόματα, bei Bekker A. G. p. 188. Ἐφιάλτης: ουτος ὑβρισθεὶς ἑαυτὸν τῆς βουλῆς ἀπεστέρησε κατακρίνας αὐτήν, ist wohl so zu fassen, daß Ephialt selbst Areopagit war, aber von seinen Collegen beleidigt, den Areopag gestürzt habe und selbst ausgeschieden sei.

2) V 462. befremdet mich θεσμὸν τ ὸ ν nicht; θεσμὸν ist Prädicat des Objects τὸν, welches durch das Prädicat auf Griechische Weise attrahirt wird (dies als einen Thesmos). V. 542. ist so zu verstehn: Es frommt, daß meine Thesmen erstens die ganze Stadt für alle Ewigkeit (d. h. das gegenwärtige, im Stück als zukünftig gedachte, Volk) vernehme, und dann, daß man sie zur gerechten Entscheidung über die Gegenwärtigen, die Erinnyen und Orest, vernehme. Die Ausweichung aus der Construction, in καὶ τ ῶ ν δ᾽ ὅπως ἂν εὖ καταγνωσθῇ δίκη, hat nichts Befremdendes, und darin ihren Grund, daß hier der Begriff des gegenwärtigen Rechtstreits, dort der des ganzen Volks als der erste vorwaltet.

Folgenden spricht sich zwar allerdings nicht geringe Besorgnifs, aber doch zugleich eine gewisse Zuversicht auf den Sieg der gerechten Sache aus; der Ton des in seinem ganzen politischen Streben vernichteten, ja, ehe er auf seine Weise zum Kampfe gelangte, bereits aus dem Felde geschlagnen Dichters wäre gewifs ein ganz andrer gewesen. Im Verlaufe der Tragödie selbst scheint das gute Vertrauen des Aeschylos zu steigen, und das schöne Wort der Athena (932): „*Gesiegt hat Zeus, der Versammlungen Hort, und der Wackeren Streit kehrt immer bei uns sich zum Besten*", bezieht sich zwar zunächst auf den Rechtstreit der Eumeniden und des Apollon vor der Athena, aber soll offenbar zugleich von den damaligen Kämpfen in der Athenischen Volksversammlung gelten.

Gewifs ist Ephialtes Absicht nicht in e i n e r Volksversammlung erreicht worden. Die Sache kann vertagt, sie kann, wenn schon vor der Abstimmung Bürger auftraten und den Ephialtes wegen widergesetzlichen Vorschlags öffentlich anzuklagen (παρανόμων γραφεσθαι) sich anheischig machten, für längere Zeit aufgeschoben worden sein; ja, wenn es verfassungsmäfsig zuging, durfte eigentlich eine solche Aenderung in der Constitution gar nicht durch einen blofsen Volksbeschlufs (ψήφισμα), sie mufste durch ein Gesetz (νόμος) ins Werk gesetzt werden, welches viel gröfsere Vorbereitungen erforderte. Genau darüber zu bestimmen, ist jetzt wohl nicht möglich, zumal da wir nicht wissen, in wieweit die Verfügungen über diese Gegenstände, die wir durch die Redner kennen, schon in Perikles Zeit galten; so viel scheint aber angenommen werden zu müssen, dafs der Endbeschlufs über die Sache zur Zeit der Auführung noch nicht gefafst war. Denn der leidige Trost, dafs ja wohl der gefafste Volksbeschlufs, oder das bestätigte Gesetz, früher oder später einmal, durch eine Klage wegen widergesetzlichen Vorschlags noch wieder rückgängig gemacht werden könne, scheint nicht zu genügen, um den Ton, in welchem Aeschylos vom Areopag spricht, gehörig zu motiviren.

Man mufs sich überhaupt jene Zeit als die Epoche denken, in welcher die entgegengesetzten Partheien nach lange genährtem Hasse ihre Kräfte von beiden Seiten auf das Höchste spannten, und alle Mittel aufboten, um den Sieg für sich zu gewinnen, als eine Krisis, in welcher lange gährender Krankheitsstoff zum Ausbruche kam. So Wenig wir von der innern Geschichte Athens in dieser Zeit wissen (möchte es einmal gelingen, durch schärferes Aneinanderpassen der kleinen Bruchstücke ein festeres Ganzes zu erhalten!): so Viel darunter deutet doch grade auf einen solchen Partheienkampf der heftigsten Art. Die Bewegungen gegen den Areopag beginnen; Kimon kömmt mit dem Athenischen Heere aus Lakonika zurück, welches sich von den Spartiaten schnöde weggewiesen und schwer gekränkt glaubt; der Aristokrat und Lakonenfreund Kimon kann unter dem Drucke solcher Umstände beim Volk wenig durchsetzen; vielmehr löst es im Zorne gegen Sparta die lange bestandne Bundesgenossenschaft, und verbündet sich sogleich auch mit Sparta's Erbfeinden, den Argeiern und Thessalern; Kimon selbst wird durch den Ostrakismos vertrieben, wahrscheinlich in derselben Zeit, in welcher die Herabsetzung des Areopags entschieden war; aber die Spartaner überwinden in einer grofsen Schlacht das Athenische Heer bei Tanagra, und die oligarchische Parthei, dadurch wieder gehoben, läfst auch verrätherische Mittel nicht unversucht, um die Demokratie zu stürzen; womit die nächtliche Ermordung des Ephialtes zusammenzuhängen scheint, deren eigentliche Thäter indefs in Athen niemals auszuforschen gelungen ist (Antiphon von Herodes Morde §. 68.): gleich als wenn die durch die Schmälerung des Areopags ebenfalls gekränkten Erinnyen selbst an dem Schmälerer ihrer Ehre Rache genommen hätten [5]).

(37.) Für unsern Zweck bleibt nun noch die Frage zu ⸤eantworten, inwiefern damals das Ansehn des Areopags geschmälert, was ihm eigentlich entzogen worden sei. Theils darüber, wieviel damals der Areopag von seinen Rechten verloren, dann auch und besonders über die Zeit, in welcher er alle oder die meisten verlornen Rechte wieder erhielt, sind neuerlich die sorgfältigsten Untersuchungen geführt worden, deren Ergebnisse, wenn auch sonst noch nicht zu völliger Beruhigung der Partheien gediehen, doch für unsern Gegenstand, nach meiner Meinung, feststehn [4]). Damit ist besonders der Satz gemeint, dafs Ephialtes wirklich dem Areopag (d. h. dem Rathe auf dem Areopag, der wohl immer allein mit dem Namen Areopag bezeichnet worden ist) den Blutbann (die δίκας φονικάς) entzog. Denn erstens war dies wirklich der bedeutendste

---

3) Die Chronologie dieser Zeit ist wegen der grofsen Verworrenheit Diodor's (vgl. Clinton *Fasti Hellen.* *p.* 259) sehr schwierig. Der Vf. hat sich indefs nach Thukydides, Plutarch, auch Diodor, folgendes Schema gebildet, wobei die völlig sicheren Data durch die Schrift hervorgehoben sind. Ol. 78, 4. Beginn des Helotenkriegs, im ersten Jahre des Thasischen Krieges. 79, 2. Thasos von Kimon erobert. 79, 3. Kimon nach Lakonika. Der Aegyptische Krieg beginnt. 80, 1. Die Athener aus Lakonika zurückgeschickt. 80, 2. in Bruch Athens mit Sparta, Verbindung mit Argos. 80, 2. Kampf über den Areopag, Aeschylos Eumeniden. 80, 3. Kimon exostrakisirt. Der Krieg mit den Peloponnesischen Seemächten. 80, 4. Schlacht von Tanagra; oligarchische Umtriebe. 81, 1. Vernichtung der Athenischen Macht in Aegypten (Aeschylos Todesjahr). 81, 2. Die Athener unter Tolmidas setzen die Heloten nach Naupaktos. Fortwährender Krieg mit dem Peloponnes. 81, 4. Kimon zurückgerufen (nach nicht vollen funf Jahren, Theopomp), unterhandelt in Sparta. 82, 2. Funfjähriger Friede — — Clinton nimmt mit Plutarch Kim 16 -17 an, dafs Kimon, oder die Athener, zweimal den Lakedamoniern zu Hilfe gekommen seien, aber dies ist gewifs nur eine Verdoppelung derselben Begebenheit, wie man aus Thukyd. I, 102. schliefsen mufs. Was aber Plutarch im Kim 15. erzählt, dafs in der Zeit von Ephialtes Umwälzung Kimon πάλιν ἐπὶ στρατείαν ἐξέπλευσε, kann nicht auf den Zug nach Lakonika gehen, sondern mufs etwa auf Theilnahme am Aegyptischen Feldzuge bezogen werden. Doch ist Plutarch in dieser ganzen Auseinandersetzung nichts weniger als völlig klar und genau.

4) Boeckh *Prooem. Ind. Lect.* 1826/27. (Seebode's Archiv I, 5. S 153 ff.) Meier im Rhein Museum f. Philol Th II S. 265 ff. Boeckh *Prooem* 1828/29 Vgl. *Corp. Inscr.* I. *p.* 896. Die Abhandlung von Dr. Forchhammer *de Areopago non privato per Ephialten homicidii judiciis contra Boeckhium disputatio.* Kiliae 1828. hat mich, ihrer beredten Darstellung ungeachtet, in der Hauptsache nicht überzeugen können. Vgl. Voemel Allg. Schulzeitung 1829 Abth. II. Nro. 143. und über die Stelle aus dem Appendix zu Photius Lex. p. 584 *ed. Lips.*, welche Forchhammer zuerst hervorgezogen, jetzt Boeckh über Philochoros Atthis p 27., wodurch sie völlig als ein Mifsverstandnifs erscheint. Doch verschweige ich nicht, dafs mehrere vorzügliche Gelehrte der entgegengesetzten Meinung sind. S. zur Geschichte des Streits Hermann's Lehrbuch der Gr. Staatsalterth §. 109, 6. und Seebode's und Jahn's Archiv Bd I. p 348

Theil seiner Gerichtsbarkeit, welche er nach Plutarch damals fast ganz verlor; auch gab der Blutbann dem Areopag, besonders in Zeiten innren Zwists und Aufruhrs, bedeutende politische Macht, welche ihm grade durch Ephialtes genommen werden sollte. Zugleich läfst sich von dieser Gerichtsbarkeit schwerlich etwas absondern und zerstückeln, da das, was von ihr abgesondert werden konnte, schon an andre Mahlstätten, die der Epheten, gewiesen war; dagegen können wohl gewisse Klagen über Gottlosigkeit (ἀσέβεια), die auch zur Gerichtsbarkeit des Areopags gehörten und sich bestimmter abgränzen und unterscheiden liefsen, ihm verblieben sein [5]). Ferner sagt Lysias, etwa sechzig bis achtzig Jahre später, dafs zur Zeit der Richter, an die seine Rede gerichtet ist, dem Areopag das ererbte Recht der Entscheidung über Mord zurückgegeben sei und jetzt wieder angehöre (V. Eratosth. Morde §. 30., eine Stelle, die ich auch nicht anders als auf diese Weise anordnen und verstehen kann). Endlich ist es ja (und dies gewährt wohl eine eben so grofse Ueberzeugung als irgend ein historisches Datum) die unverkennbare Absicht des Aeschylos, den Areopag grade im Besitz des Blutbanns zu schützen; in diesem Theil seiner Befugnisse mufs er also damals bedroht worden sein. Zwar hebt er es auch immer hervor, dafs dieser Gerichtshof zugleich ein Rath ist (540. 654. 674.), und will also gewifs, dafs er auch, wie früher und bisher, über Aufrechthaltung der guten Sitte [6]), so wie über Gefahren, die der Verfassung und öffentlichen Sicherheit drohen, berathschlage; auch deutet er dadurch, dafs er ihn einen immerwachen Hort und Schutz, unter dem man sicher schlafen könne, nennt (675), bestimmt die Meinung an, dafs der Areopag eine fortwährende Aufsicht führen und nicht blos als Gericht in Fällen, wo er zum Urtheilspruch aufgerufen wird, einschreiten solle: aber die ganze Anlage des Stücks geht doch darauf hinaus, dafs der Areopag als ein gewissenhaftes Blutgericht, welchem die Stadtgöttin selbst die Beendigung einer langen Kette von Trübsalen anvertraut, in der höchsten Würde und Heiligkeit dargestellt werde.

(38.) Die politischen Grundsätze, welchen Aeschylos in dieser Angelegenheit folgte, finden wir von ihm in seinem ganzen Leben festgehalten. Als Athenischer Bürger und Patriot räth Aeschylos seinen Mitbürgern überall, Maafs zu halten im Genusse der demokratischen Freiheit und in herrschsüchtigen Plänen gegen das übrige Griechenland. Aeschylos war ein warmer Anhänger des Aristeides, ein Gegner des Themistokles, welche Staatsmänner sich schon auf eine ähnliche Weise gegenüber standen, wie hernach Kimon und Perikles. Es ist sehr deutlich, dafs bereits in den Persern, welche Olympias

---

[5]) Euripides Furcht vor dem Areopag (Aristot. Rhet III, 15.), als Wächter der Religion, fällt wohl auch nicht erst in seine letzten Jahre, in denen der aufgeklärte Dichter sich gewissermaafsen bekehrte, wie ich aus den Bacchen abnehmen zu können glaube.

[6]) Wie viel der Areopag von der Sittenaufsicht, welche er in alter Zeit nach Art der Spartanischen Gerusie geubt hatte, und in den Zeiten nach Demetrius dem Phalereer, im Verein mit Gynakonomen, Sophronisteren und andern Behörden, wieder erhielt, bis auf Ephialtes behalten hatte, ist eine sehr dunkle Sache; nur im Allgemeinen ist anzunehmen, dafs die damals schon so erstarkte Demokratie, welche in Griechenland überall eine entschiedene Feindin solcher Beaufsichtigung war, nur noch Wenig davon übrig gelassen haben mag.

76, 4. zu Athen aufgeführt wurden, der Antheil des Aristeides an dem Siege von Salamis, die von ihm unternommene und ausgeführte Niedermetzelung der Perser auf Psyttalia, im Verhältniſs zu Themistokles Tnaten zur See mit Liebe hervorgehoben, und mit viel gröſserer Wichtigkeit behandelt wird (439 ff.), als sie es nach Herodot's Erzählung (VIII, 95.) zu verdienen scheint; und wenn in demselben Stücke (341) die Männer die wahren Thürme der Stadt genannt, Mauern als unnütz dargestellt werden: so ist dies auch nicht im Sinne des Themistokles gesprochen, dessen Pläne eine möglichst starke Befestigung Athens und besonders des Peiräeus forderten. Aber noch schärfer spricht sich diese politische Gesinnung in den Sieben gegen Theben aus, welche zwar nach den Persern [7]), aber noch bei Lebzeiten des Aristeides, wahrscheinlich um Olympias 77. gegeben wurden. Es ist bekannt, daſs man die schönen Verse von Amphiaraos gerechter und besonnener Gesinnung damals in Athen allgemein auf Aristeides bezog [8]), und man darf wohl nicht zweifeln, daſs auch Aeschylos bei dieser warmen und lebendigen Schilderung durch den Gedanken an diesen Gerechten gehoben wurde. Nun tritt aber Amphiaraos neben lauter übermüthigen, prahlerischen und ins Weite hinausstrebenden Männern als der einzige Treffliche auf, aus dessen Herzen wackre Entschlüsse stammen, und dessen Gewohnheit ist, zu schweigen oder das Rechte zu sagen (601). Aber auch er kann dem Verderben nicht entgehn, weil er mit jenen Frevlern verbündet ist, und einen Staat mit ungastfreundlichen und um die Götter unbekümmerten Menschen verwaltet (V. 587. ξυμπολίτης ἐχϑροξένοις τε καὶ ϑεῶν ἀμνήμοσι). — So stand damals nach Aeschylos Ansicht ohne Zweifel auch Aristeides neben der in ihren Plänen schon sehr weit um sich greifenden, und dabei wenig gewissenhaften Parthei des Themistokles, deren Anschläge deutlich auf Unterdrückung des übrigen Griechenlands hinausgingen. Auch die in eben dieser Tragödie vorkommende Bemerkung, dáſs das Volk, wenn es einem groſsen Unheil entgangen, schwer zu behandeln sei· (τραχύς γε μέντοι δῆμος ἐκφυγὼν κακά V. 1035.), ist ganz aus der Geschichte der Zeit genommen, in welcher das Attische Volk, voll Stolz und Trotz auf seine Thaten gegen die Perser, mit Ungestüm neue Rechte und Freiheiten forderte, die zum Theil Aristeides selbst ihm zu gewähren für zeitgemäſs hielt.

Wenn dies aber die politische Richtung war, welche Aeschylos in seinem ganzen Leben befolgt hatte, wie er sie in der Vertheidigung des Areopags in den Eumeniden darlegt: so können wir uns denken, wie fruchtlos ihm sein Streben erscheinen, und wie sehr sein patriotisches Herz von Unwillen und Kummer erfüllt werden muſste, als nun doch der Sturz der Macht des Areopags durchgesetzt, und der Demokratie die schrankenlose Ausdehnung gegeben wurde, welche Aeschylos fürchtete. Es ist sehr wahrscheinlich, daſs er, wie auch ein Epigramm aus dem Alterthum andeutet [9]), um dem

---

7) S die Schol., zu Aristoph. Fröschen V. 1048

8) Plutarch Arist. 3. Ἀποφϑέγμ. Βνσιλ. p. 116. Hutten.

9) Τίς φϑόνος ἀστῶν Θησείδος ἀγαϑῶν ἔγκοτος αἰὲν ἔχει,

Widerwillen der Mitbürger und seinen eignen gekränkten Gefühlen auszuweichen, gleich nach dem Siege der Gegenparthei nach Sicilien ging, wo er drei Jahre nach der Orestee, Olympias 81, 1. zu · Gela starb.

B.   Aeussere Verhältnisse.

(39.) Aber der politische Theil dieser Tragödie bezieht sich nicht blos auf versuchte Umwälzungen der innern Verfassung, sondern auch auf die Verbindungen Athens mit auswärtigen Staaten.

Athen hatte geringe Zeit vor der Dichtung und Aufführung dieses Stücks [1]) den gewissermaafsen unnatürlichen Bund mit Sparta aufgegeben, und sich mit dem Staate der Thessaler, einem frühern Bundesgenossen, der durch seine Reuterei die Athenische Streitmacht trefflich ergänzte, und mit Argos, welches sich durch seine demokratisch umgebildete Verfassung, eben so wie durch seine eingewurzelte Feindschaft gegen Sparta in solchen Zeiten sehr zum Bundesgenossen empfahl, eng verbündet.   Die Athen gegenüberliegenden Seestädte des Peloponnes, welche eine Hauptstütze der Lakedämonischen Parthei waren, deren Seemacht sie bildeten, konnten nun gleichsam in die Mitte gefafst, und von der Hilfe Sparta's abgeschnitten, vielleicht selbst unter die Botmäfsigkeit der Verbündeten gebracht werden.   So war dieser Bund mit Argos ein Ereignifs, auf welches gewifs jeder Athener, voll Vorgefühls eines neuen Aufschwungs der Athenischen Macht, mit besondrer Freude und Hoffnung hinsah.

Diesen Bund verknüpft nun Aeschylos eben so einfach wie sinnreich mit der Fabel des Stücks.   Der durch die Athenische Stadtgöttin und die Athenischen Areopagiten allem Trübsal entnommene Orestes schwört, abgehend, den Athenern nicht nur für sich, sondern für alle Argeier in Ewigkeit, feste Freundschaft und Bundesgenossenschaft (734 ff.); dasselbe Versprechen war auch schon früher von Orestes (279) und Apollon (639) als Motiv hervorgehoben worden, um dessentwillen Athena den Flüchtling aufnehmen und im Gericht unterstützen sollte.   Diese Verheifsung war freilich in so fern auch in den frühern Jahrhunderten fast immer erfüllt worden, dafs Argos mit Athen keinen Krieg geführt hatte, von welchem seine geographische und politische Stellung es zurückhalten mufste (s. indefs Herodot V, 86.): eine engere Verbindung aber von politischer Wichtigkeit, auf welche die angezogenen Stellen deuten, war doch eben erst jetzt eingetreten.

---

1) Man setzt wohl gewohnlich den Bund mit Argos früher, verengert aber dadurch die Zeit, in welcher das zur Belagerung von Ithome gerufene Attische Hilfsheer in Lakonika sein konnte, zu sehr, und reifst die Aufhebung der Symmachie von dem Beginn des Krieges mit den Peloponnesischen Seemachten (der 80, 3 feststeht, *Corp. Inscr.* n 165) zu sehr los; auch würde dann Kimon's Ruckkehr von Lakonika gegen Plutarch und die Natur der Sache von seiner Verbannung zu weit abliegen Dies ist bei der Aufstellung der obigen Tafel (S 118. Anm. 3.) beiucksichtigt worden.

16

Freilich mochte gegen diese Verkündigung des Orestes ein Geschichtkundiger mit Recht erinnern, daſs ja der Sohn Agamemnon's kein Argeier, sondern ein Mykenäer gewesen sei, und Argos und Mykenä als besondre Staaten in mythischer und auch in historischer Zeit bestanden haben, bis, sehr wenige Jahre vor der Aufführung dieses Stücks, es den Argeiern gelungen war, die kyklopischen Mauern der alten Burg des Agamemnon zu erstürmen und Orestes wahre Heimat in eine Ruine zu verwandeln. Aber grade, daſs Mykenä nicht mehr bestand, hatte bewirkt, daſs Dichter, die gern bei den Ereignissen der Vergangenheit an die Gegenwart erinnerten, statt Mykenä, Argos setzen konnten; die Argeier hatten, so zu sagen, auch den mythischen und heroischen Ruhm und Glanz von Mykenä miterobert; wozu dann auch der schwankende Gebrauch des Namens Argos bei den ältesten Dichtern, die ihn bald in engerm, bald in weiterm Sinne brauchen, das Seinige beitrug. In der That ist Aeschylos unter den Tragikern darin der consequenteste; er nennt Mykenä in den erhaltnen Tragödien nie, und concentrirt im Geiste mythischer Dichtung alle Würde und Ehre der alten Sagen auf Argos; die beiden andern tragischen Dichter sind darin schwankender, und rücken Argos und Mykenä nach Umständen und Belieben bald mehr auseinander, bald zusammen. Vgl. Passow in Wachsmuth's Athenäum III, II, S. 192. Dissen zu Pindar, Einleitung des zehnten Nemeïschen Gedichts.

(40.) In dieser Gesinnung für Argos zeigt unser Dichter sich sehr folgerecht, indem er auch sonst dem Argivischen Volke gewogen, und einer Verbindung desselben mit Athen geneigt erscheint. In den Schutzflehenden wird das Volk von Argos wegen der Aufnahme der verfolgten Danaiden hoch gepriesen, und in ausgedehnten Seegensliedern der Wunsch ausgesprochen, daſs kein Feind ihre Stadt stürmen, keine Hungersnoth und Seuche sie verwüsten und keine innre Zwietracht zerrütten möge. Die Rücksicht auf die Gegenwart spricht sich noch deutlicher in den folgenden Wünschen aus (679 ff.), daſs der Demos, welcher die höchste Gewalt über die Stadt ausübe, und eine vorschauende wohlgesinnte Obrigkeit die Würdigen in ihrer Würde schirmen möge [2]); den Fremden aber möchten sie, ehe sie den Krieg hervorriefen, nach guten Verträgen Recht ohne Schaden geben. Obgleich hier noch nicht bestimmt auf ein Bündniſs zur Kriegführung gedeutet wird: so sieht man doch, daſs das Stück in einer Zeit geschrieben ist, in welcher man in Athen den Argeiern wohlwollte, ihre Volksfreiheit als eine Stütze der Athenischen betrachtete, und zwar noch keine Bundesgenossenschaft, aber wohl schon Verträge zur Schlichtung von Rechtshändeln geschlossen hatte. So war aller Wahrscheinlichkeit nach die Stimmung in Athen schon gegen Ende der neunundsiebzigsten Olympiade, in welcher Kimon es nur mit Mühe durchsetzte, daſs er mit einem Heere

---

2) Diese Uebersetzung beruht auf einigen muthmaſslichen Verbesserungen der ziemlich verworrenen vierten Strophe:

Φυλάσσοι τιμίοισι τιμὰς
Τὸ δήμιον, τὸ πτόλιν κρατύνει,
Προμαθεὺς τ᾽ εὐθύμητις ἀρχά·
Ξένοισι τ᾽ εὐξυμβόλους, πρὶν ἐξοπλίζειν Ἄρη, δίκας ἄτερ πημάτων διδοῖεν.

den Spartiaten zu Hilfe gesandt wurde ³). In dieser Zeit, Olymp. 79, 3., dehnte auch Athen zuerst den Krieg mit den Persern nach Aegypten aus, und die bündigen Argumente, durch welche der Kampf mit den Aegyptirden im Stücke als wenig furchtbar dargestellt wird: „Papyrus - Nahrung gebe nicht mehr Kraft als Getraide (742), und Männer, welche Gerstenmeth tränken, dürften den weintrinkenden Griechen keine Furcht einjagen (931)", mußten auf die kriegslustigen Athener, welche sich bald mit diesem Volke an den Ufern des Nils herumschlagen sollten, den besten Eindruck machen. Auf diese Weise kommen wir mit Andern zu dem Resultate, daß die Trilogie, wozu die Hiketiden gehörten, nur wenige Jahre vor der Orestee aufgeführt wurde, und wenn dagegen zu sprechen scheint, daß in der Orestee durchaus d r e i Schauspieler, in jenem Stücke aber nur z w e i die Rollen theilen (der eine spielt den Danaos und den Herold, der andre den König): so darf aus diesem Umstande nur geschlossen werden, daß Aeschylos erst ganz am Ende seiner Laufbahn, dem Beispiel des Sophokles folgend, eine durchgängige Anwendung eines dritten Schauspielers annahm. Vgl. oben §. 33.

(41.) Diese Freundschaft für Argos, welche auf Aeschylos dramatische Compositionen in der 79. und 80. Olympiade solchen Einfluß hatte, könnte unserm Dichter bei denen, welche eine bestimmte politische Farbe, eine durchgängige Partheigesinnung bei ihm voraussetzen, einen andern Vorwurf zuziehn. In der That war der damalige Bund Athens mit Argos grade ein Werk der Parthei, welche Athen vom Peloponnes, und überhaupt von dem Bunde unabhängiger und gleichrechtlicher Städte im Mutterlande, welcher zur Abwehrung der Persermacht eingegangen worden war, loszureißen, und zur Herrin der Meere, Inseln und Küstenstädte in Asien zu machen suchte; dies war aber eben dieselbe Parthei, welche alle Bollwerke und Schranken der alten Verfassung umstürzte, um den Demos in dem kühnen Gedankenfluge seiner Leiter und Redner zur Ausführung jener kühnen Unternehmungen mit fortreißen zu können. Wogegen nun Aeschylos, aristokratisch wie Kimon gesinnt, den Areopag zu erhalten sucht, und doch wiederum, antikimonisch, den Bund mit Argos feiert. So richtig aber auch dieser Zusammenhang zwischen der innern und der auswärtigen Politik Athens sein mag: so wenig folgt doch daraus, daß Aeschylos in beiden derselben strengen Parthei angehören mußte, wodurch er nothwendig auch in die einseitigen Extreme derselben verfallen wäre. Als ein Gemäßigter konnte er meinen, daß Athen allerdings, seiner ganzen Stellung nach, sich von Sparta lossagen und unabhängig seine Pläne verfolgen müsse, daß aber, um dabei das wahre Heil des Staats nicht zu gefährden, eine feste Ordnung im Innern, Scheu vor alten Instituten und Rechten, und das aristokratische Element des Areopags Noth thue; und am Ende war dies vielleicht auch das Vernünftigste. Freilich erfüllte Athen seine Bestimmung eher, indem es diese Schranken der innern Politik von sich warf, aber es erfüllte sie, indem es sich selbst verzehrte, wie ein schnell verloderndes Licht: und wer

---

3) Plutarch Kimon 16
4) S. besonders Boeckh *Tragoediae princip.* p 54. — Haupt *Aeschyli Supplices* Cap. 7. deutet das Drama als einen Preis für Argos wegen der dem Themistokles erwiesenen Gastfreundschaft

16 *

damals den ungestümen Geist retardirte, schob zugleich das Verlöschen dieses Glanzes weiter hinaus.

(42.) Es giebt aber einen Gedanken, in welchem beide politische Bestrebungen, welche unsre Tragödie ausspricht, zusammenfliefsen, und der eben deswegen in dem letzten Theil derselben überall an die Spitze tritt. Es war dies der einem patriotischen Gemüthe in diesen gefährlichen Zeitläuften sehr natürliche Wunsch, dafs äufserer Krieg, dafs Begierde nach Sieg und Ruhm unter den Hellenen, den Reiz zu innern Partheienkämpfen lähmen und ersticken möge. Schon der Siegswunsch des scheidenden Orestes eröffnet diese Gedankenreihe (746); dann beschwört Athena die zürnenden Erinnyen, doch ja nicht die Gemüther der Bürger zum Streit gegeneinander zu wetzen, und durch Wuth ohne Wein zu berauschen; nicht im Stamme möge Ares wüthen, sondern draufsen sich' der Krieg entzünde [5]), in welchem edle Ruhmliebe sich entfalten könne. Und wie die Erinnyen versöhnt sind, und als Eumeniden ihren Seegenswunsch beginnen wollen, fordert sie Pallas auf, diejenigen Naturgüter und Gaben, vom Himmel und auf Erden, der Stadt zu verheifsen, die nach dem Ziel eines edeln und schönen Sieges gerichtet sind [6]), damit es der Stadt weder an Erdfrüchten noch an Menschen, als Mitteln zur Ueberwindung der Feinde, fehlen möge: den Sieg selbst im Kriegeskampfe unter den Menschen ihrer Stadt zu verleihn, das wolle sie, die streitbare, heldenmüthige Göttin, sich nicht nehmen lassen. Alle feindseligen Empfindungen sollen bei allen Bürgern eine Richtung nehmen, denn „auch im Hasse einmüthig zu sein," helfe schon vielen Leiden unter den Sterblichen ab (942). So wird auch am Schlusse des Seegenswunsches von Neuem, wenn auch nur mit einem Worte, welches hier völlig genügt, angedeutet, dafs aller Seegen, den die Eumeniden heraufsenden sollen, der Stadt zum Siege dienen soll (963), und durch eine solche Einfassung von beiden Seiten dies Seegenslied zugleich zum Vorboten eines Triumphliedes gemacht, welches kein Athener-Herz unbewegt lassen konnte. Also Sieg, es sei über Hellenen oder über Barbaren, Sieg zu Wasser und zu Lande, mit dem Aufbieten aller Kräfte, so viel je eine Stadt hat aufbieten können, errungen, das ist die Vorstellung, durch welche Aeschylos die grade damals am heftigsten und grimmigsten einander anfeindenden Bürger Athens von den hartnäckigen Bestrebungen ihrer besondern Parthei abzuwenden sucht. Und wie sehr die Athener in damaliger Zeit nach solchem Siege rangen, bezeugt, eben so anspruchlos wie imposant, der Anfang der Todtenliste eines Attischen Stamms aus dem folgenden Jahre, Ol. 80, 3. „Vom Erechtheischen Stamm sind diese im Kriege gefallen, auf Kypros, in Aegypten, in Phönikien, in Haliä (dem Argolischen), in Aegina, zu Megara, im selbigen Jahre."

---

5) Dafs V 826. οὐ μόλις παρων nicht pafst, ist klar. Den edlen Streit mit dem Perserreiche verwirft Aeschylos gewifs nicht. Die Uebersetzung hat die Verbesserung δόμοις angenommen, obgleich mit Bedenken.

6) V. 863. Ὁποῖα νίκης μὴ καλῆς ἐπίσκοπα Wer in der richtigen Gedankenreihe ist, wird gewifs nicht das zweifelhafte Wort νείκης für diese Stelle verlangen (wie Hermann wollte).

Am Schlusse dieses Abschnitts mag noch eine politische Andeutung eine Erörterung finden, welche nicht so tief in das Ganze der Composition eingreift. Athena sagt V. 375 ff., daſs sie aus der Ferne am Skamander (dafür steht durch eine sehr natürliche Attraction: „vom Skamander", indem gleichsam die beiden Endpunkte der Linie mit einander vertauscht werden) Orestes Stimme vernommen habe, wo sie das von den vor Troia vereinten Achäern den Athenern und ihr als Ehrenantheil zugewiesne Land, **fremden Eingriffen vorbeugend, im Besitz genommen habe.** Denn das heiſst offenbar κατυφθατουμένη, nicht κατακτωμένη schlechtweg, wie Hesychios erklärt, sondern φθάνουσα κατακιωμένη Die Athener lagen nämlich, wie bekannt ist, seit den Zeiten des Phrynon und Pittakos in Streit mit den Lesbiern über die Küste von Troas, namentlich um Sigeion; beide schützten ihre Ansprüche durch mythische Argumente, denn auch die Lesbier behaupteten, als Nachkommen der Pelopidischen Achaer, ein altes Anrecht auf diese ganze Küste zu haben. Vgl. Strabon XIII. S. 599. mit den Scholien zu unsrer Stelle. Die Ansprüche der Athener unterstützte dagegen der in der Gegend verbreitete Athena Cultus, namentlich das Heiligthum Glaukopion zu Sigeion Nun fingirt Aeschylos sehr schön, daſs Athena bald nach dem Troischen Kriege sich nach dieser Küste wendet, um dieses Land, welches den Thesiden als ein γέρας gegeben und ihr zugleich geweiht worden sei feierlich in Besitz zu nehmen, und alle fremden Eingriffe abzuschneiden

II. RECHTS-GEBRÄUCHE UND IDEEN.

A. Blutrache und Verfolgung des Mörders.

a. Pflicht der Blutrache in Athen und in älterer Zeit.

(43.) **Die heilige Pflicht der Blutrache,** welche die ältesten Sitten und Völkerrechte des Morgen und Abendlandes auf gleiche Weise anerkennen, war auch in Athen die Grundlage eines grofsen Theils des peinlichen Rechts. Auch in der Zeit, in welcher zu Athen die meisten persönlichen Beleidigungen von einem jeden, der Sache ganz fremden, Athener als Frevel gegen den gemeinen Frieden und die Sicherheit des Ganzen durch öffentliche Anklage geahndet werden konnten, stand die gerichtliche Verfolgung des Mordes nur den Verwandten zu, nicht, als wenn durch den Mord nicht auch das Wohl des Staates gefährdet und der Friede gebrochen würde, sondern weil die Rache desselben als ein heiliges Amt galt, das den Verwandten eben so wenig entzogen werden durfte, als die Bestattung des Verstorbnen und die Nachfolge in seine Familienrechte. Die Verwandten innerhalb der Vetterschaft, lautet das Gesetz (bei Demosth. gegen Makart. 1069), die Vettern mit eingeschlossen, sollen dem Mörder auf dem Markte verkünden, dafs er von den Altären und Heiligthümern der Stadt, so wie allen Versammlungen mit gottesdienstlichen Gebräuchen, fern bleibe: unterstützen sollen sie bei der Verfolgung auch die Söhne der rechten Vettern des Ermordeten, Schwiegerväter und Schwiegersöhne, die Vettern im zweiten Grade und die Mitglieder derselben Phratria [1]). Die gerichtliche Verfolgung des Mörders konnte daher durchaus nicht stattfinden, ohne dafs die, welche sie übernehmen wollten, schwuren, dafs der Ermordete ihr Angehöriger sei (geg. Euerg. 1160. vgl. Pollux VIII, 118. das $\dot{\alpha}\gamma\chi\iota\sigma\tau\acute{\iota}\nu\delta\eta\nu$ $\dot{o}\mu\nu\acute{\nu}\nu\alpha\iota$ bei Hesychios). Sklaven des Hauses wurden hiebei mit zur Familie gerechnet (s. auch Euripides Hekabe 295.), nicht weil sie im Eigenthum des Herrn, sondern weil sie in der gottesdienstlichen Hausgemeinde waren, Genossen der Opferbesprengung ($\varkappa o\iota\nu\omega\nu o\grave{\iota}$ $\chi\varepsilon\varrho\nu\acute{\iota}\beta\omega\nu$ Aeschyl. Agam. 1007. vgl. Isaeos v. Kiron §. 16.).

---

1) Vgl. zu diesem Gesetz aufser Bunsen, Platner u. A. Klenze das Familienrecht der Cognaten und Affinen S. 153. Hier werden einmal ganz klar $\dot{\alpha}\nu\varepsilon\psi\iota\tilde{\omega}\nu$ $\pi\alpha\tilde{\iota}\delta\varepsilon\varsigma$ als *consobrinorum filii* von $\dot{\alpha}\nu\varepsilon\psi\iota\alpha\delta o\tilde{\iota}\varsigma$ als *sobrinis* geschieden, Ausdrücke, die sonst ihrer Natur nach Beides bezeichnen können.

Kommen Fälle vor, welche gegen diese Regel zu sprechen scheinen (wie in Platon's Euthyphron): so kann man gewiſs sein, daſs ein gewissenhafter Ausleger alter Bräuche und Gesetze (ἐξηγητὴς ἱερῶν καὶ ὁσίων) die Verfolgung für widerrechtlich erklärt haben würde. Ein solcher gestattete selbst in dem Fall, wo ein Hausgenosse ermordet worden, der weder Verwandter noch Knecht des Hausherrn war, dem Letztern nur bei der Bestattung einen Speer aufs Grab zu stecken, und die Ermordung am Grabe zu verkünden, damit der zur Blutrache Berechtigte und Verpflichtete herbeikommen und den Speer — das Symbol der Verfolgung des Mörders — aufnehmen möge. Alle Verfolgung des Mörders wird also fortwährend aus der Pflicht der Rache gegen den Ermordeten abgeleitet; es sei nun, daſs dieser die Rache ausdrücklich von dem Angehörigen gefordert (ἐπισκήπτειν ἐπεξιέναι), welche Aufforderung selbst an das Kind im Mutterleibe gerichtet werden konnte (Lysias geg. Agorat §. 42.), oder daſs die Aufforderung nach dem Grundsatz: Blut fordert Blut, vorausgesetzt wurde: nur dann muſs die Verfolgung nothwendig unterbleiben, wenn der Getödtete selbst vor dem Tode dem Mörder die Schuld erlassen hatte (Dem. geg. Pantaen. 983.).

(44.) So war also der Gedanke, daſs die Blutrache Pflicht gegen den ermordeten Verwandten sei, auch in Aeschylos Zeit dem Gemüthe des Hellenen nichts Fremdes, sondern immer noch aufs Innigste verwebt mit Allem, was heilig und ehrwürdig schien. Der Unterschied gegen die frühern Zeiten bestand nur darin, daſs der Staat sich jetzt zur Mittelsperson gemacht hatte, welche, von den Verwandten angegangen, entweder ganz und gar die Rache für sie verübte, oder ihr bestimmte Wege und Gränzen anwies. Der Bluträcher (ἀνδρηλάτης) [2] beginnt zwar auch in Athen damit, daſs er selbst, öffentlich und feierlich, dem Mörder von Markt und Altären wegzubleiben entbietet (προαγορεύει εἴργεσθαι τῶν νομίμων), aber muſs dann zunächst eine ordentliche Klage bei der Obrigkeit, welcher die Prüfung der Sache zukömmt, und alsdann beim Areopag oder bei den Epheten anstellen: bei dem Areopag, wenn er behauptet, daſs der Mord vorsätzlich und freventlich begangen sei; bei den Epheten, wenn er wegen eines unvorsätzlichen oder durch Umstände entschuldigten Todtschlags klagt. In dem einen wie in dem andern Falle stand es dem Beklagten frei, vor gefälltem Urtheil davon zu gehn; Niemand durfte ihn daran hindern: nur der Elternmörder wurde gleich festgenommen: ein Recht, auf welches auch Euripides im Orest seine Darstellung gründet (438. 507.). War nun im ersten Falle auf vorsätzlichen Mord erkannt worden: so fiel der Angeklagte, wenn er noch im Lande war, den Gesetzen anheim; die Hinrichtung war Sache des Staats, der Verfolger konnte ihr zusehn (Dem. geg. Aristokr. 642.) [3]. Die Thesmen des Drakon kannten hier Nichts als Todesstrafe; sie galten aber in dieser Sache immer fort. Wer dem Urtheil des Areopags durch Flucht

---

[2] Eumen. 212. Agam. 1393. 1568 ff. Sieben 619. Sophokles Oed. Tyr. 100. Des Hesychios ανδρειάτης ist wohl mit Kuster in ἀνδρηλάτης zu corrigiren.

[3] Besonders diese Stelle uberzeugt, daſs an den öfter besprochnen Stellen, g. Pantaen. 983 g. Nausim 991, vom φόνος ἀκούσιος die Rede ist.

aus dem Wege gegangen war, durfte nie wieder heimkehren ($\varphi \varepsilon \acute{v} \gamma \varepsilon \iota$ $\grave{\alpha} \varepsilon \iota \varphi v \gamma \acute{\iota} \alpha v$); selbst wenn in Athen in gefährlichen Zeitumständen durch eine aufserordentliche Maafsregel die Verbannten und ihrer bürgerlichen Ehre Beraubten restituirt wurden, werden stets die vom Areopag Verurtheilten ($o\acute{\iota}$ $\grave{\varepsilon} \xi$ $'A\varrho \varepsilon \acute{\iota} ov$ $\pi \acute{\alpha} \gamma ov$ $\varphi \varepsilon \acute{v} \gamma ov \tau \varepsilon \varsigma$) ausgenommen. Wird dagegen im andern Falle auf unvorsätzlichen Todtschlag erkannt: so war Versöhnung des Verurtheilten mit dem Kläger auf der Stelle gestattet; die Regel aber war, dafs der Ueberwiesne zu bestimmter Zeit auf einem bestimmten Wege das Vaterland verliefs ($\grave{\varepsilon} \xi \tilde{\eta} \lambda \vartheta \varepsilon$) und es so lange mied, bis Einer der Verwandten des Ermordeten sich seiner erbarmt ($\alpha \grave{\iota} \delta \acute{\varepsilon} \sigma \eta \tau \alpha \acute{\iota}$ $\tau \iota \varsigma$ $\tau \tilde{\omega} v$ $\grave{\varepsilon} v$ $\gamma \acute{\varepsilon} v \varepsilon \iota$ τov $\pi \varepsilon \pi ov \vartheta \acute{o} \tau o \varsigma$) und ihn zur Versöhnung annimmt: worauf der Mörder auf bestimmte Weise heimkehren, und nach Opfern und Reinigungsgebräuchen wieder im Vaterlande wohnen darf. Dabei dauerte die thätliche Blutrache immer noch für bestimmte Fälle fort: sie trat alsdann ein, wenn der eines vorsätzlichen oder unvorsätzlichen Mordes Geständige oder Ueberwiesene (dies ist der rechtliche Begriff des $\grave{\alpha} v \delta \varrho o \varphi \acute{o} v o \varsigma$) sich auf eine widerrechtliche Weise im Lande aufhielt. Obwohl einen Solchen zu mifshandeln und Geld von ihm zu erpressen, als ehrlos und gemein, verpönt war, und in diesem Falle das Doppelte des Erprefsten herausgezahlt werden mufste (g. Aristokr. 629.): so stand es dagegen dem Bluträcher völlig frei, ihn auf der Stelle zu tödten, oder auch ihn in das Gefängnifs zu schleppen und der Obrigkeit des Gefängnisses zu überantworten ($\grave{\alpha} \pi \acute{\alpha} \gamma \varepsilon \iota v$). Drakon hatte es für nöthig gehalten, ausdrücklich zu bemerken, dafs, wer einen Mörder da antrifft, wo er nicht hin soll, und ihn der Obrigkeit anzeigt (wobei das Hinschleppen mit einbegriffen ist), und dadurch seinen Tod herbeiführt, auf keine Weise als sein Mörder angesehen werden solle. Dagegen ist der Mörder, der jenseits der Gränzen bleibt und sich von amphiktyonischen Spielen und Opfern so wie Gränzmärkten, d. h. von allen Orten, wo er Landsleute zu treffen gewärtig sein mufs, entfernt hält, nach Attischem Recht vor aller Verfolgung sicher; der Bluträcher, der ihn dann noch tödtet, ist selbst ein Mörder. Eben so setzt, wie schon gesagt, bei unfreiwilligem Morde die Versöhnung mit den Verwandten aller Rache eine feste Gränze; sie wurde vorgenommen von dem Vater, den Brüdern und Söhnen des Ermordeten, unter der Bedingung, dafs keiner von diesen Einspruch dagegen erhoben hatte [4]; wenn kein solcher Verwandter da war, nahmen zehn, von den Epheten, welche den Todtschlag für einen unvorsätzlichen erkannt hatten, ausgewählte Mitglieder der Phratria, wenn sie es selbst für gut fanden, die Versöhnung an. Wie es aber gehalten wurde, wenn die Verwandten oder diese Phratores es nicht für gut fanden, ob dem Todtschläger die Heimat dann auf immer verschlossen blieb, oder nach gewissen Zeiträumen die Versöhnung doch den Verwandten zur Pflicht gemacht wurde: darüber fehlt es an bestimmten Zeugnissen: Platon, dessen Blutrecht im Ganzen auf denselben Grundsätzen beruht, wie das Attische, und ebenso von der Pflicht der Blutrache ausgeht (deren Hintansetzung auch nach seiner Meinung ein Miasma hervor-

---

4) S. Demosth. geg. Makart. 1069. und Reiske's Erklärung der Worte: $\tau \acute{\alpha} v \tau \alpha \varsigma$ ($\alpha \grave{\iota} \delta \acute{\varepsilon} \sigma \alpha \sigma \vartheta \alpha \iota$), $\tilde{\eta}$ $\tau \grave{o} v$ $\varkappa \omega \lambda \acute{v} ov \tau \alpha$ $\varrho v \alpha \tau \varepsilon \tilde{\iota} v$

bringt, Gesetze IX. S. 871.), setzt die Frist eines Jahrs für die Landesverweisung des unfreiwilligen Mörders fest (S. 865.).

(45.) Obgleich Einiges in dieser Auseinandersetzung noch dunkel und zweifelhaft gelassen werden mußte [5]): so treten doch die allgemeinen Grundsätze, welche in Athen bei der Verfolgung eines Mörders beobachtet wurden, deutlich und charakteristisch hervor. Diese Grundsätze waren ohne Zweifel schon seit den ältesten Zeiten im Hellenischen Volke vorhanden, wie denn die Ordnungen und Gebräuche der Blutgerichte immer als der älteste Theil des ganzen Rechts gerühmt werden (Antiph. Herod. §. 14. Choreut. §. 2.). Blutrache findet sich in den ersten Ursprüngen des Staatslebens, ja sie geht dem eigentlichen Staatsleben voraus; daher sich davon mehr bei rauhen Bergvölkern, als den zu größern Massen zusammenschmelzenden Bewohnern der Ebne, mehr in patriarchalischen, als in castenartigen Verfassungen erhalten hat [6]) Die Verpflichtung derselben kann durch ein geordneteres Zusammenleben der Geschlechter nicht gestiegen, sondern die Ausübung nur beschränkt worden sein. In der heroischen Zeit, deren poetisches und durchaus allgemein gehaltenes Bild uns Homer entwirft, ist das Loos des Todtschlägers im Ganzen härter, als nach Attischem Recht und nach dem Platonischen Gesetzentwurf. Denn erstens geht die Blutrache auch über die Gränzen der Heimat hinaus; die durch die Athenischen Gesetze beschränkte Fehde ist hier noch in voller Stärke; der flüchtige Mörder ist auch in der Fremde in beständiger Angst vor seinem Verfolger (Od. XV, 278.): und dann zieht selbst in der Kindheit unfreiwillig begangner Todtschlag beständige Verbannung nach sich (Il. XXIII, 88.); auch der gerechte Mord eines bei der That ertappten Ehebrechers, der nach Drakontischem Gesetze ganz straflos war, wurde, epischen Liedern zufolge, in alter Zeit durch Flucht gebüßt (Eöen bei Pausan. IX, 36, 4.). Daneben fand indeß schon damals Versöhnung durch Buße statt, ohne daß diese durch eine so bestimmte Gränze, wie in späterer historischer Zeit, von den Fällen gesondert war, wo keine Versöhnung stattfinden durfte, indem überhaupt die Gemeine nicht so sehr darnach fragte, wie die Geschlechter sich untereinander vertrugen. Eine scharfe Unterscheidung von vorsätzlichem und unvorsätzlichem Morde, die auch nach Platon's Ansicht ihr Mißliches hat, gab es damals schwerlich; und kein Gesetz erklärte, wie das Mosaische: Du sollst keine Versöhnung nehmen über die Seele des Todtschlägers, d. h. des vorsätzlichen Mörders (B. Mos. IV, 35, 31.). Sondern man überließ es dem Gefühl der Verwandten, die größere oder geringere Gehässigkeit der That und darnach die Zuläßigkeit der Versöhnung zu bestimmen; wobei gewiß der für die Griechische Volks-Sittlichkeit wichtige Unterschied der Ate — einer augenblicklichen Verblendung, in welcher der Mensch sich selbst nicht kennt — und der Hybris — eines übermüthigen Nichtachtens der Rechte Andrer — hauptsächlich in Betracht kam. Dabei

---

5) Neue Aufklärungen sind von Meier oder Schomann zu erwarten, welche verheißen haben, die Attischen Blutgerichte als eine Erganzung des Attischen Processes zu behandeln. Ich hoffe, daß alsdann die hier gegebne Auseinandersetzung, wenn auch unnutz, doch nicht fehlerhaft erscheinen wird.

6) Daher die Blutrache bei den Corsen — Montenegrinern — Circassiern — Arabern.

kamen Fälle vor, wo dem Mörder für eine ansehnliche Buſse auch die Flucht von den Verwandten erlassen wurde (Il. IX, 632. vgl. XXIV, 48.), wie ja auch in Athen Versöhnung gleich nach der That der Flucht enthebt. Der Staat fragt weder dort noch hier darnach; nur wenn ein Wehrgeld ausgemacht war, und hernach über die Bezahlung Streit entstand, schlichtet ihn das Gericht der Fürsten und Väter der Stadt (Il. XVIII 499). Hiernach könnte man glauben, daſs in jener Zeit der heroischen Anakten-Herrschaft der angesehne und durch sein Geschlecht mächtige Mörder auch wohl die Versöhnung erzwungen, oder die Vertreibung aus dem Vaterlande mit gewaffneter Hand abgewehrt und so einen innern Krieg herbeigeführt habe. Davon findet sich aber gar keine Spur, und man sieht, daſs die öffentliche Meinung und das eigne Gefühl eben so sehr zur Flucht trieben, wie die drohende Blutrache der Verwandten. *„Auch wenn immer ein Mann nur Einen im Volke getodtet, der nicht viel hilfreiche Genossen zum Schutze zurũcklieſs, fluchtet er doch, und verlasset die Sippen im heimischen Lande* (Od. XXIII, 119)." Mythologische Erzählungen berichten, daſs auch Fürsten wegen Todtschlags von Unterthanen (Pausan. I, 22, 2.), daſs auch Solche, denen ein unvorsätzlicher Todtschlag schon von den Verwandten erlassen worden (Apollod. II, 7, 6.), das Vaterland meiden. Der Ermordete selbst schien in der ersten Zeit nach seinem Tode den Todtschläger aus den gewohnten Kreisen des Lebens hinwegzudrängen: was Platon (IX. S. 865.) einen uralten Mythus nennt. Darum hielt sich auch in Athen ein Todtschläger, gegen den kein Bluträcher aufstand und aufstehen konnte, doch von heiligen Orten und Gemeindeversammlungen fern, und betrachtete sich bis Reinigung als einen Unreinen (Antiph. Chor. 4. vgl. Herod. 87.). Besonders war es die Phratria, eine erweiterte Familiengemeinde, die durch gottesdienstliche Gebräuche zusammengehalten wird, welche durch die Anwesenheit eines Mörders in ihr gekränkt wurde, und nicht blos den Mörder Eines der Ihrigen in einer fremden Phratrie verfolgte, sondern auch den in ihrer Mitte Weilenden unfehlbar ausstieſs. *„Wo sind Gemeindaltare, wo er opfern darf"*, sagen die Erinnyen von Orest (625.), *„und welches Stammbunds Weihbesprengung laſst ihn zu?"* Wie uralt diese Gebräuche sind, zeigt der Spruch, welchen Nestor bei Homer (Il. IX, 64.) einer Warnung vor innerm Zwist einflicht: *„Recht und den eigenen Heerd und die Phratria muſs er entbehren, welcher nach heimischem Kriege begehret, dem grausigen Unheil"*, wenn man bedenkt, daſs jede vorsätzlich und im Angriff verübte Mordthat ein Bruch des Friedens, ein Werk des Ἄρης ἐμφύλιος ist.

b. Pflicht des Orestes nach dem Zusammenhange der Sage.

(46.) **Klytämnestra** hat den Ehgemahl umgebracht. Es wird nun, nach dem Rechte der historischen wie jener heroischen Zeit, von ihr wenigstens erwartet, daſs sie die Flucht ergreife und die Altäre des Vaterlandes meide. Auch spricht der Rath der Alten im Agamemnon dies Urtheil über sie aus. Aber sie glaubt sich durch Aegisthos Beistand eben so hoch gestellt über die Gesetze des Staates, als sie fühllos ist für die innre Anklage ihres Gewissens; die Erinnyen jagen sie, wenn man auf den Grund der

Sache sieht, deswegen nicht aus dem Lande (Eum. 574), weil sie ihr Gewissen durch eine Sophistik der Leidenschaft, welche schon Aeschylos mit tiefer psychologiseher Kunst darzustellen weifs (Agam. 1347.), zu beschwichtigen vermag. Der natürliche und nothwendige Bluträcher Agamemnon's ist sein Sohn Orestes; der Schatten des getödteten Helden und der Delphische Gott fordern die Blutrache von ihm. Die Strenge dieser Pflicht, die Schande, welche die Vernachlässigung derselben trifft, werden von Aeschylos in den Mahnungen und Drohungen Apollon's an Orestes (Choeph. 272.) sehr nachdrücklich hervorgehoben. „*Durch Minderung an Gutern sollt' ich schwer gestraft, und selbst am lieben Leben mannigfaches Leid, trostloses, tragend, bufsen drum, so droht' er mir. Denn von der Erdfrucht werde sein Gebot das Volk Suhnopfer spenden heifsen; Krankheit aber uns verzehren, Aussatz, der mit wildem Frafs im Fleisch fortwuchert, und des alten Anselns Schone tilgt, dafs weifs hervortritt aus dem Siechthum das Gesicht. Noch andren Angriff der Erinnyen kundet' er, der aus des Vaters ungerochnem Blut erwachst, wenn ich im Dunkel seine Brauen leuchten sah'. Denn unterird'scher Seelen, die von Frevelern im Stamm erwurgt sind, nachtumhullter Pfeil, wahnsinn'ge Wuth, grundloser Aufschreck aus dem Schlaf, lafst nimmer ruhen, und gejagt wird aus der Stadt, von erzgetriebner Geifsel schwer geplagt, der Leib. Nicht durfen, sprach er, Solche zu dem Krug des Weins mit Andern treten, nicht zu frommer Spende Brauch; auch sie zum Altar, zur Genossenschaft des Dachs zu lassen, wehrt des Vaters unsichtbarer Groll. So stirbt zuletzt bei Allen ehrlos, liebelos; er ausgesogen vom Verderben jammervoll*" [7]).

(47.) Dafs A p o l l o n als ein strafender, rächender Gott auch der Blutrache vorsteht, ist schon sonst bemerkt worden: hier wollen wir nur den schönen Zug der alten Sage hervorheben, dafs sie die Einwirkung des Apollon auf Orestes durch eine besondre Person der heroischen Mythologie darstellt, durch P y l a d e s. Pylades, Sohn des Strophios, Sohnes des Krisos, ist ein Krisäer; Krisa aber ist die Stadt, in deren Gebiet, nach der ächten Darstellung der alten Verhältnisse in dem Homerischen Hymnus, ursprünglich das Pythische Heiligthum des Apollon lag; daher auch Pindar (Pyth. XI, 15.) das Pythische Gebiet das reiche Land des Pylades nennt. Hier in Krisa wohnt Orestes als Verbannter (Sophokl. El. 181.), von hier begleitet ihn zur beständigen Erinnerung an die obliegende Pflicht, gleichsam als ein Diener des Gottes, der Enkel des Krisos, Pylades. Selbst der Name Pylades deutet wahrscheinlich auf die Völkerversammlung Pyläa in Delphi; die deswegen auch Pylades gestiftet haben sollte (Agathon Schol. Trach. 639.). Dieser Zusammenhang der alten Sage war dem Aeschylos noch völlig klar; ja, er prägt ihn dem

---

7) Zu dieser Uebersetzung ist nur zu bemerken, dafs im Anfange die χρήματα der Person (αὐτὸς τῇ ψυχῇ) entgegengesetzt werden Die χρήματα gehen dadurch verloren, dafs Apoll das Volk alle Fruchte als μειλίγματα feindlicher Damonen darzubringen nothigt u. s. w. Hernach schreibe ich V. 292. Βωμων τ' ἀπείργειν οὐχ ὁρωμένην πατρὸς Μῆνιν δέχεσθαι, τοῦ τε συλλύειν τινά, und erkläre: μῆνιν ἀπείργειν βωμῶν, — nämlich (ὡς) δέχεσθαι τινα αὐτοὺς εἰς βωμοὺς, — τοῦ τε συλλύειν τινά αὐτοῖς. Συλλύειν τινὶ s v. a σύν τινι καταλύειν, wie bei Pindar λύσις fur κατάλυσις.

denkenden Zuschauer in den Choephoren auf eine geistreiche und tiefe Weise ein, indem er den sonst fortwährend stummen Pylades blos in dem Augenblicke, wo Orestes von den schmerzlichen Bitten der Mutter fast erweicht wird und den Mord zu vollziehen zaudert, die Worte sagen läſst (Choeph. 887.): „ *Wo bleiben dann wohl* (ποῦ δῆτα λοιπὰ) *Loxias Verkundungen, die Spruche Pytho's, wo der Schwure heilge Treu! zieh du die Feindschaft Aller der der Gotter vor!*" (Vgl. oben §. 33.) Offenbar wird Pylades hier nicht um des Ruhms seiner Freundschaft willen (wie Westrick *de Aeschyli Choephoris p.* 191. meint), sondern als Mahner an Apollon eingeführt; aus demselben Grunde muſste in den Eumeniden, wo Apollon selbst wieder als der Führer des Orest hervortritt, Pylades dagegen verschwinden. Diesen schönen Zusammenhang verdirbt Euripides, obgleïch er auch den Pylades als Delpher kennt (Orestes 1092.), dadurch völlig, daſs er ihn nach der Ermordung der Klytämnestra aus der Heimat verbannt werden läſst (ebend. 755). Dagegen hat ohne Zweifel Sophokles darin einen alten Zug der Sage aufbewahrt, daſs bei ihm Phanoteus der Phokeer (El. 45. 670.), der Waffenfreund (δορύξενος) der Klytämnestra, die angebliche Botschaft von Orestes Tode sendet. Dieser Phanoteus oder Panopeus ist nämlich offenbar kein Andrer, als der feindselige Bruder der Krisos (Paus. II, 29, 4. u. Aa.), der greise Beherrscher der gleichnamigen Stadt, in welcher, nach den Traditionen der Gegend, alle dem Apollon feindlichen Riesen und Kämpfer (Tityos, Autolykos, Phorbas, die Phlegyer) gehaust haben sollten. Dieser ist der natürliche Bundesgenoſs der Klytämnestra, während Die, welche das Agamemnonische Haus durch gerechte Blutrache wieder aufgerichtet sehn wollen, wie Elektra, an dem Krisäischen Strophios ihre Stütze haben. Uebrigens ist wohl klar, daſs Homer's Schweigen von Orestes Aufenthalt in Krisa (Od. III, 307. nach der gewöhnlichen Lesart) nichts gegen das Alterthum der Sage beweist, indem sich doch nicht leicht Jemand überreden wird, Pylades sei eine später erfundne Person [8]).

(48.) Aber ungeachtet solcher Antriebe wäre es doch auch nach Griechischer Ansicht ruchlos gewesen, wenn Orestes die Mutter, wenn sie flüchtig geworden, verfolgt hätte; dagegen die an den Altären der Stadt Opfernde auch nach späterm Rechte auf der Stelle getödtet werden konnte, und hier getödtet werden muſste, wo keine andre Macht die Rache zu vollziehn im Stande war. Euripides freilich, dessen Kritik der ältern Dichter auch den Mythus selbst angreift und die geglaubten Göttersprüche als gottlos darzustellen wagt, behauptet öfter (Orestes 492.), daſs Orest die Mutter habe belangen und aus dem Hause stoſsen sollen: wogegen wohl Aeschylos gesagt haben würde, daſs die durch Aegisthos Hülfe starke Frau jedem Gerichte schon Trotz geboten, und die Flucht, als Mittel die Schuld zu tilgen, schon vor langer Zeit verworfen habe. Aeschylos, in dessen Gemüthe die heilige Pflicht der Blutrache noch so viel tiefer begründet war, läſst deswegen auch den Orestes, ungeachtet er die Rechte der Mutter gekränkt zu

---

[8]) Bei Pacuvius (Servius *ad Aen.* IV, 473) war es Pylades, welcher den Orestes, zum Schutz gegen die Erinnyen, in den Delphischen Tempel führte. Sehr merkwurdig ist auch, daſs in der Sage von Arıstodemos Tode (Pausan. III, 1, 5) die Sohne des Pylades und der Gott Apollon einander gleich gesetzt werden.

haben eingestehen muſs (sonst könnten ihn die Erinnyen der Mutter überhaupt nicht verfolgen), doch nie die That bereuen. „*Und noch bis jetzo schelt' ich nicht auf dies Geschick*," sagt er noch im Gericht des Areopags (566). Bei Euripides dagegen erscheint Orestes als der zerknirschte Sünder, der seine eigne That als unnütz und frevelhaft verwirft; er meint weichmüthig, der Vater selbst würde, wenn man ihn hätte fragen können, die Mörderin zu schonen gebeten haben (Or. 283.); ja, er fürchtet im Apollon die Stimme eines Fluchgeists (ἀλάστωρ), der zum Verderben der Menschen gekommen sei, vernommen zu haben (1685): Ausdrücke einer weichlichen Humanität, welche sich nicht aus der Tiefe, sondern aus der Verflachung des Gefühls hervorbildete, und selbst die Grundsäulen der Hellenischen Religion und bürgerlichen Ordnung wankend machte. Und doch erkennt auch Euripides selbst wieder die in der Descendenz forterbende Pflicht der Blutrache dadurch an, daſs Aegisth bei ihm die Elektra deswegen an keinen stattlichen und mächtigen Mann verheirathet, damit nicht die Frucht dieser Ehe die schlafende Blutrache wieder auferwecken möge (El. 28. 39. 269. vgl. Soph. El. 964.).

(49.) So viel über die **von Orestes** geübte Blutrache. Was nun die **gegen Orestes** gerichtete betrifft: so fand die Sage, oder auch nur das ergänzende Bestreben der Mythologen, allerlei Personen aus, die sie übernahmen und gerichtlich ausübten, wie Klytämnestra's Vater, Tyndareos, oder Vetter, Perilaos, oder die Tochter des Aegisthos, Erigone (Eurip. im Orestes, Fragmente von Accius Erigone, Pausan. VIII, 34. Tzetz. zu Lykophr. 1374. Etym. M. p. 42. die Schriftsteller bei Natal. *Com. Myth.* IX, 2. Creuzer *Meletemm.* I. p. 82.). Aeschylos indessen, wie Hellanikos (Fragm. 98. St.), kennt nur die Erinnyen als Verfolgerinnen des Orestes; und ohne Zweifel wird die Idee des ganzen Streits dadurch um Vieles höher gestellt, daſs nicht persönliche Bluträcher, sondern den Fluch der That selbst personificirende, dämonische Mächte es sind, die dem Mörder und seinem Rechte entgegengestellt werden. Diesen steht es auch zu, den Orestes aus dem Lande zu treiben, was, wenn man Orestes als Bluträcher, mithin als gerechten Mörder betrachtet (vgl. Choeph. 1023.), nach Attischem Rechte von Verwandten des Ermordeten nicht geschehen konnte.

Zunächst scheint es angemessen, das von Aeschylos in den Hauptzügen so anschaulich entworfne Bild des flüchtigen Mörders etwas näher zu betrachten.

c. Lage des flüchtigen Mörders.

(50.) Ganz eigenthümlicher Art war die Empfindung, mit welcher die Griechen seit der ältesten Zeit den flüchtigen Mörder ansahn.

Einerseits mit einer **scheuen Furcht**, der ähnlich, mit der einem Aussätzigen und Miselsüchtigen im Orient und Mittelalter begegnet wurde. Die Verfolgung des Mordes fängt in Athen gleich damit an, daſs dem Mörder der Zutritt zu allen Heiligthümern und durch gottesdienstliche Gebräuche geweihten Versammlungen untersagt wird; auch in dem gerichtlichen Verfahren war Alles so angeordnet, daſs man mit dem Mörder nicht unter einem Dache zusammen zu sein brauchte. Das Geschlecht der Athamantiden im Thessalischen Achaia trug den Fluch einer uralten Blutschuld, darum mußten sich alle Abkömmlinge desselben von dem Leiton oder Gemeindehause fern halten (Herod. VII, 197.). Wie mit einem Miasma behaftet, scheut sich der Mörder selbst anderen Menschen zu nahen, ihre Wohnungen zu betreten, ein Wort an sie zu richten. Daß der Mörder nicht sprechen dürfe, ist immer ein Hauptzug bei seiner Behandlung (Eum. 268. 426. Apollon. Rh, IV, 693. Amphis bei Athen. VI, 224 e. Alexis X, 421 e.) Was schweigst du? hieß es in einem verlornen Stücke des Euripides, hast du einen Mord begangen? (Schol. Eum. 272.). Bei demselben Dichter (Iph. Taur. 954.) erzählt Orest von seiner Aufnahme in Athen: *Und als ich ankam, nahm zuerst kein Gastesfreund freiwillig in sein Haus mich auf als gottverhaßt; doch die's erbarmte, setzten Gastkost vor mich hin, wiewohl im selben Zimmer, an geschiednem Tisch und hielten schweigend mich vom Redewechsel fern, damit ich Mahlzeit so wie Trank abseits genoß,* u. s. w.: eine Sage, die auch in Athen, nach Euripides und Anderer Zeugniß, mit der Entstehung der Tischgebräuche am Feste der Choen in Verbindung gebracht wurde (Athenäos X. p. 437. Schol. Acharn. 960.).

(51.) Auf der andern Seite genießt nun aber derselbe flüchtige Mörder einer eigenthümlichen Ehrfurcht, wie sie eine alt-Hellenische Humanität überhaupt einem jeden Armen, Bedrängten, ohne viel nach der Ursach seiner Bedrängniß zu fragen, zu zollen vorschrieb. Der flüchtige Mörder erscheint überall als ἱκέτης, als Schutzflehender; ja es ist wahrscheinlich, daß man früher bei dem Worte ἱκέτης vorzugsweise an diese Lage dachte; er hat als solcher ein Recht auf gastfreundliche Aufnahme, insofern sich dies mit jener Scheu verträgt (Il. XVI, 574. Hesiod Schild 85.). Ihm muß mit αἰδώς begegnet werden, einem Begriff der ältern Griechischen Ethik, welchen unsre Sprache nicht völlig wiedergeben kann; Ehrfurcht und Erbarmen sind darin eins. Αἰδεῖσθαι muß man den Gastfreund, den Schutzflehenden; dasselbe Wort bezeichnet das Gefühl, mit welchem die Bluträcher dem Verfolgten verzeihen, und hat sich in der besonderen Beziehung auf Versöhnung nach unvorsätzlichem Morde auch in der Attischen Rechtsprache erhalten [9]. Sehr tief wird diese wunderbar gemischte Stimmung in einer Stelle der Ilias (XXIV, 480.) bezeichnet, wo die durch das plötzliche Eintreten des alten Priamos erregte Empfindung des Achill damit verglichen wird: *Wie wenn ein Mann von Verwirrung des Sinnes gewaltig erfaßt ist, welcher daheim Blutfrevel beging, und in fremder Gemeine tritt in die Wohnung des Sühners* (ἀγνίτης), *und Schauer* (θάμβος) *ergreift, die es sehen* [10].

---

[9] Spätre machten daraus ein Activum αἰδεῖν, *placare* (s. den Englischen Stephanus s. v. καταιδέω, p 1486 c.), und Schäfer denkt daran, dies in die Gesetzsprache, bei Dem. g. Aristokr. p 644. einzuführen Mir scheint dies sehr wenig rathsam; und μήπω τῶν ἐκβαλόντων αὐτὸν ᾐδεσμένων „ehe die Bluträcher ihn zur Versöhnung angenommen haben," beweist nichts dafür. Vgl. die oben §. 44. angeführte Stelle, und die entsprechende, gegen Pantänetos p 983

[10] Es ist sehr klar, daß in dieser Stelle ἀνδρὸς ἐς ἀφνειοῦ, was unsre Texte haben, eine neue Lesart ist Die alten Scholien hatten vor sich· ἀνδρὸς ἐς ΑΓΝΙΤΕΩ, wie die Erklärungen: ἀπέρχεται πρὸς

Wie diese sehr inhaltreiche Stelle schon andeutet: ändert die S ü h n e oder R e i n i g u n g selbst das Verhältnifs und die Behandlungsart des Hiketes sehr bedeutend, und der flüchtige Mörder tritt als ein ganz andrer aus dem Hause seines Hagnites heraus, als er hineingetreten war. Dieser Wandel wird auch von dem Dichter unsres Stücks sehr hervorgehoben, wobei der Ausdruck προςτρόπαιος sehr wichtig hervortritt. P r o s t r o p ä o s ist, wie H i k e t e s, der reinen Wortbedeutung nach, ein Solcher, der sich zu einem Andern hinwendet, ihn um Aufnahme anfleht (Agam. 1569. Ἱκετ. 357. Sophokles Oed. Kol. 1309. u. Aa.); die Handlung προςτροπή bezeichnet daher überhaupt demüthiges Flehen (Choeph. 21. 83. Pers. 216.). Dabei denkt man aber gewöhnlich an den flüchtigen und noch nicht gesühnten Mörder, und προςτρόπαιος erhält die Bedeutung eines Fluchbeladnen, eines *homo piacularis* (Eum. 168. Choeph. 285.) [11]). In den Eumeniden aber wird Prostropäos meist in der ganz besondern Bedeutung gebraucht, in der es den um Sühne Flehenden, auf Reinigung Anspruchmachenden bezeichnet (225. 228. 423. eben so προςτραπίσθαι 196. προςτροπή 688.). Ein solcher war Orest in Delphi, wo er gesühnt wurde; in Athen ist er, obzwar ein Schutzflehender der Göttin, ein Hiketes (452), doch kein Prostropäos mehr; er darf jetzt mit Menschen verkehren, ohne Fluch über sie zu bringen (229. 275), er darf in Heiligthümer treten und Götterbilder umfassen, ohne Befleckung (μύσος) zu verursachen, er darf frei den Mund aufthun und zu Menschen und Göttern reden.

Nachdem uns diese Betrachtung darauf hingewiesen, wie wichtig die Blutsühne auch für den innern Zusammenhang der Aeschyleischen Dichtung ist: können wir nicht umhin, in diese Abhandlungen eine•Erörterung dieses so schwierigen und durch neuere Streitigkeiten noch keineswegs ganz aufgeklärten Punktes der alt - Griechischen Sittengeschichte einzuweben.

τὸν ἁγνίοοντα, und · τὸν δὲ καθαίροντα καὶ ἁγνίτην ἔλεγον, klar beweisen. Denn dafs sie dies nicht etwa blos aus dem Eintreten in das Haus schliefsen, geht daraus hervor, dafs sie den angeblichen Anachronismus hervorheben, indem ihnen die sonst im Homer nicht so klar ausgesprochne Bezeichnung des Suhners an dieser Stelle auffiel. Sie vergleichen damit die Stelle ἴαχε σάλπιγξ, wegen der anachronistischen Erwahnung der Trompete. Vielleicht ist dies auch ein Grund der frühen Textverderbung gewesen, die in Alexandria gemacht wurde (ἀφνειοῦ hat, wie es scheint, auch der Aegyptische Codex, von welchem *Philol. Museum* I. p. 183.). Die alten Kritiker haben den Homer in solchen Dingen schon sehr nach dem Lineal beschnitten, und die Neuen gehen darin oft noch weiter. Ueber ἁγνίτης s. Hesych.; vielleicht ist es auch für ἁγίτης in Bekker's Anekd. p. 338. zu setzen.

11) Daher αὐτοῦ προςτρόπαιος bei Aeschines π. παραπρ. § 158. nach Bekker. Einer, der uber sich den Fluch bringt.

12) Darnach ist auch V. 451. zu verstehn, mit den S. 66. angegebnen Besserungen. Der Grundgedanke ist: „Ich, Pallas, mufs euch beide, Orest und die Erinnyen, aufnehmen. D i c h, Orest (οὐ μὲν), müfste ich auch sonst; nun ganz besonders, da du schon gesuhnt ἀβλαβεῖ ξυνουσίᾳ in mein Heiligthum kommst, nehme ich dich als Einen auf, dem meine Stadt nach allem jus sacrum (ὁσίως) keinen Vorwurf machen kann. (Κατηρτυκὼς, was Hesych. τελειώσας erklart, bezeichnet Einen, der Alles richtig gemacht, alle Observanzen beobachtet hat; eben darauf mochte ich ἁρμενα ταρίχειν, ἡ δίκη ἔσθ' ἰκτηροι, Hesiod Schild 85, beziehn) Aber auch die Erinnyen konnen, ihrer Bestimmung nach, dem Morder auf dem Fufs zu folgen, nicht so leicht weggeschickt werden.“

B. Mord - Sühne und Reinigung.

a. Im Allgemeinen.

(52.) Wenn die Blutrache besonders den Zweck hat, den Mörder aus der Gemeine der Menschen auszustofsen: so ist die religiöse Sühne und Reinigung seit uralten Zeiten des Griechenvolks bestimmt gewesen, ihn in die durch gottesdienstliche Gebräuche zusammengehaltne Gemeinschaft wieder aufzunehmen. Die Athenischen Gesetze und Rechte setzen diese Gebräuche in enge Verbindung mit der Aufnahme in die heimische Gemeinschaft; sie sprechen nur von der Reinigung, die nach der Rückkehr des unfreiwilligen Mörders (denn der vorsätzliche darf nicht rückkehren) im Vaterlande stattfindet (Demosth. g. Aristokr. 644.), und welcher sich auch Solche zu unterziehen pflegten, die wegen unvorsätzlichen Todtschlags von keinem Bluträcher verfolgt wurden (Antiphon Chor. 4. vgl. Herod. 87.). Reinigung für unvorsätzlichen Mord (καθάρσια ἐπὶ ἀκουσίῳ φόνῳ) war allgemeine Hellenensitte (Paus. V, 27, 6.); die verschiednen Fälle und die diesen entsprechenden Grade der Reinigung, wurden näher bestimmt durch vom Delphischen Orakel ausgegangne Gesetze und durch die Herkommen, welche sich besonders im Munde der Ausleger alter Gebräuche fortpflanzten (Platon's Ges. IX, 865.). Auf ähnliche Weise galten nach Mosaischem Recht die Freistätten nur für den unvorsätzlichen Mörder; der vorsätzliche wurde, wenn er auch dahin geflüchtet war, ausgeliefert, und von dem Goël oder Bluträcher selbst umgebracht; nach demselben Grundsatz findet nach alt - Römischem Rechte Versöhnung nur dann statt, wenn die Waffe „mehr aus der Hand fuhr, als geworfen ward" (Cicero Top. 17. Festus *subici*); der Pontifex Mucius Scävola läugnete überhaupt, dafs ein wissentlich begangnes Verbrechen expiirt werden könne (Varro *de L. L.* VI. c. 4. Macrob Sat. I, 16.). Die Sitten und Herkommen des Zeitalters, welches die heroische Mythologie darstellt, machen, wie schon oben bemerkt, keinen so bestimmten Unterschied; das Gefühl maafs wahrscheinlich den einzelnen Fall sicherer und genauer. Auch fallen die meisten Mordthaten einer solchen Zeit in die Kategorie der zwar freiwillig, aber nicht eigentlich vorsätzlich in plötzlicher Aufwallung des Gemüths begangnen, welche nach Platon von den unfreiwilligen zu sondern sind, aber doch zunächst an dieselben gränzen, und nach deren Analogie behandelt werden sollen (IX, 867.). Grade solche schrieb die dämonische Psychologie der alten Griechen der Ate zu, welche das Gemüth verwirrt und den Menschen zu Thaten verführt, die ihm bei beruhigten Sinnen herzlich leid sind; daher die Ate in ihrem Gefolge die Litä hat, die demüthigen Bitten der Reue, welche bei Göttern und Menschen das in der Ate Geschehene wieder, gut machen müssen (Il. IX, 502.). Denn ein jeder Frevler hat auch schon nach Homer die Götter eben so wohl zu begütigen, als die Menschen (Il. IX, 499.); und es versteht sich wohl von selbst, dafs in einem Zeitalter, in welchem selbst die Bettler „von Zeus kommen" (Odyss. XIV, 57.), der Mord eines Gastfreunds, eines Mitbürgers im Gebiete des Friedens die Götter nicht gleichgültig liefs. Nun kann aber, nach der Natur der heroischen Mythologie und epischen Poësie, von dem Verhältnifs des Mörders, der daheim bleibt oder rückkehren darf, nicht so viel die Rede sein, wie von den landesflüchtigen, umherirrenden, welche auswärts einen väterlichen Gastfreund oder verwandten Helden suchen, der sie in sein Haus aufnehme, und gereinigt der menschlichen Gesellschaft wiedergebe. Dergleichen begab sich gewiſs auch noch in geschichtlichen Zeitaltern, obgleich seltner; ein Beispiel ist die bekannte Geschichte von Krösos und Adrast bei Herodot: aber häufiger und wichtiger waren diese Wanderungen flüchtiger und sühneflehender Mörder in den Zeiten eines weniger geordneten Staatslebens, und die Mythologen sind reich an Erzählungen von Helden, die, durch eine unglückliche That aus der Heimat vertrieben, von andern Heroen aufgenommen und gesühnt werden. Homer gedenkt in solchen Fällen (wenn wir die eine, so zu sagen neuentdeckte, Stelle der Ilias, XXIV, 482., ausnehmen) blos der Aufnahme des schutzflehenden Mörders ohne ausdrückliche Erwähnung der Sühne: woraus schon alte Grammatiker (Schol. Il. XI, 618.) und neuere Gelehrte (Lobeck in Aglaophamus p. 300. 967. Hoeck Kreta III. S. 268.) geschlossen haben: bei Homer zahle der Mörder Buſse oder fliehe, aber werde nicht gereinigt. Mir dagegen scheint es' sich so von selbst zu verstehen, daſs der flüchtige Mörder vor seiner Aufnahme in die fremde Familie erst durch gewisse Gebräuche die erzürnten Götter versöhnen muſste, ehe er ein Mitglied der Familie werden konnte, daſs die Nichterwähnung mich gar nicht befremdet; ich bin überzeugt, daſs, wenn Homer sagt: er kam *als Hiketes* zum Peleus (Il. XVI, 574.), seine Zeitgenossen dabei eben so an die Bitte um Reinigung dachten, wie die Athener des Aeschylos bei dem oben erklärten: *Prostropáos.* — Möchten nur überhaupt erst die, wenn auch nur im Gefühl vorhandnen, doch darum nicht weniger sichern Grundsätze erforscht sein, nach denen jene alten Sänger verfuhren, indem sie aus unzähligen Zügen, welche die Stammsagen Griechenlands darboten, manche mehr, andre minder festhaltend und ausbildend, das in sich übereinstimmende Bild eines überall gleichen Heroengeschlechtes in seinem einfach groſsartigen Thun und Treiben erschufen. Die flüchtigen Fürstensöhne, welche bei fremden Fürsten Aufnahme finden und hier Jugendgespielen und Waffengenossen der Söhne des Hauses werden, sind ein für die epische Poesie sehr wichtiger Zug in der Schilderung jenes Weltalters; daſs die Aufnahme derselben mit gewissen Umständen und Cäremonien verbunden war, brauchte um so weniger ausgeführt zu werden, da keine im Einzelnen beschrieben wird.

(53.) Stammsagen des nördlichen Griechenlands, welche (wie mir wenigstens scheint) den Stempel des hohen Alterthums an der Stirn tragen, stellen den Phlegyerfürsten **Ixion**, den Führer eines Stammes, welcher den Doriern eben so feindlich war als dem Pythischen Heiligthum, als das erste Beispiel der Blutsühne, aber einer mit Undankbarkeit gelohnten, dar. Ixion hat, indem er den Vater seiner Braut umbringt, zum erstenmal unter den Menschen Blut eines Stammgenossen vergossen (ἐμφύλιον αἷμα πρώτιστος ἐπέμιξε θνατοῖς Pind. P. II, 32.). Da ergreift ihn wilde Wuth; er irrt unstät umher, wie Kain, dem Jehova die Stirn gezeichnet; Keiner der Götter und Menschen will ihn sühnen (Pherekydes Fragm. 69.), bis sich Zeus selbst seiner erbarmt und ihn reinigt. Aber der innigen Verpflichtung uneingedenk, die den Gesühnten an den Sühner bindet (vgl. Apollod. III, 13, 3.), streckt er die frevelnden Arme selbst nach der Hera aus Daſs das Sühneflehn des Ixion der Mittelpunkt der Sage von ihm ist, deutet selbst der Name an, der wahrscheinlich mit Hiketes einerlei ist [1] Auch Aeschylos faſst die Sage so; er hatte sie in einer Trilogie, wozu die Perrhäberinnen und Ixion gehörten (s. die Gött. Gel. Anz. 1827. S. 671.), ausführlich behandelt; in welchem Sinn und Geiste, kann man aus den Eumeniden abnehmen, in denen Orestes von der Pallas zuerst als ein „*ehrwürd'ger Suhnungsfleher, wie Ixion einst*" angeredet wird (419. σεμνὸς προσίκτωρ ἐν τρόποις Ἰξίονος), und dann Apollon, daſs Sühnung nicht beflecke und die prophetische Gabe nicht raube, daraus beweist, daſs die Weisheit des Zeus nicht im geringsten dadurch getrübt sei, daſs er das Sühnungsflehen des ersten Mörders Ixion angenommen (687.). Ueberall steht hier Ixion als der Repräsentant der Mordsühne, die an ihm zuerst, und zwar bei einem nicht unvorsätzlichen Morde, angewandt wird.

In einem gewissen Gegensatze mit Ixion befindet sich Herakles, der Heros, von dem alle Fürsten der Dorier sich ableiteten, zu dessen Stamme sich so viele Colonieenführer und Staatengründer zählten, und in dessen Sagenkreise sich so viel auf die Begründung rechtlicher und politischer Verhältnisse bezog. Herakles nimmt die Blutsühne öfter in Anspruch, und unterwirft sich ihren Forderungen, auch ungewöhnlich harten, immer mit groſser Bereitwilligkeit. Er verlangt sie mit solcher Heftigkeit, daſs schon in dem Hesiodischen Gedicht Κατάλογοι der Krieg des Herakles gegen Pylos davon abgeleitet wurde, daſs ihm Neleus mit den Seinigen die Mordsühne verweigert hatte (Schol. Il. II, 336. p. 70. Bekker).

Eine noch genauere Einsicht in die Geschichte dieser Gebräuche dürfen wir uns wohl versprechen, wenn wir sie selbst ihrem Zwecke und ihrer Beschaffenheit nach genauer trennen. Es liegt nämlich am Tage, daſs die Gebräuche der Mordsühne eine doppelte Seite haben, indem sie einerseits bestimmt sind, den Ermordeten zu v e r s ö h n e n und dessen Erinnys zu entfernen, andrerseits den Mörder selbst, den Blutbefleckten, zu r e i n i g e n, und dadurch dem geselligen Verkehr wiederzugeben. Wir nennen jenes die h i l a s t i s c h e, dies die k a t h a r t i s c h e Seite dieser Gebräuche (*piatio et lustratio*).

b. Unterschied der hilastischen und kathartischen, oder sühnenden und reinigenden Gebräuche.

(54.) Niemand kann sich mit den religiösen Gebräuchen des Griechischen Altertums ernstlich beschäftigen, ohne daſs ihn an vielen Stellen die Ueberzeugung berühren muſs, daſs der D i e n s t d e r T o d t e n, von dem wieder der Cultus der Heroen — einer ganzen Classe erhabnerer Todten — ausgeht, einen Charakter der S ü h n e hat, und die dunkeln Mächte der Unterwelt, die dem Leben im Allgemeinen feindlich gegenüberstehn, begütigen soll. Wassergüsse, Mischungen mit Honig (μελίκρατα), welche immer

[1] Ἰξίων von ἵκω, wie Ἰασίων, Πεισίων, Προξίων, Ἀξίων gebildet. Auch die Weglassung des Spir. asper laſst sich erklären, vgl. ἵκταρ Wir verdanken diese sehr befriedigende Namenserklarung W e l c k e r n, Trilogie S. 549.

den Zweck, zu besänftigen ($\mu\varepsilon\iota\lambda\iota\sigma\sigma\iota\nu$), haben, Opferthiere, die man zerstückelt ($\tau\acute{\alpha}\varphi o\iota\varsigma$ $\grave{\varepsilon}\nu\tau\acute{\varepsilon}\mu\nu\varepsilon\iota$) und zum grofsen Theil oder ganz verbrennt, sind beim Todtendienst wie bei Sühnopfern gleich gebräuchlich; selbst der Name der Todten und Heroenopfer ($\grave{\varepsilon}\nu\alpha\gamma\acute{\iota}\zeta\varepsilon\iota\nu$) deutet sehr bestimmt auf Sühnen und Reinigen [2])

Auf der andern Seite ist es im höchsten Grade wahrscheinlich, dafs alle Sühngebräuche ursprünglich den Gottheiten der Erde und Unterwelt, den Chthonischen und Katachthonischen Göttern, galten, und wenigstens in stehenden, regelmäfsig wiederkehrenden Cultusgebräuchen nur diese Götterwelt zu versöhnen nöthig erachtet wurde. Zwar kommen auch bei den auf der lichten Oberwelt waltenden, Olympischen, Göttern hilastische Gebräuche vor, wie bei Zeus und Apollon: aber bei genauerer Betrachtung scheint mir überhaupt kein Zweifel zu sein, dafs es doch eigentlich Gottheiten und dämonische Wesen der Unterwelt sind, denen der versöhnende Cultusgebrauch zunächst gilt.

(55.) Was erstens den oft erwähnten Sühn-Zeus, $Z\varepsilon\grave{\upsilon}\varsigma$ $M\varepsilon\iota\lambda\acute{\iota}\chi\iota o\varsigma$, betrifft: so war dieser im Cultus des Attischen Geschlechts der Phytaliden mit der Demeter vereinigt, welches schon auf einen Zeus Chthonios oder Hades führt (Pausan. I, 37, 2. 3. vgl. Plut. Thes. 12.). Damit stimmt es vortrefflich, dafs im Attischen Cultus des Meilichischen Zeus Schweine, die der Erdmutter Demeter geweihten Thiere, geopfert, und zwar, als Holokausta, ganz verbrannt wurden, grade wie dies beim Dienste des Unterirdischen Zeus (s. zu Virgil Aen. V, 253.) gebräuchlich war; so versöhnte Xenophon bei seiner Rückkehr aus Asien den Gott nach vaterländischem Brauche (Anab. VII, 8, 4. 5. nebst Schneider). Auch wurde den Meilichischen Göttern zur Nachtzeit geopfert (Paus. X, 38, 4.); und in Olympia stand ein Zeus Chthonios in der Nähe eines Katharsios, der mit dem Meilichios eng zusammenhängt (Paus. V, 14, 6.). Mit dem Meilichios nahe verwandt ist ohne Zweifel der Zeus Laphystios des alten Minyer-Volkes, an dessen Cultus sich die Mythen von dem Geschlechte des Athamas und dem Argonautenzuge so anknüpfen, dafs sie nur aus ihm abgeleitet und verstanden werden können. Zeus Laphystios ist ein Ergreifender und Verschlingender, ein Rache- und Todesgott [3]); sein bedeutungsvolles Opfer, den Widder, finden wir öfter bei Todtenopfern, bei Geistercitationen schon in der Odyssee, wieder. Am merkwürdigsten aber ist es, dafs das Fell dieses Sühnwidders, welches der gescheuchte Phrixos im Hain des Ares in fernem Lande aufgehängt hat, als ein Heiligthum zurückgeholt werden mufs, wobei zugleich

---

2) Zum Stamme $'AГ$ (lateinisch *SAC*, *SANC*) gehören: $\ddot{\alpha}\gamma\iota o\varsigma$, $\dot{\alpha}\gamma\acute{\iota}\zeta\omega$, $\grave{\iota}\nu - \grave{\iota}\varphi - \dot{\alpha}\varphi - \kappa\alpha\vartheta\alpha\gamma\acute{\iota}\zeta\omega$, $\dot{\alpha}\gamma\acute{\iota}\tau\eta\varsigma$, $\dot{\alpha}\gamma\iota\sigma\tau\varepsilon\acute{\upsilon}\omega$, auch $\ddot{\alpha}\gamma o\varsigma$ oder $\ddot{o}\gamma o\varsigma$ (die Scheu oder das zu Scheuende), $\grave{\iota}\nu\alpha\gamma\acute{\eta}\varsigma$, $\varepsilon\grave{\upsilon}\alpha\gamma\acute{\eta}\varsigma$, $\tau\alpha\nu\alpha\gamma\acute{\eta}\varsigma$, auch $\ddot{\alpha}\zeta\omega$ (von $'AГ$ wie $\acute{\varrho}\acute{\varepsilon}\zeta\omega$ von *PEГ*). Wie dies $\ddot{\alpha}\zeta\varepsilon\iota\nu$ die Scheu vor dem Heiligen eben so wie vor dem Verruchten und Befleckenden ausdrückt so geht diese Duplicität durch alle diese Worte durch. (Vgl. Hanovii *Exercitat. crit. p.* 11.)

3) Der Name $\Lambda\alpha\varphi\acute{\upsilon}\sigma\tau\iota o\varsigma$ kömmt gewifs vom Stamme ΛAB, $\Lambda A\Phi$ (in $\dot{\alpha}\mu\varphi\iota\lambda\alpha\varphi\acute{\eta}\varsigma$, $\lambda\acute{\alpha}\varphi\upsilon\varrho o\nu$), wie auch $\lambda\alpha\beta\varrho\acute{o}\varsigma$, dessen Bedeutung sehr übereinstimmt. Dann kann man beide Erklärungen des Alterthums, den Verschlingenden und den in die Flucht Scheuchenden, gelten lassen. Im Folgenden wird darauf gedeutet, dafs $\Phi\varrho\acute{\iota}\xi o\varsigma$ den Erschreckten, Gescheuchten bedeutet, dem $'I\acute{\alpha}\sigma\omega\nu$ als ein Suhner und Beruhiger entgegensteht.

die Seele des Phrixos durch eine Anaklesis, einen seit alten Zeiten bestehenden Ritus, heimgeführt wird (Pindar P. IV, 159. mit den Erklärern); indem dieser Gebrauch offenbar aufs Engste damit zusammenhängt, dafs bei der Attischen Mordsühne das Fell des dem Zeus Meilichios geschlachteten Widders, das Διὸς κώδιον, als ein Hauptmittel der Sühne und Reinigung betrachtet wurde (§. 59.) 4). Verwandter Art war ohne Zweifel auch der Cultus des Flucht-Zeus, Ζεὺς Φύξιος, welchem Pausanias der Spartaner opferte, um die Seele eines ermordeten Mädchens zu versöhnen.

(56.) In Zeus vereinigen sich die verschiednen, selbst entgegengesetzten Seiten der Welt, wie in einem Gipfel; obzwar in der herrschenden Vorstellung ein Gott des Himmels und der Oberwelt, erscheint er doch in manchen mehr verdunkelten und mystischen Culten als ein Unterirdischer und darum Sühne Fordernder. Mehr treten diese entgegengesetzten Seiten bei Apollon auseinander, der überall ein lichter, reiner, in Ordnung und Klarheit sich manifestirender Gott ist. Doch ist auch im Dienste dieses Gottes (um die Hyakinthien hier bei Seite zu lassen) ein entschiednes Sühnfest, die Delphinia, an welchen Theseus mit sieben Knaben und sieben Mädchen in den Tempel des Apollon Delphinios gegangen sein sollte, um ihn zu versöhnen, welcher Gebrauch auch später festgehalten wurde (s. besonders Plut. Thes. 18.): so wie in Sikyon sieben Knaben und eben so viel Mädchen dem Apollon und der Artemis ebenfalls Versöhnungsbräuche verrichteten (Paus. II, 7, 7.). Indessen weist auch hier Vielerlei darauf hin, dafs der zu versöhnende und zu besänftigende Dämon eigentlich nicht Apollon, sondern der Chthonische Drache, des alten Erdorakels Wächter, ist, mit dessen Erlegung auch der Sikyonische Gebrauch in Verbindung gesetzt wird. Delphinia ist gewifs das Fest der Erlegung des Python's, dessen Name Delphin oder Delphine 5) von Alexandrinischen Gelehrtendichtern nur aus alter Sage oder Cultuspoësie wieder hervorgeholt worden sein kann, obgleich man damals, und schon seit der Zeit der Homerischen Hymnussänger, bei dem Apollon Delphinios an den Delphin des Meeres und an Seefahrten zu denken gewohnt war (s. auch Artemidor's Traumbuch II, 35.). Aber entscheidend ist

---

4) Dasselbe Dioskodion kam auch bei Sühnfesten, welche sich auf die Jahreszeiten bezogen, vor; denn so hiefs das Fell des Opfers für den Zeus Meilichios, mit welchem die καθαρμοί am Ende des Mamakterion (des Sturm-Monats) begangen wurden, welche man Πομπαῖα oder Διοπομπαῖα nannte (Eustathios zur Od XXII. p. 1935, 8. R); offenbar bezogen sich diese auf die herannahenden Schrecken des Winters, welche man sühnen wollte. Dafs aber die Διοσκώδια auch an den Skirophorien (in der Zeit des Sommer-Solstitium) gebraucht wurden, ist damit einerlei, dafs die dem Zeus Aktaos am Anfang der Canicular-Tage auf dem Pelion Opfernden sich mit frischen Widderfellen gurteten (Dikaearch vom Berge Pelion); auch hier liegen alte Suhngebrauche zum Grunde, wodurch Zeus, als Gott der heifsen Witterung, besänftigt werden soll. Sonst über das Διὸς κώδιον (uber welches Polemon geschrieben) Lobeck Aglaopham. p. 183 sq.

5) Δελφίνη Apollon. Rh II, 708. Δελφίν Schol Eur Phoen. 232. Tzetz. zu Lyk. 208 Etym. M. s. v Ἐκηβόλος. Aber auch von Δελφίνη lafst sich Δελφίνιος reimen, wie Κυλλήνιος mit Κυλλήνη zusammenbesteht. Der Name Delphine pafst weit besser zu der Vorstellung einer δράκαινα (Hom. H. auf den Pyth Apoll 122), als ὁ Πύθων.

für die aufgestellte Behauptung erstens der Umstand, daſs die Delphinia in Athen genau zur selben Zeit gefeiert wurden (am sechsten und siebenten Munychion), wo in Delphi Apollon den Drachen schlägt (den siebenten Munychion), woran sich dort das Fest der Pythien anknüpft [6]); zweitens, daſs beim Delphinion die Blutgerichte über ge rech ten Mord waren: offenbar eine Einrichtung sehr früher Zeit, in der man noch allgemein annahm, daſs Delphinios der über den feindseligen Lindwurm triumphirende Gott sei (vgl. §. 67.). Nun wurden aber in Delphi Trauerlieder am Grabe der Delphine gesungen; Apollon selbst muſste Alles thun, um den Drachen zu versöhnen, Flucht und Knechtschaft deſshalb bestehen; und so ist es sehr wahrscheinlich, daſs auch die Delphinia diese Bestimmung haben. — Auch in Korinth sandte man vi er z e h n Kinder in den Tempel der Hera, wo sie mit geschornem Haupt und in schwarzen Kleidern die Kinder der Medea durch Buſsopfer und Trauerlieder versöhnen sollten (s. Parmeniskos Schol. Med. 273. Paus. II, 3, 6. Philostr. Her. 19, 14. Gätulikos in der Palat. Anthol. VII, 354.); diese Kinder der Medea sind aber entweder selbst Unterweltsgötter, worauf der Name des einen unter ihnen, Mermeros, der Schreckliche, deutet [7]), oder, wenn man ein tieferes Eingehn in die Entstehung des Mythus vermeiden will, doch immer für unterirdische der Oberwelt furchtbare Geister zu halten. Wie mit dem Morde des Python die Dienstbarkeit Apollon's beginnt, wie mit den Delphinien der Dienst der vierzehn Attischen Kinder seinen Anfang nimmt: so ist auch der Aufenthalt der vierzehn Korinthischen Kinder im Heiligthum eine periodische Dienstbarkeit und heiſst deswegen ἀπενιαυτισμός [8]). — In Aegina wurden im Delphinischen Monat H y d r o p h o r i e n gefeiert, wie in Athen im Anthesterion, dem Monate des Todtencultus im Attischen Jahre; es kann in einem andern Zusammenhange besser ausgeführt werden, daſs diese Hydrophorien in Griechenland überall Frühlingsfeste waren, bei denen man in Abgründe, besonders in solche, aus welchen, nach alten Sagen, die erdgeborne Brut der Drachen hervorgegangen sein sollte, Wasser schüttete, als ein Leichen- und Versöhnungsopfer für die von der Kraft des Frühlings bezwungnen Todesgötter. Einerseits deuteten, wie man aus dem Zusammenhange der Sagen sieht, diese Wassergüsse darauf, daſs sich die Reste der wilden Wintergewässer, des wüsten, unfruchtbaren Schwalls (ἄντλος, πλημυρίς), in diese Abgründe verlaufen hatten: andrerseits wurde das Gieſsen von Wasser in Gruben als ein Todtenbad

---

6) Boeckh *Corp. Inscript.* p. 814. Die Frage, ob der Monat Bysios dem Elaphebolion oder nicht vielmehr dem Munychion entspricht, lasse ich hier zur Seite liegen.

7) Bei Apollod. und Pausan. II, 3, 6. Das Schreckbild einer Frau auf dem Grabe dieser Kinder, Δεῖμα oder Δειμώ genannt, ist wohl die Μορμὼ γυνὴ Κορινθία bei den Schol. Aristid. p. 18. Frommel. Jene Begrabnen und diese Mormo todten kleine Kinder.

8) Es wird hiernach sehr wahrscheinlich, daſs Androgeos, Eurygyes, Minotauros, welche durch die vierzehn Attischen Kinder versöhnt werden sollen, verdunkelte Formen des dem Apollon feindlichen Ungethüms sind. Die Menschen-Zehnten wurden gewiſs ursprünglich zur Suhne des Chthonischen Dämon, den Apollon bezwungen, gesandt. Die Thessaler weihten dergleichen dem Apollon Καταιβάτης, den ich jetzt auch, nach der eindringenden Bemerkung von A d. S c h o l l (*De orig. Graeci dramatis* p. 59), für den in die Unterwelt Hinabsteigenden halte.

($\chi\vartheta\acute{o}\nu\iota o\nu$ $\lambda ov\tau\varrho\acute{o}\nu$, $\acute{\alpha}\pi\acute{o}\nu\iota\mu\mu\alpha$) angesehn, und war ein in Griechenland weit verbreiteter Gebrauch des Todtencultus. Wurden nun diese Hydrophorien mit den Delphinien verbunden: so gehörten sie offenbar zu den Sühnungsgebräuchen des von Apollon erlegten Erddrachen, der in einer Höhle im Heiligthum der Erde in der Niederung von Delphi an der Quelle der Styx gehaust haben sollte [9]).

So möchte es sich also auch am Apolloncultus bewähren, daſs die Hilasmen der Griechischen Religion nicht ursprünglich den heitern Olympischen Göttern der Oberwelt, sondern den zwar gebändigten, aber immer noch furchtbaren Dämonen einer nächtlichen Welt und Natur gezollt werden.

Was nun die gewöhnliche Mordsühne betrifft: so kann es keinem Zweifel unterliegen, daſs hier die Seele des Ermordeten, welche jetzt selbst ein Chthonischer Dämon ist, daſs der Groll (die Erinnys) dieser Seele, und überhaupt die Mächte der Unterwelt (wozu Zeus Meilichios selbst gehört) es sind, die versöhnt werden müssen. S. besonders auch Apollon. Argon. IV, 709. 714.

(57.) Fragen wir aber, welches nun, nach dem Glauben der Vorzeit Griechenlands, die **Mittel der Versöhnung** waren: so geben uns darüber die Gebräuche der schon gedachten Culte, verbunden mit dem, was wir von der eigentlichen Mordsühne wissen, eine sehr vollständige Kunde. Ueberall finden wir die Idee zum Grunde liegend, daſs der Mörder, ja in besondern Fällen (wie im Thebanischen Mythus von Menökeus) noch sein Geschlecht, die Schuld des Blutes mit dem eignen Leben büſsen müsse. Das Leben wird aber auf verschiedne Weise so zu sagen losgekauft oder vertreten. Erstens durch die **Knechtschaft** des Mörders. Der Mörder giebt sich selbst, seine Freiheit und seine Thätigkeit, als Sühne der Mordthat, hin. So dient **Kadmos** dem Ares als Vater des ermordeten Drachen eine Periode von acht Jahren; so **Apollon** die gleiche Zeit für die Tödtung des Python. Apollon dient, wie wohl jetzt allgemein begriffen wird, den Göttern der Unterwelt, dem unbezwinglichen Hades ($"A\delta\mu\eta\tau o\varsigma$) [10]) und der in Pherä verehrten Hekate; die älteste Sage lieſs ohne Zweifel den hellen Gott, dem der Graus der Unterwelt tief verhaſst ist, selbst in das Schattenreich hinabsteigen. In einer der ursprünglichen Bedeutung schon sehr entkleideten, durch die Umbildungen der heroischen Mythologie durchgegangnen Gestalt, ist diese Sage der Ilias bekannt; das groſse und aus sehr vielartigen Theilen zusammengesetzte Hesiodische Gedicht, die

---

[9]) Diese Quelle (von welcher Plutarch *de Pyth. or.* 17. spricht), nicht die Kastalia, wie man gewöhnlich ohne Grund annimmt, war es offenbar, welche der Pythische Drache, der Beschützer des alten Erdorakels, bewacht haben sollte. Hier müssen die $\zeta\acute{\alpha}\vartheta\epsilon\alpha$ $\check{\alpha}\nu\tau\varrho\alpha$ $\delta\varrho\acute{\alpha}\nu o\nu\tau o\varsigma$, Eurip. Phoen. 239, gelegen haben. Diese Quelle hieſs wahrscheinlich Delphusa (Stephan. Byz. s. v. $\varDelta\epsilon\lambda\varphi o\acute{\iota}$), in Beziehung auf die bewachende Delphine; von hier scheint der Name Delphi's ausgegangen.

[10]) Vgl zu dem in den Prolegomenen zu einer wissensch. Mythol. S 306. Bemerkten noch die dichterische Benennung $'A\delta\mu\acute{\eta}\tau o\nu$ $\nu\acute{o}\varrho\eta$ für Hekate bei Hesychios s. v. Hermes (der Chthonische), als Pheräischer Gott, auch bei Kallimachos Fragm. 117. Bentl. Die Sagen von Apollon' Hinabsteigen in den Hades benutzte Euhemeros (bei Minucius Felix C. 21, 2.) auf seine Weise

Eöen, erzählte sie weitläuftig im Katalogos der Leukippiden [11]), indem sie dieselbe an die Mythen von Asklepios anknüpfte, wobei der ursprüngliche Zusammenhang der Cultus-Sage zerstört, aber die Dienstbarkeit als Buße des Mordes stehen gelassen wurde. Wie in so vielen Stücken, so hat auch hierin Herakles große Aehnlichkeit mit Apollon; er dient ebenfalls für den Mord (vgl. Agam. 1011.); und daß des ermordeten Iphitos Vater, der Oechalische Fürst Eurytos, das Kaufgeld, den Preis des Mörders, erhalten soll, ist ein deutlicher Fingerzeig dafür, daß die Dienstbarkeit die Hingebung des Lebens vorstellt. Als die stehende Periode für diese Sühne kehrt in diesen Sagen häufig das sogenannte große Jahr, von acht Jahren, wieder, welches als der Zeitraum der Apollinischen Hauptfeste (Pythien, Daphnephorien) so wichtig geworden ist, und so tief in das gottesdienstliche und bürgerliche Leben der Hellenen eingreift. In Beziehung auf den Brauch dieser achtjährigen Dienstbarkeit sagt Pindar, Orphische Ideen benutzend, in den Threnen Frgm. 4. Bh: „Persephone sende im neunten Jahr die Seelen derer, von denen sie die versöhnende Buße der alten Schuld angenommen (dies heißt: οἶσι ποινὰν δέχεται), auf die Oberwelt wieder herauf." Acht Jahre hat also, nach der Idee des Dichters, die Dienstbarkeit oder Gefangenschaft in der Unterwelt gedauert. Auch der Hesiodischen Darstellung der Götterstrafen, Hesiod Theog. 795., liegt die Erinnerung dieser alten Bräuche zum Grunde; wenn ich die Stelle recht verstehe, muß der Gott, welcher bei der Styx falsch geschworen, ein großes Jahr, d. h. acht Jahre, ohne Nektar und Ambrosia, in siechem Schlummer, von dén übrigen Göttern getrennt, zubringen, und dann noch eine Zeitlang schwere Kämpfe bestehen: so daß seine Strafzeit im Ganzen neun Jahre währet. Andre gaben dieser Zeit der Götter-Buße lieber eine weniger bestimmte Ausdehnung; dreißigtausend Jahreszeiten (τρὶς μυρίας ὥρας) müssen, nach Empedokles, Götter, welche gemordet, umherirren; der Philosoph Empedokles kündigte sich selbst als einen solchen verbannten Gott an [12]). Jene achtjährige oder ennaeterische Periode aber, obwohl sie sich auch auf andre Weise hinlänglich erklärt, möchte doch ursprünglich auch in Beziehung auf den Todtencultus stehn, indem in Athen wie in Rom (also wahrscheinlich nach sehr altem Brauche) der neunte Tag nach der Beerdigung (τὰ ἔνατα, novendialia [13])) ein besondrer Sühn- und Feiertag war. Eine

---

11) Zur Zusammensetzung dieses Theils der Eöen geben folgende Stellen das bequemste Material: Schol. Tzetz. zur Theog. 142. vgl. mit Apollod III, 10, 3. Pausan. II, 26, 5. Schol Eurip. Alkest. 1. Athenagor. Leg. 25, 7. p. 116. Oxf. vgl Servius *ad Aen.* VII, 761. Auch der Vers bei Plut. *Amator.* 17.: Ἀδμήτῳ πάρα θητεῦσαι μέγαν εἰς ἐνιαυτόν, wovon Klemens Alex. Strom. I. p. 139 S. 383 P. ein Stück hat, gehört wohl hier herein. Der Katalogos der Leukippiden war uber Asklepios Abstammung in Streit mit dem der Koronis; daher der Zweifel an der Aechtheit des ersteren bei Pausan. II, 26, 5. Vgl. Schol. Pind. P. III, 14.

12) Empedokles *Fragmenta coll. Sturz.*, Anf. aus Plutarch *de exilio* 17. Daß der Mörder τὰς ὥρας πάσας τοῦ ἐνιαυτοῦ verbannt bleiben musse, bei Platon Gesetze IX. p. 865., ist gewiß aus alter Gesetzsprache.

13) Τὰ ἔνατα öfter bei den Rednern, s. Schomann zum Isäos p. 219. Virgil Georg. IV, 544. Aen V, 64. 762. Proklos zum Timaos p. 45. Dreimal neun Tage dauerten die Idaischen Leichenopfer des Zeus in Kreta, Porphyr. Leben des Pythag. §. 17. Die Ἔνατα nach dem Tode entsprechen·den Amphidromien nach der Geburt.

Ausbildung dieser Enata ist das Lemnische Bufsfest, bei welchem ohne Feuer Todten-opfer verrichtet wurden, und die Insel solange als unrein und unheilig angesehen wurde, bis am neunten Tage ein nach Delos gesandtes Schiff reines Feuer brachte, und in dem Moment, wie man sich ausdrückte, „neues Leben" auf Lemnos begann. Welcker Prometh S. 247.

(58.) Dies ist die eine Weise, wie die Seele der Ermordeten, welche eigentlich Leben für Leben fordert, versöhnt werden kann; durch Dienstbarkeit. Man sah in dieser eine wirkliche Sühne; auch Herakles ist durch die Knechtschaft, der er sich unterzogen, nach Sophokles (Trachin. 258.) gesühnt, ἁγνός; und die schreckliche Krankheit, die nach einer sehr alterthümlichen Dichtung ihn befallen, weicht von ihm (Apollod. II, 6, 2.). Die andre Weise ist die durch das T h i e r o p f e r symbolisch bezeichnete Hingebung des eignen Lebens: eine Bedeutung des Opfers, die in den ersten Ursprüngen desselben gegeben ist, und besonders bei allen Schwur- und Bundesopfern klar hervortritt; bei denen das Tödten und Zerstückeln des Thiers (*foedus icere*, ὅρκια τέμνειν) immer als eine Andeutung des Schicksals genommen worden ist, welches den Eidbrüchigen treffen solle. Bei der Mordsühne aber findet man in der alten Griechenwelt den sehr verbreiteten Ritus, dafs der W i d d e r den Menschen vorstellt; wie der Bock bei den Juden, war der Widder bei den Hellenen und den verwandten Stämmen Italiens das Hauptsündopfer. Die neuerlich so ausführlich behandelten uralten Minyer - Sagen von den Athamantiden drehen sich durchaus um das von dem zornigen Zeus Laphystios geforderte Menschen-und das an dessen Stelle gesetzte Widder - Opfer. Ein Widder ist das Hauptopfer bei allen Todtenorakeln (Odyss. X, 527. Pausan. I, 34, 3. IX, 39, 4.), deren Gebräuche mit denen der Mordsühne sehr eng zusammenhängen; unterirdische Seelen zu besänftigen, war gewöhnlich auch bei diesen der Zweck. Schwarze Widder und Schaafe waren die gewöhnlichen Todtenopfer in Griechenland [14]). Nun war es aber uralt - Römischer, und, wie uns dabei versichert wird, auch Athenischer Gebrauch, dafs bei unvorsätzlichem Morde (*si telum fugit magis quam iecit*) den Agnaten oder ἀγχιστεῖς, die zur Blut-rache zunächst verpflichtet waren, für das Haupt des Ermordeten ein stellvertretender Widder gegeben wurde (*aries subiiciebatur*) [15]). Es gehörte dies zu den Sühnopfern bei der Rückkehr des unvorsätzlichen Mörders, welche durch ὁσιοῦσθαι bezeichnet, und von dem καθαίρεσθαι, den Reinigungsgebräuchen, gesondert werden [16]). Für das

---

14) Ein schwarzer Widder bei den Todtenopfern des Pelops, Pausan. V, 13, 2. Schwarze Schaafe bei Eurip El. 92 516. vgl. 326. Schwarze und weifse Schaafe waren die Areopagitischen Sühnopfer des Epimenides, Diog. Laert. I, 110. In den Kretischen Mysterien, die sich auf den Chthonischen Zeus bezogen, trug man schwarze Schaaffelle. Ein schwarzes Lamm bei den Todtencitationen der Canidia, Hor. Sat I, 8.

15) S Cicero Top. 17 Cincius und Antistius bei Festus *s. v. subici* p. 265 u. 267. Lindem. Servius *ad Ecl.* 4, 43. mit der richtigen Verbesserung von Huschke: *pro capite occisi agnatis eius*, und *ad Georg.* III, 387. Vgl Abegg *de antiquiss. Rom. iure crimin.* p. 47.

16) Offenbar steht bei Demosth. g Aristokr. p. 644 das ϑῦσαι dem ὁσιοῦσθαι gleich, und wird dem καθαίρεσθαι entgegengesetzt. Man mufs damit ἀφοσιοῦσθαι vergleichen, Jemanden versöhnen, Etwas

Haupt des **Ermordeten**, sagen die Berichterstatter; wir setzen dafür, für das Haupt des **Mörders**. Denn, wie die Sagen von dem Geschlechte des Athamas lehren, welches durch den Widder von dem Opfertode errettet wird, vertritt der Widder als Sündopfer den Menschen auch in Fällen, wo eben kein Ermordeter zu versöhnen ist; auch wäre es in hohem Grade sonderbar, wenn der Ermordete, dessen Erinnys doch hauptsächlich zu besänftigen ist, ein Opferthier als sein eignes Leben stellvertretend erhielte. Vielmehr ist klar, der Widder wird für des Mannes Leben gegeben, grade wie in dem vorher erörterten Gebrauche die der Familie überlieferte Kaufsumme als Preis des Mörders ihn selbst darstellte. Beide Arten der Sühne flossen in ältern Zeiten nicht blos in der Idee, sondern auch äußerlich dadurch zusammen, daß das Vieh das Geld vertrat, und also, wer durch Verkauf seiner Person den Mord sühnte, zugleich eine gewisse Zahl von Widdern und andern Opferthieren zur Besänftigung des Ermordeten herbeischaffte.

Hiermit haben wir, glaub' ich, auf eine einleuchtende Weise den eigentlichen Ursprung des schon bei Homer vorkommenden Wehrgeldes (ποινή, später ὑποφόνια), gefunden. Obwohl dies bereits in Homerischer Zeit nach Umständen in Talenten Goldes bestand: wird es doch von jeder andern Schadloshaltung und Buße (τιμή) durch einen besondern Namen, ποινή, geschieden. Die ποινή des Erschlagenen ist seine *Were*, sein *Weregelt*, nach dem Ausdrucke unsrer Vorfahren. Nun scheint es mir dem Geiste der ältesten Zeiten wenig gemäß zu sein, wenn man annehmen wollte, daß zuerst die bluträchende Familie mit dem Mörder gleichsam gemarkt und für ein Stück Geldes, wieviel ihrer Habsucht genügte, ihn habe im Lande wohnen lassen. Allerdings mag sich auch hier das Streben nach Vermehrung der Habe bald eingefunden haben; in früheren Zeiten arglos und ohne Verletzung des Gefühls; in Zeiten feinerer Empfindung untersagten es die Attischen Gesetze ganz und gar, von dem Mörder Lösegeld zu erpressen (ἀποινᾶν). Aber das Ursprüngliche ist doch gewiß das Religiöse, Besänftigung und Sühnung des zürnenden Geistes durch Opferthiere. Auch das Wehrgeld der Germanischen Völker möchte sich darauf zurückführen lassen; auf Lösung des eignen Lebens von dem Tode, welchen das bluträchende Geschlecht androht: indessen ist nicht zu läugnen, daß hier in alten Gedichten wie in Volksgesetzen weit mehr die andre Beziehung, der Buße für den Ermordeten, der *aestimatio* seines *caput*, zum Theil sehr anschaulich und lebendig hervorgehoben wird (Jac. Grimm Deutsche Rechtsalterthümer S. 670 ff.), welche auch den ursprünglichen Gedanken der Mordsühne durchaus nicht fern liegt.

gegen Jémanden abbüßen, Platon Euthyphr. p. 4. Phaedr. p. 242. Phaed p. 61. Isäos v. Apollod. §. 38. Demosth. g. Euerg. p 1161. Zu dem ἀφοσιοῦσθαι des Mordes gehört der alte, seltsame Gebrauch des ἀκρωτηριάζειν, der μασχαλίσματα oder ἀπάργματα von der Leiche des Ermordeten, der aus Aeschylos, Sophokles (El. 437. mit Hermann), Apollonios und den Grammatikern bekannt genug ist. Das Hindurchführen eines Heeres zwischen den zerhauenen Gliedern kommt als Griechischer (Apollod. III, 13, 7) und Persischer (Herod. VII, 39.) Brauch vor. Daß ὁσιοῦσθαι (Xenoph. Hell. III, 3, 1. nach L. Dindorf) und ἀφοσιοῦσθαι auch von den Todtensacris gebraucht wird, kommt eben daher, weil diesen die Idee der Expiation zum Grunde liegt.

(59.) Dies ist die hilastische oder versöhnende Seite der alten Mordsühne. Es ist nicht ohne Interesse wahrzunehmen, wie eng sich daran die andre, die kathartische oder reinigende anschliefst. Die Opferthiere, welche den Mächten der Unterwelt zur Sühne geschlachtet waren, dienen zugleich zur Reinigung. Die unterirdischen Götter, besonders die Erdmutter, durch Schweinopfer zu versöhnen (*Tellurem porco piare*), war bei allen Zweigen des Griechenstammes von jeher bräuchlich; eben deswegen ist Schweineblut bei allen Reinigungen eine Hauptsache [17]). Zur Reinigung bei der Mordsühne nahm man Ferkel, welche noch an der Mutter sogen, und schlachtete diese so, dafs das aus der Wunde vorschiefsende Blut (die σφαγὴ αἵματος) über die Hände des Mörders hinsprützte, und das noch an den Händen klebende Menschenblut durch das geheiligte Schweineblut gleichsam hinweggewaschen wurde (Eum. 273. 427. und ausführlicher Apollon. Rhod. IV, 704.). In Athen waren auch Frauen, die sonst bei den Todtenopfern vorkommen, die Enchytristrien, dabei thätig, welche das in Töpfen aufgefangne und gesammelte Blut über den Mörder hingossen (Schol. Aristoph. Wespen 301. vgl. Lobeck Aglaoph. p. 632.). Dabei safs oder stand der, welcher gereinigt wurde, auf dem Vliefs des dem Meilichischen Zeus geschlachteten Widders (Hesychios *s. v. Διὸς κώδιον*, Phrynichos in Bekker's Anekd. p. 7.), dieses in uralten Mythen gefeierten Symbols der Sühne und Loskaufung von dem göttlichen Zorne (§. 55.); das abgewaschne Blut sammelte man dann in dem Felle, und schüttete es damit aus [18]). Ueberall liegt das Bestreben zum Grunde, den Gesühnten in möglichst nahe Berührung und enge Verbindung mit dem ihn selbst. gewissermafsen darstellenden Thiere zu bringen; darum standen auch bei Schwur - und Bundes - Opfern die Eidleistenden, welche in dem zerhackten Thier ihr eignes Schicksal sehn sollten, wenn sie den Eid brächen, auf den zerschnittenen Gliedern, tauchten die Hände in den Blutkessel, und kosteten, bei recht furchtbaren Eiden, auch wohl ein wenig von dem Blute. Zu dem Blute kömmt Wasser hinzu, welches als Reinigungsmittel auch in die gewöhnlichen Todtenopfer übergegangen ist (§. 56.). Acheloos, der gewaltige Strom, dessen Name überhaupt Wasser bedeutet, reinigt den mit Mutterblut befleckten Alkmäon (Apollod. III, 7, 5. vgl. 15, 8.); auch bei Orestes werden die Ströme Wassers, die ihn gereinigt, öfter erwähnt (Eum. 430. vgl. Paus. II, 31, 11.); insbesondre sollte ihn das Orakel zu den sieben Flüssen Rhegion's gesandt haben (§ 62.). Das Wasser, welches den Mörder gereinigt, das Aponimma genannt, wurde dann an einen bestimmten Platz gegossen (Athen. IX. p. 410. Eustath. zur Od. I,

---

17) So auch bei den Reinigungen der Pnyx vor dem Beginn der Volksversammlung durch die Peristiarchen, und des Rathhauses vor dem Eingange der neuen Buleuten (ὅταν εἰσιέναι μέλλωσιν, εἰσιτήρια). Dabei, scheint es, wurden die Schweine erst castrirt, wie die Todtengötter häufig *hostias exsectas* erhielten. Gewisse lüderliche und verworfene Burschen, Triballer genannt, die sich auch an den *coenae ferales* der Hekate sattigten, frafsen diese weggeworfnen ὄρχεις! Demosth. g. Konon p. 1269.

18) Dies heifst offenbar ἀποδιοπομπεῖσθαι, als Gebrauch der κάθαρσις. S. Timäos Lex. Platon. *s. v.* nebst Ruhnken. Phrynichos *s. v.* in Bekker's Anekd. p. 7. Unter den Platonischen Stellen bezieht sich die in den Gesetzen IX. p. 877 speciell auf die Mordsühne; und die Scholien zum Kratylos und zu den Gesetzen IX. p. 120, 14. Bekker, eignen die ἀποδιοπομπήσεις dem Cultus des Ζεὺς προςτρόπαιος zu.

137. p. 1401. R., vgl. Apollon. Rh. IV, 710.); aus diesem hingeschütteten Reinigungs-wasser (λύματα) soll bei der Katharsis des Orest zu Trözen ein Lorbeer aufgesproſst sein: ein Wunder, welches man auf einem Vasengemälde dargestellt zu sehen glaubt (Laborde *Vases de Lamberg pl.* 14.).

(60.) Nach solcher Sonderung der Gebräuche stellt sich der ihnen zum Grunde liegende Glaube sehr deutlich und in einem Zusammenhange dar, welcher in den Grund-ideen aller Griechischen Religion seine Wurzel hat.

Versöhnt werden die Mächte der Unterwelt, die Chthonischen Götter, die Erinnyen, die Seele des Ermordeten.

Ueber dem Ganzen waltet Z e u s: Beides ein Himmlischer und ein Chthonischer Gott. Als Meilichios muſs er versöhnt werden. Zum reinigenden Gott, Katharsios, wird er theils als zürnender Meilichios, theils als der Gott des Hauses und derer, die sich diesem schutzflehend nahn, als Herkeios, Ephestios, Xenios, Hikesios (vgl. Herodot I, 44.). Auch in den Solonischen Gesetzen wurde Zeus, als ein Gott heiliger Schwüre und Bündnisse, Hikesios, Katharsios und Exakesterios genannt (Pollux VIII, 142. Vgl. Eurip. Rasender Herakl. 925.). Als Schützer und Aufnehmer der Prostropäen heiſst er selbst Prostropäos [19]).

Der eigentliche Reiniger aber bleibt, nach der alten Satzung der Themis, P h ö b o s - A p o l l o n, der helle Gott, der die Schrecknisse der dunkeln Welt und Natur durch heldenmüthigen Kampf oder averruncirende Gebräuche überwinden lehrt; er, an dessen Feste sich in ganz Griechenland Reinigungen der Menschen wie der Länder anknüpften, der in seinen Cultusmythen selbst gesühnt und gereinigt wird, dessen alte Cultuslieder, die Päanen, ursprünglich entschieden Sühnlieder waren. Er vernichtet die Ungethüme, das Drachengewimmel, welches die durch alte Schuld erzürnten Erd - und Unterwelts-götter heraufsenden [20]), entfernt Seuche und Pest, feindselige Wirkungen derselben Götter, und setzt Ordnung, Klarheit und Heil an deren Stelle. Ihm vertraut die Pythias mit Recht die Reinigung seines Hauses an; als Iatromantis und Zeichenschauer weiſs er die Anwesenheit dieser Grauengestalten zu deuten, und den Fluch, aus dem sie hervor-gegangen, zu heben; als Katharsios die Befleckung, die sie verursacht haben, hin-

---

19) Wie προςρόπαιος hiernach Beides bedeutet, den, welcher προςτρέπεται, und zu welchem Einer προςτρέπεται: so haben auch die von ἵκω stammenden Worte die doppelte Bedeutung. Nicht blos die Supplices sind ἱκέται, ἵκτορες (davon ἱκτορεύειν Sophokles bei Hesych), ἀφίκτορες, sondern auch Zeus ist ἵκτωρ oder ἱκτήρ, ἀφίκτωρ. Aeschyl. Hiket. 1. 474. Daraus erkläre ich Eumen. 118: Meine Feinde haben προςίκτορας, d. h. Gotter, die sie als προςίκτορας (419) schutzen, gefunden. Den Stab des Hiketes in Orestes Hauden nennt Moschion (bei Arsenios p 363. Walz) προςίκτην θάλλον.

20) Vgl zu Eumen. 62. die schone Stelle Hiket. 265. von dem aus Nordgriechenland kommenden und den Peloponnes reinigenden Apollonssohne Apis, d. i Ἦτις, Ἤπιος. Wie dieser, als ιατρόμαντις, die κνώδαλα βροτοφθόρα, den δράκων ὅμιλος, wegschafft: so soll auch Apollon, als Iatromantis, die κνώδαλα, die Erinnyen, vertilgen.

wegzuschaffen (62. 63.): eine Verbindung von Vorstellungen, die, wenn auch in der frühern Poësie nicht auf dieselbe Weise ausgesprochen, doch so alt ist wie der Apollinische Cultus.

(61.) Damit wird indessen nicht geläugnet, daſs auch andre Götter reinigen können, wie wahrscheinlich schon in dem alten Heldengedichte, der Danais, Hermes und Athena (Apollod. II, 1, 5.), aber es wird behauptet, daſs in keinem Cultus die Reinigung ein so bedeutendes Moment bildet, ein so integrirender Theil des Gottesdienstes ist, wie bei Apollon. Achilleus schifft von Troia nach Lesbos hinüber, wie Arktinos (bei Proklos) erzählt, um für den Mord eines Mitstreiters, vom Lager entfernt, bei dem Heiligthum des Apollon, der Artemis und Leto gereinigt zu werden. Es ist ein feiner Zug der Sage, daſs Herakles, als er wegen Iphitos Reinigung sucht, von dem Pylischen Neleus abgewiesen, dagegen von dem Amykläischen Deiphobos angenommen und wirklich gereinigt wird (Apollod. II, 6, 2.); offenbar soll dadurch das dem Apollon geweihte Amyklä als der Ort bezeichnet werden, wo seit den Zeiten der Heroen ein sühneflehender Hiketes besonders wohlwollende Aufnahme fand.

Auch mit dem Cultus des Dionysos sind Sühn- und Reinigungsgebräuche verbunden, welche sich besonders an die Idee des Chthonischen Gottes, Dionysos-Zagreus, anknüpfen, und später von den Orphischen Männern zu einer eigenen ascetischen Lebensregel ausgebildet worden sind. Aber obzwar die Dionysische Katharsis (durch den Cult der Chthonischen Götter) in letzter Quelle mit der Apollinischen zusammenfließen möchte: so bildet jene Religion doch in Griechenland so sehr ein vom öffentlichen Leben getrenntes, für sich bestehendes Ganzes, daſs ein so wichtiges politisches Institut, wie die Mordsühne, auf keine Weise daraus hergeleitet werden kann. Allerdings ist in allen orgiastischen Culten die Katharsis ein wichtiges Moment (wie auch in den Phrygischen bei Demosth. vom Kranze S. 313. u. sonst); die Dionysische Katharsis löst namentlich von der Dionysischen Mania, von der Wuth der Bakcheia, wie den Gott Dionysos selbst nach Eumelos, wie die Prötiden nach alten Gedichten: daſs sie auch von der Befleckung des Mordes frei mache, finde ich nirgends nachgewiesen (vgl. Hoeck Kreta III. S. 235 ff. 266 ff.) [21]. Von der Dionysischen Katharsis als einem wichtigen Momente für die Geschichte der tragischen Poësie, werde ich unten Einiges zu sagen Gelegenheit finden.

c. Orestes Reinigung.

(62.) Eine besondre Verherrlichung des Ansehns Apollinischer Sühnungen bildet die mythische Geschichte des Orestes. Sein Aufenthalt in Delphi, von wo er als Bluträcher ausgeht, wohin er als Prostropäos zurückkehrt, ist eine sicher uralte Sage. Der Krissäer Pylades, als sein treuer Genoſs, Orestes selbst, als Vertheidiger des Pythischen Heiligthums gegen Pyrrhos, weisen auf eine enge Verbindung des Heros zu dem Gotte hin, die ich mir nicht anders als durch wirklich geschichtliche Verhältnisse und factische

---

21) Daſs von Polyidos, dem Melampodiden, der Sage nach, Mordsühne und Dionysos-Cultus geübt wurde (Pausan. I, 43, 5), beweist noch keinen Zusammenhang beider.

Umstände erklären kann. Indefs eigneten sich die Reinigung des Orest auch viele andre Heiligthümer, besonders Apollinische, zu: so wie bei Tempeln der Erinnyen von, seiner Verfolgung die Rede war. So sollte Orestes die Zeit der Flucht und Verbannung bei den Azanen in P a r r h a s i e n , der Arkadischen Landschaft, zugebracht haben, wo man auch den Namen Oresteions vom ihm ableitete (Eurip. Orest. 1663. Tzetz. Lyk. 1374.). In dieser Gegend, welche voll von uralten Heiligthümern der Erdgöttinnen ist, zeigte man, nicht weit vom spätern Megalopolis, noch in Pausanias Zeit ein Heiligthum der rasenden Göttinnen (Maniae); hier war Orestes wahnsinnig geworden, und hatte im Wahnsinn sich einen Finger abgebissen, dem auch ein Denkmal ($\varDelta\alpha\varkappa\tau\acute{v}\lambda ov$ $\mu\nu\tilde{\eta}\mu\alpha$) errichtet war; weiterhin lag eine Stelle, die Heilung ($"A\varkappa\eta$) genannt, wo ihm die Gottheiten weifs erschienen sein sollten, und als Eumeniden ein Heiligthum hatten. Den schwarzen Erinnyen sollte Orestes Todten - Opfer ($\grave{\varepsilon}\nu\alpha\gamma\acute{i}\sigma\mu\alpha\tau\alpha$), den weifsen göttliche ($\vartheta v\sigma\acute{\iota}\alpha\nu$) dargebracht haben; mit diesen opferte man den Chariten. — Als in der neun und siebenzigsten Olympiade die alte Pelopidenburg Mykenä von den Argeiern zerstört wurde, floh ein Theil der Mykenäer nach K e r y n e i a in Achaia, und brachte, wie es zu geschehen pflegt, seine Heiligthümer und die daran geknüpften Sagen mit. Auch in Keryneia war darum ein, dem Vorgeben nach, von Orestes gegründetes Heiligthum der Eumeniden, die jeden Frevler wahnsinnig machten (Paus. VII, 25, 4.); Orestes sollte sie durch das Holokausten - Opfer eines schwarzen Schaafes aus Erinnyen in Eumeniden verwandelt haben, erzählte die von Mykenä auf Keryneia übertragne Sage [22]. — In L a k o n i k a lag ein roher Stein, auf welchem Orestes niedersitzend Linderung des Wahnsinns empfunden haben sollte; man nannte den Stein den beruhigenden Zeus, $Z\varepsilon\grave{v}\varsigma$ $K\alpha\pi\pi\acute{\omega}\tau\alpha\varsigma$ (Paus. III, 22, 1. mit Siebelis Note). — Die Reinigung aber sollten in dem auch sonst durch Mordsühne berühmten T r ö z e n neun Männer vor den Heiligthümern des Apollon und der Artemis verrichtet haben (Paus. II, 31, 7. 11. vgl. I, 22, 2.); aber auch die R h e g i n e r , welche theils von Chalkis, theils aus Messenien stammten und sich heilige Colonisten des Apollon nannten, eigneten sie sich und ihren sieben Flüssen zu [23]. Dies und vielleicht noch die Erzählung von Argos im Lande der Makedonischen Oresten, als einer Gründung des umherirrenden Orest [24], waren etwa die Sagen, welche Aeschylos vor sich hatte, zu denen später die ihre Mythen in der ganzen Welt umhertragenden und überall anknüpfenden Griechen noch mancherlei Erfindungen hinzufügten, die meistentheils auf blofsen Etymologieen beruhen (wie die vom Kappadokischen Gebirge

---

22) Es ist nämlich nicht zu zweifeln, dafs bei den Schol. Oedip Kol. 42. für $\grave{\varepsilon}\nu$ $K\upsilon\varrho\upsilon\nu\acute{\iota}\alpha$, wie der Cod Laurentianus hat, woraus $\grave{\varepsilon}\nu$ $K\alpha\varrho\nu\acute{\iota}\alpha$, $\grave{\varepsilon}\nu$ $K\upsilon\varrho\acute{v}\dot{\alpha}$ (von dem $\sigma o\varphi\acute{\omega}\tau\alpha\tau o\varsigma$ Triklinios) gemacht ist, $K\varepsilon\varrho\upsilon\nu\varepsilon\acute{\iota}\dot{\alpha}$ geschrieben werden mufs.

23) Von der Rheginischen Sage handelt mit Gelehrsamkeit Fr. W. Schneidewin *Diana Phacelitis et Orestes apud Rheginos et Siculos.* Gott. 1832. Durch die Messenische Colonie erhielten die Rheginer den Cultus der Orthischen oder Taurischen Artemis; dieser mufs aber damals schon in Lakonika mit der Orestes - Sage in die Verbindung gebracht worden sein, in welcher wir ihn später finden.

24) Die Stellen Strabon's und Andrer bei Raoul - Rochette *Hist. de l'établissement des col. Gr. V.* II *p.* 451. Ueber O r e s t e - H a d r i a n o p o l i s Lampridius im Heliogabal c. 7.

Amanon, als dem Orte der Befreiung vom Wahnsinne, Komana, der Stätte der Haar-schur u dgl.) [25]). Auch Aeschylos nimmt mehrere Reinigungen an, die erste und vor-züglichste, sehr bald nach der Mordthat, zu Delphi (Choeph. 1031. Eum. 272.); aber auf mehrere deutet offenbar die Stelle (429. vgl. 229. 275.): *So bin ich langst indefs vor Andrer Wohnungen durch Opferschlachtung, wie durch Wassergufs gesuhnt.* Vor Andrer Wohnungen sagt er deswegen, weil der Unreine nicht in die Häuser der Götter wie der Menschen hereingelassen wird; daher Orestes Hütte zu Trözen vor dem Apollontempel stand, und die Blutgerichte in Athen nicht in, sondern bei dem Delphi-nion, Prytaneion u. s. w. gehalten wurden. Orestes besucht in der langen Zeit, die zwischen V. 225 u. 226. gesetzt werden mufs, auch entlegne, durch das Meer getrennte Länder (77. 241.), wobei wohl auf Rhegion gedeutet wird, wenn auch die Rheginer in ihrer Landes-Sage die Ankunft des Orestes erst nach der Taurischen Wanderung setzten. Diese Taurische Fahrt des Orestes nebst der Zurückholung der Iphigeneia läfst Aeschylos, weil sie nicht zur Ausführung seiner Idee gehören, ganz aus dem Spiele; wie sie Euripides und Andre mit den Sagen vom Areopag verbanden und ausglichen, gehört nicht in den Kreis dieser Untersuchung. Wie beträchtlich aber die Zeit ist, welche zwischen dem Aufenthalt in Delphi und der Ankunft in Athen zu denken, dem Zuhörer zugemuthet wurde: spricht Aeschylos sehr naiv auch dadurch aus, dafs, aufser den Sühnungen und dem Menschenverkehr, die Länge der Zeit selbst schon allen Makel von Orestes genommen haben soll (276).

(63.) Eine gröfsere Schwierigkeit, die indefs durch die vorhergegangnen Auseinan-dersetzungen auch schon fast weggeräumt ist, kann der Umstand zu machen scheinen: dafs die Reinigung des Orestes, die ihn für den Verkehr mit Menschen und Göttern völlig makellos macht, doch die Erinnyen so wenig von ihm entfernt, ja in ihrer Verfolgung kaum zahmer macht. Dies läfst sich wohl auf keine Weise genügend auflösen und erklären, als durch die eben ausgeführte Scheidung von Sühne und Reinigung. Orestes ist kein Befleckter, und darum kein Ausgestofsner mehr; er erscheint jetzt auch innerlich beruhigter als am Schlusse der Choephoren; er trägt kein blutiges Mal an seinen Händen und im Gewissen. Aber der Groll des mütterlichen Schattens, der Chthonischen Mächte, die Erinnys, ist noch nicht gehoben; die Götter müssen diesem den Orest durch ein förmliches Gericht entreifsen. In letzter Instanz fallen freilich die hier ge-schiednen Seiten zusammen; der Fluch der Mächte der Unterwelt äufsert sich in dem zerrütteten Zustande des Blutschuldigen; ihre Versöhnung führt zugleich die Reinigung des Verbrechers herbei, die ihm das finstre Ansehn nimmt und ihn der menschlichen Gesellschaft wiedergiebt. Aber in der positiven Ausbildung hatten sich die ursprünglich eng verbundnen Ideen geschieden; Aeschylos durfte den Orestes gereinigt, und dennoch unter dem Banne jener Nachtseite der Götterwelt darstellen: wohl um so mehr, da zwar

---

Reinigungsgebräuche in der Fremde verrichtet werden können, aber eine Versöhnung mit der Seele des Ermordeten wahrscheinlich in der Regel an die heimische Stätte, wo die That geschehen war, wo das Grab des Erschlagnen lag, gebunden gedacht wurde. Daher denn auch Aeschylos die Seite der Gebräuche, welche Sühne bezweckt: Opfer an die Erinnyen, Todtenopfer, Melikraten, den Widder des Zeus Meilichios, niemals erwähnt, sondern sich stets an die rein kathartischen Cäremonien hält: obwohl, wo Alles vollständig war, die letztern nur eine Fortsetzung der erstern waren. Wir müssen bekennen, daß, wenn auch die innigste Wahrheit, welche die ursprüngliche Sage enthielt, in dieser Form schon verdunkelt ist: doch nicht blos für den, der eine gewöhnliche Geschichte hier zu lesen glaubt, sondern auch für den, welcher den ethischen und religiösen Ideen nachdenkt, Aeschylos seiner Sagenbehandlung so viel Folgerichtigkeit gegeben hat, als sich mit dem letzten Ziele seiner Composition vertrug.

C. Die Gerichte über Blut, und das gerichtliche Verfahren.

a. Die Attischen Gerichte und Mahlstätten.

(64.) Wie bei den Untersuchungen über die Blutrache und Verfolgung des Mörders, werden wir auch hier damit beginnen, die genauer bekannten Einrichtungen der historischen Zeit in möglichster Kürze darzustellen; von da mögen wir uns dann in die dunkleren Regionen alter Zeiten zurückbegeben.

In dem durch Solon's Gesetzgebung geordneten Athen war die Blutgerichtsbarkeit zwei Collegien anvertraut: dem Areopag und den Epheten. Der Areopag, oder, genauer gesprochen, der Rath auf dem Ares-Hügel ($\dot{\eta}$ $\dot{\epsilon}\nu$ $\dot{A}\varrho\epsilon\dot{\iota}\psi$ $\pi\dot{\alpha}\gamma\psi$ $\beta o\nu\lambda\dot{\eta}$), bestand damals aus denjenigen, welche die Würde eines der Neun Archonten tadellos bekleidet hatten; zu welcher Würde nach Solon's Anordnung die Reicheren nur durch Wahl, seit Aristeides alle Athener, und zwar durch den Zufall des Looses, gelangen konnten. Der Areopag sollte der Hauptgerichtshof über Todtschlag sein, indem ihm die Entscheidung bei Anklagen wegen vorsätzlichen Mordes ($\varphi\dot{o}\nu o\varsigma$ $\dot{\epsilon}\varkappa o\dot{\nu}\sigma\iota o\varsigma$ oder $\dot{\epsilon}\varkappa$ $\pi\varrho o$-$\nu o\dot{\iota}\alpha\varsigma$), so wie böslicher Mordversuche durch Verwundung, Gift und Mordbrennerei, anvertraut war.

Die Epheten dagegen waren ein und fünfzig Männer, über fünfzig Jahr alt, aus edeln Geschlechtern ($\dot{\alpha}\varrho\iota\sigma\tau\dot{\iota}\nu\delta\eta\nu$), welche nur nach einem tadellosen Lebenswandel ihr Amt erhalten sollten. Sie richteten als ein Collegium, ohne sich zu zertheilen, bald in der einen bald in der andern unter vier verschiednen Gerichtstätten [1]). Theils nämlich beim Palladion, bei unvorsätzlichem Morde; theils beim Delphinion, wenn Jemand den Todtschlag eingestand, aber ihn mit Recht verübt zu haben behauptete (bei der Noth-

---

1) Dies heißt $\tau\epsilon\varrho\iota\acute{o}\nu\tau\epsilon\varsigma$ bei Photios, woraus bei Suidas, Zonaras und den Scholien zu Demosth. geg. Aristokr. p. 98. R. durch Mißverständniß einer Abkürzung π' ($\dot{o}\gamma\delta o\dot{\eta}\varkappa o\nu\tau\alpha$) $\ddot{o}\nu\tau\epsilon\varsigma$ geworden ist.

wehr; als Rächer der Hausehre gegen einen Ehebrecher; als Mörder eines Tyrannen; eines nächtlichen Diebs und Räubers; endlich wurde auch der Todtschlag bei gymnastischen Kämpfen hieher gerechnet); theils beim Prytaneion, wo nach sonderbar altväterischem Brauch über Werkzeuge, die zum Morde eines Menschen gedient, in Fällen, wo entweder kein Thäter vorhanden oder doch nicht herbeizubringen war, gerichtet wurde; endlich in Phreatto oder Zea ²) in dem besondern Fall, dafs Jemand, der wegen eines unvorsätzlichen Todtschlags die Heimat auf bestimmte Zeit verlassen hat, indefs eines vorsätzlichen Mordes angeklagt wird; ein Solcher vertheidigte sich dann, weil die Blutrache ihn hindert, das Land zu betreten, vom Schiffe; wurde er verurtheilt, so verwandelte sich sein Apeniautismos (oben §. 57.) in beständige Verbannung.

(65.) Fragen wir nun, warum die Solonische Verfassung, denn dieser wird die Einrichtung des Areopags in der beschriebnen Weise verdankt, die Gerichte über vorsätzlichen Mord und über die zuletzt angegebnen Gattungen des Todtschlags verschiednen Behörden zugetheilt hat: so können wir erstens so viel mit Entschiedenheit antworten: nicht etwa deswegen, weil diese Sonderung uralter Brauch in Griechenland gewesen wäre. Denn abgesehen davon, dafs die frühere Zeit überhaupt nicht so scharf zwischen unvorsätzlichem und vorsätzlichem Todtschlage unterscheidet (§. 52.): so findet sich auch sonst nirgends in Griechenland eine Spur dieser Scheidung von Behörden, und man wird gestehen müssen, dafs sie auch in der Ausführung manche Uebequemlichkeiten und Weitläuftigkeiten herbeiführen mufste. Die Natur der Sache, so wie alle historische Analogie, nöthigt uns anzunehmen, dafs ursprünglich auch in Attika dasselbe Collegium (wenn auch an verschiednen Mahlstätten) untersuchte, ob ein Todtschlag mehr oder minder verbrecherisch sei, ob er durch Todesstrafe, welcher beständige Verbannung nach Griechischer Ansicht ziemlich gleichstand, oder durch eine beschränkte Meidung der Heimat abgebüfst werden könne, und dem zufolge in der Heimat sühnbar sei. Mit diesen Worten sprechen wir auch schon zugleich den Grund aus, welcher die Scheidung des Epheten-Gerichts von dem Solonischen Areopag veranlafst hat, und wir haben von da nur einen Schritt zum einleuchtenden Beweise, dafs diese Scheidung erst ein Werk des Solon sein konnte. Nämlich: die Sühne und Reinigung der Mörder gehört zu der Verwaltung des heiligen Rechts (der ἱερὰ καὶ ὅσια) von Athen; die Kunde dieses heiligen Rechts blieb in den Händen der alten Adelsgeschlechter, auch als diese ihre politische Macht verloren (wofür ein folgender Abschnitt, über die Exegeten, die nähern Beweise liefern wird); so konnte also die Ausübung der Sühnungsbräuche, auch bei sonst durchgreifender Veränderung der Verfassung, der alten Aristokratie Athens nicht entzogen werden. Nur ein aristokratisch eingerichteter Gerichtshof konnte die Sühnbarkeit eines

²) Dafs diese einerlei sind, kann nicht bezweifelt werden. Phreatto hiefs eine Gegend ἔξωθεν τοῦ Πειραιῶς (Helladios bei Photios Myriob. p. 535 Bekker); Zea war der innerste, nördlichste, der drei Hafen im Peiraeus, der aber so gelegen ist, dafs er an einer Stelle nur durch eine schmale Landstrecke von einer aufserhalb gelegnen Bucht getrennt ist; hier war die Gerichtstätte. Vgl den Stuartschen oder den Kruse'schen Plan, *Pl.* III. *sect.* 3. Bei Wachsmuth Alterthumskunde III. S. 320. ist eine kleine Berichtigung nöthig

Todtschlags aussprechen, und der Sühnung und Reinigung selbst vorstehen. Ihm mußten somit die Fälle zur Entscheidung bleiben, wo Einer unvorsätzlichen Mordes angeklagt wurde, hier trat nämlich Sühnung nach der Flucht ein; ferner, wo Jemand mit Recht getödtet zu haben behauptete, ein Solcher war eigentlich straflos, hatte nicht nöthig, das Vaterland zu verlassen [3]), aber mußte doch, wenigstens in gewissen Fällen, gereinigt werden [4]); auch der Fall, wo auf unvorsätzlichen Mord ein vorsätzlicher folgte, denn hier mußte entschieden werden, ob jetzt noch Sühnung statt finden könnte; endlich jene mit blutbefleckten Werkzeugen vorgenommenen Gebräuche, welche ganz und gar den Verwaltern alter Sühnungen anheimfielen. Vorsätzlicher Mord dagegen war nach dem Grundsatze, der ohne Zweifel schon in den strengen Thesmen des Drakon ausgesprochen war, nicht sühnbar als durch Henkers Hand; hier bedurfte es keiner Rücksicht auf die Kunde des alten heiligen Rechts, und so konnte also Solon das Urtheil darüber einer Behörde überantworten, welche er, dem Geiste seiner Verfassung gemäß, aus den durch die Würde der Archonten hindurchgegangnen Wohlhabendsten der Athenischen Bürger bildete, und, wie er sich selbst ausdrückte, zu einem Anker seiner Staatseinrichtung machen wollte.

(66.) In diesem Zusammenhange, scheint es, könne man gar nicht zweifeln, daß die Trennung der Epheten vom Areopag einer Zeit gehöre, in welcher die alte Herrschaft der Adelsgeschlechter in Athen vernichtet, und ihr so viel entzogen wurde, als es sich mit der Scheu vor Aufhebung religiöser Herkommen nur vertrug: diese Zeit aber, wissen wir, war keine andre als die Solonische. Dazu treten untergeordnete Gründe, welche indeß auch für sich schon auf dasselbe Resultat führen können [5]): daß Pollux, wahrscheinlich aus Aristoteles, die Nachricht aufbewahrt hat, daß die Epheten ehemals in fünf Gerichtshöfen, nicht blos in vier, richteten; und daß Drakon in seinen Thesmen immer nur von Epheten sprach, obgleich das Alterthum des Areopagitischen Blutbanns von so viel Sagen bezeugt, und auch von Aristoteles (Pol. II, 9.) anerkannt wird. — Auch diese Umstände führen darauf, daß seit alten Zeiten in Athen ein hoher Rath bestand, der, wie der Rath der Alten in Sparta, die Blutgerichtsbarkeit hatte, und der Blutrache, so viel es die auf religiösem Fundamente ruhenden Ansichten der Zeit zuließen, in die

---

3) Er soll es νηποινεὶ gethan haben, Demosth g Aristokr p. 637. 639. Es galt als kein φόνος, den Mochos zu todten, nach Lysias v. Eratosth. Mord § 30.

4) Dies ist ganz klar aus der Vergleichung des Gesetzes bei Demosthenes mit Platon's Gesetze IX. p. 865 : Εἴ τις ἐν ἀγῶνι καὶ ἄθλοις δημοσίοις ἄκων — ἀπέκτεινε — καθαρθεὶς κατὰ τὸν ἐν Δελφῶν κομισθέντα περὶ τούτων νόμον ἔστω καθαρός. Dies gehört aber zu den Fällen, wo gar keine Blutrache gegeben Ueber die andern Fälle ist Platon's Ausdruck, IX. p. 874., nicht völlig entscheidend.

5) Wie sie wohl schon Luzac (*Exercitatt. Acad. Spec.* III. *p.* 181.) darauf geführt haben. Vgl. Platner der Proceß und die Klagen Th. I. S 21. Dagegen geht die Ansicht Schomann's (Attischer Proceß S. 15. Berliner Jahrbücher 1827. N. 170.) darauf hinaus, daß Drakon dem Areopag den Blutbann genommen und ihn ganz den Epheten gegeben habe. Aber wäre dies nicht eine bedeutende Veränderung in der Verfassung gewesen, dergleichen doch Diakon nach Aristoteles Zeugniß nicht vornahm?

Arme griff; dieser Rath, welcher auch über Sitte und Ordnung wachte, und gewiſs ursprünglich eine groſse Regierungsgewalt ausübte, hatte, in Bezug auf die Mordklagen, den Namen der Epheten (Ἐφέται), der, wohl mit mehr Recht als vom Appelliren, vom Zulassen der Blutrache abgeleitet werden kann [6]), indem ja in diesem Zweige der Gerichtsbarkeit Alles davon abhängt, inwiefern der Todtschläger der Rache der Verwandten hingegeben oder entzogen werden soll. Dieser Name kam in den Drakontischen Gesetzen so viel vor daſs daraus auch die Meinung entstand, die wir bei dem Grammatiker Pollux finden: Drakon habe das Epheten‑Collegium eingesetzt.

Wenn wir hiernach die Trennung verschiedner Collegien für jung erklären und aus spätern politischen Absichten ableiten: so halten wir dagegen die Unterscheidung verschiedner Mahlstätten für verschiedne Gattungen des Verbrechens und der Schuld für sehr alt; indem die Wahl derselben auf religiöse Ideen anspielt, die in die Bildungsperiode der Griechischen Götterdienste selbst zurückführen, dagegen später verdunkelt und in Vergessenheit gerathen waren. Es ist wohl gestattet, diesen Satz etwas weiter auszuführen.

(67.) Ueber die schwersten Mordvergehen wird auf dem Areshügel gerichtet, der Anhöhe, auf der Ares, und an deren Fuſse (unten §. 88.) die Erinnyen ihre Heiligthümer hatten. Wer hier verurtheilt wird, der hat durch frevlen Bürgermord (Ἄρης ἐμφύλιος [7])) den Frieden gebrochen; ein besondrer Groll des Hingemordeten, die Erinnys (§. 77.), ruht auf ihm, der er preisgegeben werden muſs, wenn die Schuld klar ist. Auf dem Areopag muſs der Mörder; nach Euripides Ausdruck (Iph. Taur. 951.), den namenlosen Göttinnen Recht gewähren (δίκην παρασχεῖν ταῖς ἀνωνύμοις θεαῖς). Der Angeklagte schwört besonders bei diesen erhabenen Gottheiten (Deinarch. g. Demosth. §. 47.); losgesprochen ist er ihrer Gewalt entzogen und opfert ihnen in dem benachbarten Heiligthum (Paus. I, 28, 6.) als versöhnten Gottheiten; verurtheilt aber wird er der Erinnys, die er heraufgerufen, und dem Kriegsgott, den er aufgewiegelt, hingegeben. Dieser Zusammenhang des Erinnyen‑Dienstes mit dem Gericht auf dem Areshügel tritt auch in Epimenides Geschichte hervor, indem dieser Kretische Sühnpriester, welcher die Befleckung des Landes durch alte Mordthaten zu sühnen hatte, vom Areopag aus die schwarzen und weiſsen Schaafe laufen lieſs, die an der Stelle, wohin sie gelaufen waren, den Gottheiten, die das Opfer zu verlangen schienen (τω προσήκοντι θεῷ), geopfert wurden, und zugleich das Heiligthum der ehrwürdigen Göttinnen oder Erinnyen

---

6) Ἐφέται, οἱ ἐφιᾶσι τῷ ἀνδροφόνῳ τὸν ἀνδρηλάτην. Vom Handanlegen an den Mörder (was aber weniger Sache der Epheten war) Buttmann Griech Sprachlehre II. S. 326. N. Die Beispiele von passivischem Gebrauch der Nomina auf -της, wie ἀειγενέται θεοὶ bei Homer, γενέτης und γενέτειρα für Sohn und Tochter bei den Tragikern und Euphorion (das dunkle ἀίτης des Aeschylos, Agam. 72. Eumen. 246. kann kaum hier gerechnet werden), κισσοδέτας bei Pindar, λιναγρέτης Lykophr. 237., ἐνδυτὴρ πέπλος bei Sophokles (was K. F. Hermann de iure et auctoritate magistratuum p. 63. vergleicht), genügen doch alle nicht, um die Erklärung von ἐφέτης „einer, an den man appellirt" zu rechtfertigen.

7) Was Aeschylos sinnreich Ἄρης τιθασός ausdruckt, Eum. 335.

gegründet haben soll (wiewohl die eigentliche Stiftung unstreitig früheren Zeiten angehört) [8]). Wie aber dieser Zusammenhang auf der ältesten Geschichte der Götterdienste in Griechenland beruht, will ich im nächsten Abschnitte nachzuweisen versuchen.

Klage wegen unvorsätzlichen Mordes wird beim Palladion entschieden. Palladion heifst im Griechischen Alterthum nicht etwa jedes Bild der Göttin Pallas-Athena [9]); nur an eine bestimmte, in frühen Zeiten typisch geword'ne Darstellung der kämpfenden Pallas knüpft sich dieser Name an: wovon der Grund in der Bedeutung des Pallas-Namens selbst gesucht werden mufs [10]). Man mufs sich unter Palladien, nach den Kunstwerken sowohl, welche sich auf die Kassandra, den Raub des Diomedes, die Römischen Heiligthümer im Vestatempel beziehn, als auch nach den Angaben der Schriftsteller, stets stehende, mit einer Aegis gepanzerte, Schild und Speer emporhaltende Pallasfiguren denken (Handbuch der Archäol. §. 68, 1. vgl. Gerhard Prodromus mythologischer Kunsterklärung S. 121.). Die Griechische Sage setzte wohl in einer gewissen Zeit alle solche Pallasbilder in Verbindung mit Troja; jede Stadt, die ein altes Holzbild der beschriebnen Art besafs, rühmte sich auch es von Troja zu haben; auch dem Attischen wurde durch mannigfache, aber in diesem Punkt übereinstimmende, Sagen diese Herkunft verbürgt (Creuzer Symbol. Bd. II. S. 690 ff.). Dies Attische Palladion befand sich in den südlichen Gegenden der Stadt (Plutarch Thes. 27.), und das alt-Attische Geschlecht der Buzygen hatte die Pflege desselben, wie eine alte Sage (Polyän Strateg. I, 5.) und eine spätere Inschrift (*Corp. Inscr. n.* 491.) im besten Einklange mit einander beweisen. Nun

---

8) Lobon von Argos bei Diogen. Laert. I, 10, 112. Auch wird dem Epimenides die Errichtung der Steine der Hybris und Anaideia auf dem Areopag zugeschrieben. Klemens Alex. Protrept. p. 22. Potter.

9) So heifst das Bild der Athena Polias, auf der Burg, bei den Athenern selbst nie Παλλάδιον, sondern τὸ ἀρχαῖον ἄγαλμα τὸ ἐν πόλει; τὸ τῆς Πολιάδος, τὸ παλαιὸν βρέτας, auch bei Gelegenheit der Plynterien (der heiligen Wasche) τὸ ἕδος (τὸ ἀρχαῖον) τῆς Ἀθηνᾶς S. Xenoph. Hell. I, 4, 12. Plutarch Alkib. 34. Hesych. s. v. Πραξιεργίδαι. Vgl. oben S. 106 n. 7. Dagegen heifst das Bild auf Ilion: τὸ τῆς Ἀθηνᾶς ἕδος, ὃ Παλλάδιον καλοῦσι, bei Appian Mithrid. c. 53. (ἕδος ist hier überhaupt ἱδρυμένον, ein consecrirtes Cultusbild, wie *Corp. Inscr. n.* 491), und auch das Bild der Alalkomenischen, abwehrenden, Pallas, wird ein Palladion genannt (oben S. 106. N. 7).

10) Ein und dasselbe, wiewohl schwer aufzulösendes Gewebe, bilden die Sagen von der Tritons-Tochter Pallas, welche von der Athena getödtet wird, die nach ihr das Palladion bildet (ursprünglich identisch mit der Tochter des Itonos, Iodameia); von dem Giganten Pallas, dem Vater der Selene (Homer. Hymnus auf Hermes 100.) und der Athena (*Minerva luna*), die zum Schutze ihrer Jungfraulichkeit diesen ihren eigenen Vater tödten mufs; von Pallas, als einem der auf Pallene oder Phlegra mit den Göttern kampfenden Giganten, welchen ebenfalls Athena erlegt (daher die Palladien von der Gigantenschlacht her, oben S. 106. N. 7); von dem Attischen Demos Pallene, mit dem Heiligthum Pallenion, als dem Sitze der Pallantiden (Plutarch Thes. 13.), eines Gigantengeschlechtes nach Sophokles (Aegeus Fragm. I.) und nach dem Friese des Theseus-Tempels, in welchem ich den Kampf des Theseus und der Pallantiden wiedererkenne. Ueberall erscheint hier Pallas (wie sonst Gorgo) als ein der Athena eben so nahe verwandtes wie feindseliges Wesen, und meist stehen damit die Palladien in Verbindung.

20 *

knüpft sich aber an das Troische Palladion die uns zwar erst durch Apollodor bekannt
gewordne, aber gewifs sehr alte (wenn anders völlige Abweichung von später herrschenden
Vorstellungen das höhere Alterthum verbürgt) Tradition an, dafs die Göttin Athena eine
Gespielin Pallas bei Waffenübungen umgebracht, und zu ihrem Andenken das Palladion
verfeitigt habe. Auch soll dies Troische Palladion, welches wahrscheinlich mit gutem
Grunde von der Statue auf der Burg von Ilion, die bei Homer als ein sitzendes Bild
erscheint, unterschieden wird, sich auf dem Hügel der Ate befunden haben (Apollod.
III, 12, 3.), wo Kassandra ihre Wohnung hatte (Lykophr. 29.): eben deswegen, weil
das Bild selbst von einer Ate oder Verblendung des Sinnes herstammte [11]). So wenig
nun auch dieser Theil der Mythen von Pallas bisher vollkommen enträthselt worden ist:
so sieht man doch so viel deutlich, dafs sich an die Palladien überhaupt die Vorstellung
eines unvorsätzlich, in der Ate (§. 45. 52.), verübten Mordes knüpfte, und deswegen der
dem Palladion benachbarte Platz den alten Athenern zur Mahlstätte grade für solche
Fälle der geeignetste schien [12]).

Auf dieselbe Weise knüpft sich an den **Delphinischen Apollon**, bei dessen
Heiligthum die dritte Mahlstätte der Epheten war, die Vorstellung in gerechtem Kampfe
verübten Todtschlags. Delphinios heifst Apollon als Erleger der Delphine ($\Delta\epsilon\lambda\varphi\acute{\iota}\nu\eta$),
des Python, eines feindlichen Ungethüms (oben §. 56.); dies ist ein gerechter Mord,
wenn auch immer der reine Gott deswegen flieht und sich reinigt (vgl. §. 65.). Deswegen
also mufs über rechtmäfsigen Todtschlag bei dem Delphinischen Apollon erkannt werden.
So deutlich diese Auffassung des Delphinischen Apollon der Einrichtung des Gerichtshofs
zum Grunde liegt: so zeitig mufste dieser Zusammenhang den Athenern selbst verdunkelt
werden, indem in der poëtischen und Kunstmythologie sehr bald die Vorstellung des
Apollon Delphinios als eines in Delphinen-Gestalt über das Meer ziehenden und geleitenden Gottes überwog. So ist auf der einen Seite der Epheten-Gerichtshof beim
Delphinion ein deutlicher Beweis, dafs man unter Apollon Delphinios sich ehemals auch
in Athen den Tödter der Delphine dachte; auf der andern Seite zeigt das frühe Verschwinden dieser Idee von Apollon Delphinios deutlich, in welches Alterthum die Einrichtung der Epheten-Gerichtshöfe hinaufgeht.

Das **Prytaneion** war, wie sein Name besagt, von jeher der Versammlungsort der
wechselnden Vorsteher und Leiter des Hohen Rathes, der ehemaligen, wie der spätern,

---

11) Nun darf man fragen, ob vielleicht in der oben S. 106. N. 7. noch dunkel gelassenen Stelle $\tau\tilde{\omega}\nu\ \pi\epsilon\rho\grave{\iota}$
$\alpha\grave{\upsilon}\tau\epsilon\varphi\upsilon\varrho\tilde{\omega}\nu$ — $\tau\tilde{\omega}\nu\ \pi\epsilon\rho\grave{\iota}\ "A\tau\eta\varsigma\ \lambda\acute{o}\varphi o\nu$ (oder $\lambda o\varrho\upsilon\varphi\grave{\eta}\nu$) — zu schreiben sei. — Einen Zusammenhang dieser Sage und des Gerichts beim Palladion bemerkt E. Ruckert Dienst der Athena S 169

12) Auch in den Sagen von der Art, wie das Palladion nach Athen gelangt, wiederholt sich die Vorstellung von Todtschlag, der, ohne dafs der Thäter weifs, was er thut, begangen wird. Die im
Phalerischen Hafen gelandeten Argiver, welche dies Palladion mitbringen, werden getodtet, ohne dafs
man sie kennt, und daher alsdann als $\acute{\upsilon}\gamma\nu\tilde{\omega}\tau\epsilon\varsigma$ verehrt (Pollux VIII, 118 $\vartheta\epsilon o\grave{\iota}\ \check{\alpha}\gamma\nu\omega\sigma\tau o\iota\ \varkappa\alpha\grave{\iota}\ \H\eta\varrho\omega\epsilon\varsigma$
in Phaleron, Pausan. I, 1, 4., wo Siebelis zu vgl.). S. Phanodemos bei Suidas $\epsilon\pi\grave{\iota}\ \Pi\alpha\lambda\lambda\alpha\delta\acute{\iota}\omega$ und
Andern.

Prytanen Attika's, und also wohl auch einmal die Gerichtstätte für politisch wichtige Ver-
gehen, wovon ein Gesetz des Solon und das Decret des Patrokleides merkwürdige, aber
sehr dunkle Spuren auch noch für spätre Zeiten enthalten [13]). Die Epheten hielten indessen für gewöhnlich dort nur jene Scheingerichte, besonders über das Beil der Diipolien;
wovon der Grund vielleicht in localen Umständen zu suchen ist.

Warum die vierte, oder ehemals die fünfte, Mahlstätte des Epheten-Gerichts in
Phreatto, beim Peiräeus war, davon liegt der Grund am Tage.

---

(68) Wir verlangen nicht, daß eine Sage, um poëtisch behandelt werden zu können, einem bestimmten historischen Zustande getreu entspreche; die Hauptsache ist,
daß ihr Grundgedanke innre Wahrheit habe Hier jedoch würde eine Vorstellung vom
Areopag, deren Verschiedenheit von dem Wirklichen sich jedem Unterrichteten aufdrangte,
der Absicht des Dichters, auf die Gegenwart einzuwirken, und diesem Gerichtshofe gegen
die Schmälerer seiner Ehre beizustehn, wesentlich geschadet haben. Dies würde namentlich eingetreten sein, wenn der Areopag ganz und gar eine Solonische Einrichtung gewesen wäre, was er nach diesen Auseinandersetzungen nicht war. Freilich erscheinen uns
die Epheten, als das Eupatridische Sühngericht, auf der einen Seite mehr als ein Rest
jener alten Gerusia, welche ehemals alle Mordvergehen richtete: aber auf der andern
hatte sich doch im Areopag noch immer die für die ursprüngliche Einrichtung sehr cha-
rakteristische Vereinigung von Rath und Gericht erhalten, und, während die Epheten-
gerichte immer mehr in der öffentlichen Meinung der Athener herabsanken, der Areopag
aber sich darin behauptete, war es natürlich, daß auch alle jene alten Sagen und Mythen
allein dem Areopag zum Ruhme dienen mußten.

So konnte also die Sage von Orestes Lossprechung durch den Areopag auch kei
nen geschichtskundigen Athener befremden. Daß Aeschylos diese erfunden habe, wie ein
neuerer Gelehrter gemeint hat, ist durchaus unglaublich; auch erzählt sein Zeitgenoß
Hellanikos, wie nicht blos Orestes, sondern viele andre Heroen, ja Götter, vor ihm in
diesem Gericht ihr Urtheil empfangen hätten. Diese Sagen läßt Aeschylos zur Seite lie
gen; der Mythus von Orest strahlte so hervor, daß, ganz in der Weise der Sage, auch
die Stiftung des Gerichts an diesen Rechtspruch als den ersten geknüpft werden konnte.
Den Areopag als schon bestehend zu setzen, würde Aeschylos Plänen wenig entsprochen
haben; er mußte sein Gedicht zur Stiftungsurkunde dieses heiligen und göttlichen Gerichtes
machen. Eben so wenig durfte er hier zum erstenmale die zwölf Götter richten lassen,
wie Demosthenes (gegen Aristokr. S. 641. 644.) erzählt; den Bürgern Athens mußte Athena

---

13) Plut Solon 19. Andok. v. d Myster. §. 77. Man sieht daraus, daß vor Solon, und vielleicht bei
   besondern Veranlassungen auch noch später, beim Prytaneion unter dem Vorsitz der βασιλεῖς (der
   φυλοβασιλεῖς, wie ich glaube, welche mit den ursprünglichen Prytanen identisch gewesen sein mochten,
   und in den Scheingerichten beim Prytaneion auch später noch zu thun hatten), über die Urheber von
   Massacren (σφαγεῖς) und auf Tyrannis zielenden Volksbewegungen gerichtet wurde.

das hochwichtige Amt anvertraun. Wie in den meisten Fällen: so lagen auch hierüber mannigfache Localsagen in Streit; auch die Argeier eigneten einer alten Mahlstätte in ihrer Stadt, auf dem Pron, den Ruhm zu, dafs Orestes hier gerichtet (Eurip. Orest. 862. mit den Scholien); indefs scheint das Ansehn des Areopags bei den Hellenen im Ganzen überwogen und der Attischen Sage den Sieg verschafft zu haben.

(69.) Nur darüber könnte man sich wundern, warum, wenn doch allen jenen Mahlstätten, an welchen über vergofsnes Blut gerichtet wurde, ein hohes Alter zukömmt, die Sage von Orestes an den Areopag und nicht an das Delphinion geknüpft wurde. Hier wurde ja gerichtet, „wenn Jemand behauptete, mit Recht getödtet zu haben”, und Demosthenes führt selbst Orestes als Beispiel eines solchen gerechten Mordes an. Indessen möchte doch nach der älteren Ansicht, die weniger nach Begriffen spaltet, als das innre Verhältnifs, den geistigen Zustand des Todtschlägers beachtet, hier der Areopag mehr competent erscheinen, als das Delphinion, oder um im Sinne früherer Zeiten zu sprechen, der Hügel des Ares eine bessere Mahlstätte sein, als das Heiligthum des Delphinischen Apollon. Wer hier sich stellt, den läfst seine eigne That ruhig; keine Erinnys drückt ihn; denn wie könnte dem nächtlichen Räuber, dem über der Schändung einer fremden Frau Ertappten, eine Erinnys zukommen! Aber Klytämnestra hat, wenn auch immer in gerechter Blutrache erschlagen, doch weil sie die Mutter ist, Erinnyen; und das ist die Bedeutung des Areopags, dafs er zwischen diesen rächerischen Gottheiten und dem Verfolgten entscheidet, worauf, wie oben gezeigt, das Local selbst und die Feierlichkeiten beim Verfahren im Areopag hinweisen.

b. Ueber das gerichtliche Verfahren bei Aeschylos.

(70.) Aeschylos stellt den Areopag gleich bei der ersten Einführung möglichst Dem ähnlich dar, was er in geschichtlicher Zeit war, und während auf der einen Seite Alles, was wir sehen, wunderbar und übermenschlich, ein Handel unter Göttern, ist: so geht auf der andern Alles wieder so nach der Ordnung, den bürgerlichen Gesetzen und Herkommen gemäfs zu, dafs man recht deutlich den Sinn und Plan des Dichters gewahr wird; das wirklich Vorhandene, die bestehende Verfassung im Lichte einer göttlichen Weltordnung zu zeigen. Es ist daher der Mühe werth, auch diesen Vorgang und die dabei beobachteten Formen genauer ins Auge zu fassen.

In Athen, und fast überall in der alten Welt, bedarf es, wo eine gröfsre Anzahl Menschen richtet, eines Vorstehers ($\eta\gamma\epsilon\mu\omega\nu$) des Gerichtshofes, der die angebrachte Sache prüft, und, wenn er sie annimmt, sie so weit bringt, dafs sie dem Gerichtshofe vorgelegt werden kann. Für Klagen wegen Todtschlags hatte dies Amt in Athen der zweite der neun Archonten, der Archon König. Hier aber verwaltet es die Fürstin Athena ($\check{\alpha}\nu\alpha\sigma\sigma$ '$A\vartheta\acute{\alpha}\nu\alpha$), die Orestes, von Apollon angewiesen, gleich anfänglich darum anruft, ihm Richterin zu werden (vgl. 81. 215. 234. 250. 446.); was sie zwar ablehnt, weil ihr, der reinen Göttin, über Blut zu richten nicht zustehe (449.), aber dafür Geschworne einsetzt, welchen sie die Sache vorlegt.   Athena ist also der vorprüfende, einleitende Magistrat, der *Prätor*, welcher den Partheien *judices dat* [14]).

Die Vorprüfung der Rechtssache (ἀνάϰϱισις) wird bei Aeschylos durch die Scene dargestellt, wo Athena die beiden Partheien über Namen, Amt, so wie ihre Rechtsforderungen und Ansprüche ausforscht (s. besonders V. 386 bis 467.); worauf sie es für nöthig erachtet, beide anzunehmen, und sie auffordert, für Zeugnisse und Beweise vor Gericht zu sorgen, die sonst freilich schon bei der Anakrisis vorgebracht zu werden pflegten.

(71.) Dabei kömmt eine Stelle (407.) vor, welche sonst kaum verstanden und daher mannigfach verändert worden ist; einige Aufmerksamkeit auf das gerichtliche Verfahren macht Alles klar. Indem Athena sich von den schon befragten Erinnyen zu Orestes wendet, sagen jene: Aber er möchte wohl schwerlich den Eid annehmen noch auch geben (ἀλλ' ὅϱϰον οὐ δέξαιτ' ἄν, οὐ δοῦναι θέλει). Man begreift nicht, was sie wollen, wenn man erstens nicht beachtet, daſs ὅϱϰος ursprünglich der Gegenstand ist, wobei man schwört, der den Schwörenden geistig fesseln soll [15]); diesen nennt Der, welcher einen Andern zum Schwur auffordert, oder seinen Schwur annehmen will, dem Schwörenden, z.B. das Haupt seines Kindes, die und die Götter; dies heiſst Jemandem einen ὅϱϰος geben. Nun gehört ferner ein solcher Schwur, zu dem man einen andern auffordert, oder den man sich zu leisten erbietet, zu den Beweismitteln, wozu es einer Aufforderung (πϱόϰλησις) und der Annahme derselben bedurfte; man muſste sich von beiden Seiten vereinigt haben, es auf den Schwur der einen von beiden Partheien über den Streitpunkt ankommen zu lassen, damit ein solcher eintreten, und als ein selbständiges Beweismittel gelten konnte; die Uebereinkunft und Eidesleistung konnte übrigens bei der Anakrisis, oder vor dem Gerichte, oder auch ganz unabhängig von der Proceſsführung stattfinden, in welchem Falle sie nur gehörig bezeugt sein muſste, um auf das Urtheil einzuwirken. Hiernach sagen also die Erinnyen: Orestes möchte es schwerlich gestatten, daſs wir ihm einen Eid zuschieben, durch den er sich von aller Blutschuld reinigt; er wird es auch darauf nicht ankommen lassen, daſs wir seine Blutschuld beschwören; worin sie völlig Recht haben. Aber sehr richtig verwirft Athena für diesen Fall eine solche Entscheidung als einen bloſsen Schein des Rechts; wodurch das Unrecht nicht die Oberhand erhalten solle. — Es ist theils aus diesen Worten, theils aus den andern Umständen klar, daſs hier nicht die Rede ist von jener im Gericht des Areopags selbst regelmäſsig stattfindenden, und von keiner Proklesis abhängigen Eidesleistung, wobei der Kläger und der Beklagte, auf den zerhackten Gliedern (ἐπὶ τομίοις) eines Ebers, Widders und Stiers stehend, die Wahrheit und Rechtmäſsigkeit ihrer Anklage und Gegenrede beschworen, und, für den

---

14) Die das Attische Gerichtsverfahren betreffenden Angaben im Folgenden bedürfen nach den trefflichen Buchern, die daruber in Aller Handen sind, keiner besondern Belege.

15) Daruber Buttmann Lexilogus II. S. 52., dessen Erweise mir auch durch neuere Einwendungen nicht widerlegt scheinen. Daſs auch der Attische Sprachgebrauch damit ubereinstimmt, beweisen Stellen des Demosthenes, die man im Reiskischen *Index* findet. Und obzwar Euripides allerdings ὅϱγον δοῦναι fur Schworen braucht, so halt sich doch Aeschylos aller Wahrscheinlichkeit nach an den strengeren Sprachgebrauch.

Fall daſs sie lögen, sich selbst und alle die Ihrigen auf das Furchtbarste verfluchten (*διωμοσία κατ' ἐξωλείας*, vgl. Luzac *Exercitatt. Acad. Spec.* III. *p.* 175.). Diese Schwurleistung war etwas bei diesen Rechtstreiten durchaus Nöthiges, und wird im Folgenden nur deswegen nicht erwähnt, weil sie keine besondre Bedeutung für diesen Fall hat, so wie auch der Eid der Areopagiten, pflichttreu zu richten, zwar öfter erwähnt (461. 650. 680.), aber nicht im Theater selbst geleistet wird. Dagegen wird die an dieser Stelle behandelte Proklesis oder Provocation zur Eidesleistung dem graden einfachen Gange des Rechts, der Euthydikia (*εὐθεῖα δίκη* 411.), entgegengesetzt, indem zwar sonst die Euthydikia einer Einrede oder Gegenklage, durch welche die Einführung des Rechtstreits in das Gericht gehindert wurde (Paragraphe, Diamartyria, Antigraphe), entgegenzustehen pflegt, aber doch auch, in einem freieren Sprachgebrauche, der den regelmäſsigen Proceſsgang unterbrechenden Proklesis gegenübergestellt werden konnte, wovon unsre Stelle selbst den Beweis liefert.

(72.) Hierauf holt Athena die geschwornen Männer (ihres Volkes Biederste 465.) [16] herbei, welche sie hernach feierlich zu Areopagiten einsetzen will. Die Zahl dieser Männer haben wir oben (§. 9.) auf Zwölf bestimmt; und es ist nicht unwahrscheinlich, daſs wirklich der Rath auf dem Areopag ursprünglich aus so viel Mitgliedern bestanden habe [17].

Nun führt Athena den Proceſs ein (*εἰςάγει* 550. 552.), sie ist als Vorstand des Gerichts auch *εἰςαγωγεύς*. Die Partheien sprechen gegeneinander in kurzen und einfachen Sätzen; lange Reden waren gegen den Brauch des Areopags, auch gegen Aeschylos Sinnesart. Nur Apollon verbreitet sich in längeren Ausführungen, er ist aber nicht blos Anwald des Orestes, sondern auch Exegetes, von welchem Amte ich hernach sprechen werde; als Solcher bringt er den Begriff des gerechten Mordes, so wie die andern rechtfertigenden Umstände, den Richtern vor das Bewuſstsein.

Nun erst, nachdem die Partheien gesprochen, erfüllt Athena, was sie oben verheiſsen (462.), die Stiftung des Gerichtes (den *θεσμός* 462. 651.) auszusprechen. Die Frage, warum erst nach den Verhandlungen der Partheien, beantwortet sich so. Bis jetzt haben die Richter, wie die versammelte Menge, den Streit angehört, sich auch wohl ein Urtheil gebildet, aber ohne ein richterliches Geschäft zu verwalten. Jetzt sollen sie, dem Eide treu, im vollen Gefühle der Wichtigkeit ihres Amts, nach der ernstesten Erwägung, ihre Stimme geben; es ist also ganz angemessen, daſs die feierliche Einsetzung

16) *Tὰ βέλτιστα* muſs man mit dem Herodotischen *τὸ πρῶτα* in politischer Beziehung vergleichen. Es sind die *βέλτιστοι* bei Xenophon.

17) Vielleicht empfehlen sich folgende Conjecturen. Die älteste Bule, aus der ersten Phyle genommen, aus zwolf. Dann werden alle vier Phylen repräsentirt, es treten achtundvierzig ein, worunter vier Phylobasileis als Prytanen dieser Bule; den Konig selbst dazugerechnet, macht neunundvierzig. Durch Uebertragung auf die neuen zehn Phylen werden daraus die einundfunfzig Epheten, wie aus achtundvierzig Naukrarien damals funfzig wurden Zugleich werden fur vier Phylobasileis zehn eingefuhrt Photios s v *ναυκραρία*

an dieser Stelle eintritt. Sie ist Mittelpunkt des Stückes als eines politischen Drama's, in welcher Hinsicht sie oben (§. 35 ff.) erwogen wurde.

(73.) Wir kommen nun zu der auf diese Stiftungsrede folgenden Abstimmung. Wenn man sich von der Art und Weise dieser Abstimmung keinen deutlichen Begriff macht, und die beiden Handlungen, die darin liegen, bei Aeschylos nicht genau trennt, so geräth man in Gefahr, eine sehr verworrene Vorstellung von dem ganzen Hergange zu erhalten. Denn verworren und lächerlich ist doch gewiſs die von senr Vielen gehegte Vorstellung, daſs Athena dem Orestes einen Stimmstein zulege, und erst darnach die Stimmen gleich gefunden werden, und Orestes wegen dieser Gleichheit losgesprochen werde; indem ja grade Das die Idee des im Alterthum oft erwähnten *calculus Minervae* ist, daſs er bei gleicher Stimmenzahl als ein weiſser, lossprechender hinzugedacht wird [18]); ohne in die Gerechtigkeit einzugreifen, was die Göttin unmöglich wollen kann, stellt er das im unentschiednen Fall natürliche und billige Vorwalten der Milde über die Strenge dar. Aber die Schwierigkeit wird, wie gesagt, gelöst durch die Unterscheidung zweier Momente der Handlung, des Aufnehmens des Stimmsteins und des Hineinwerfens in die Urne ($\psi\tilde{\eta}\varphi o\nu$ $\alpha\check{\iota}\varrho\varepsilon\iota\nu$ $\varkappa\alpha\grave{\iota}$ $\delta\iota\alpha\gamma\nu\tilde{\omega}\nu\alpha\iota$ $\delta\acute{\iota}\varkappa\eta\nu$ 679.). Die Areopagiten erheben sich von ihren Plätzen, gehen zu einem Altar, auf welchem Stimmsteine in hinlänglicher Anzahl liegen, und nehmen hier einen auf. Das Nehmen der Stimmsteine vom Altar war eine bei Abstimmungen des Areopag's gewöhnliche Feierlichkeit, die Aeschylos schwerlich weggelassen hat. Dann treten sie zu einem Tische, wo wahrscheinlich die beiden Gefäſse ($\tau\varepsilon\acute{\upsilon}\chi\eta$ V. 712. genannt, vgl. Agam. 789. 790.), die eherne Urne des Mitleids und die hölzerne des Todes, nebeneinanderstanden, und werfen ihren Stein in eine derselben (wenn sie nicht, zur Verdeckung der Sache, noch einen andern als ungültig bezeichneten Stimmstein hatten, wie es sonst in den Attischen Gerichten gewöhnlich war). Dies thun die zwölf Areopagiten in gemessnen Zeiträumen hintereinander. Hierauf sagt Athena, indem sie ebenfalls einen Stimmstein vom Altar nimmt und emporhält, daſs sie diesen dem Orestes zulegen wolle (705.) — dadurch solle Orestes siegen, auch wenn sonst die Stimmen gleich seien (711.) — ohne jedoch etwa diesen Stein sogleich in eine der Urnen hineinzuwerfen, was dem Begriffe des „*Stimmsteins der Athena*" völlig zuwider wäre. Die Stimmsteine werden jetzt aus den Urnen geschüttet, und bei der Zählung gleich befunden (vgl. 762); da legt Athena den ihrigen der Seite der lossprechenden zu, und verkündigt in demselben Augenblicke auch schon das Resultat des ganzen Rechtstreits [19]).

---

18) Euripides leitet von dem Urtheil des Orestes vor dem Areopag den Grundsatz ab, daſs bei $\iota\sigma\sigma\psi\eta\varphi\iota\alpha$ der Angeklagte siege (Elektra 1277. Iphig. Taur. 1482), und in diesem Sinne ist auch bei spateren Rhetoren oft von der $\psi\tilde{\eta}\varphi o\varsigma$, $\mathring{A}\vartheta\eta\nu\tilde{\alpha}\varsigma$ die Rede. Vgl. die Anführungen bei K. F. Hermann Lehrbuch der Staatsalterthümer §. 143, 4. Nach den Scholien zu Aristeides Panath. p. 108, 7. Dind. richten die zwolf Gotter im Areopag; Athena aber giebt die dreizehnte Stimme ab.

19) Dies scheint mir die befriedigendste Vorstellung, obgleich man vielleicht in Nebenpunkten abweichen kann. In Bildwerken, wie auf dem Becher der Sammlung Corfini (s. die Anführungen im Handbuch der Archaol. §. 196, 3. 416, 2), ist blos ein Gefäſs angegeben, in welches Athena ihren Stimmstein legt: aber wer wird daraus die Einrichtung des Gerichts auf dem Areopag erkennen wollen?

D. Die Exegesis des heiligen Rechts.

(74.) Noch bleibt das Versprechen zu lösen, das Amt, welches Apollon in diesem Rechtstreite verwaltet, genau zu bestimmen.

Die Exegesis bezieht sich in Athen ganz auf das ungeschriebne Recht, die auf dem Wege mündlicher Tradition sich fortpflanzenden Herkommen und Gebräuche. Bei aller Ausdehnung, die das schriftliche Recht in Athen durch die theils in bestimmten Epochen eintretende, theils beständig fortgehende Gesetzgebung erhalten hatte, blieb doch sehr Vieles, namentlich in Betreff der religiösen Gebräuche und der den Todten zu erweisenden Pflichten, wozu auch die Blutrache gehörte, der mündlichen Ueberlieferung überlassen. Personen nun, die darüber im Besitz vorzüglicher Kunde waren, die in dahin einschlagenden Fällen genau angeben konnten, was Rechtens sei, hießen Exegeten der vaterländischen Gebräuche, des Heiligen und Erlaubten (ἐξηγηταὶ τῶν πατρίων, τῶν ἱερῶν καὶ ὁσίων, interpretes religionis); ihr Amt war, über dieses Recht Auskunft zu geben, de iure sacro zu respondiren, zu ἐξηγεῖσθαι.

Man fragt z. B. den Exegetes, ob man für Jemanden zum Begräbniß beizusteuern schuldig sei (Isäos v. Kirons Erbsch. §. 39.); so wie überall, wo man fürchtet, etwas an der Ehre der Todten zu versäumen (Harpokr. s. v. ἐξηγητής); man schickt zu ihm, wenn man nicht weiß, wie man den Mord eines Sklaven an dem Thäter rächen soll (Platon Euthyphr. p. 4.); die Exegeten weisen in solchen Fällen das Recht und rathen das Dienliche (ἐξηγοῦνται τὰ νόμιμα, παραινοῦσιν τὰ σύμφορα, Demosth. geg. Euerg. p. 1160.). Man sieht ganz besonders an dem Geschäfte der Exegeten, wie eng in Athen das Blutrecht mit gottesdienstlichen Satzungen und Gebräuchen zusammenhing. Auch der Areopag hatte ungeschriebne Rechtsätze (ἄγραφα νόμιμα, Demosth. g. Aristokr. p. 643.) zu bewahren und fortzupflanzen, während es für die durch die Volksgerichte ausgeübte Gerichtsbarkeit in Athen Hauptprincip war, daß kein Herkommen, kein früherer Urtheilspruch in verwandten Sachen (precedent), sondern nur geschriebnes Recht und das Gewissen der grade Richtenden zu entscheiden habe.

(75.) Die Exegesis setzt mündliche Unterweisung voraus, die in ältern Zeiten schwerlich etwas anders als Familien-Tradition gewesen sein kann, ähnlich derjenigen, durch welche sich auch die Etruskische Disciplin fortpflanzte, nur daß diese ein weit mühsameres und weitläuftigeres Studium war, als das heilige Recht der Athener. Diese Familien-Tradition fand überall im Alterthum besonders in Adelsgeschlechtern statt, und so finden wir, daß auch in Athen die Eupatriden es waren, denen das Weisen des heiligen Rechtes ursprünglich zustand (Plutarch Theseus 25.). Ja, noch in Römischer Zeit gab es von den Eupatriden ernannte Exegeten (ἐξ Εὐπατριδῶν ἐξηγηταὶ Corp. Inser. n. 765.). Von wem diese Ernennung ausging, da die Eupatriden keine Genossenschaft und besondre Corporation bildeten, ist schwer zu sagen; vielleicht von den aus den alten Geschlechtern erwählten Epheten. Auf jeden Fall hingen die Exegeten mit diesem alterthümlichen Gerichtshofe eng zusammen. Wie dieser die Sühnbarkeit eines

Todtschlags aussprach: so lag es jenen ob, die Blutbefleckten selbst zu reinigen (Timäos Lex. *s. v. ἐξηγηταί*). Daher auch Dorotheos in der Schrift: „die väterlichen Herkommen der Eupatriden" von der Reinigung der Schutzflehenden, das heifst, der zur Versöhnung angenommenen Mörder handelte [20]). Todtenbestattung und Blutrecht war es, um welches sich diese Exegesis der Eupatriden-Geschlechter hauptsächlich drehte, während die von einzelnen priesterlichen Familien geübte mehr die besondern Gottesdienste, denen diese vorstanden, betrifft. So hatten die Eleusinischen Eumolpiden eine Exegesis nach ungeschriebnen Herkommen (Lysias geg. Andok. §. 10.), welche sie auch auf Nicht-Eumolpiden übertragen zu haben scheinen (*ἐξηγητὴς ἐξ Εὐμολπιδῶν* Plut. X. Orat. 12. p. 256 ff. *Corp. Inscr. n.* 392.), und deren Grundsätze ohne Zweifel die in Cicero's Zeit herausgegebnen „ererbten Gebräuche der Eumolpiden" (darüber zum Varro *de L. L.* V. §. 98.) enthielten; auch den andern Priestergeschlechtern von Eleusis kam für gewisse Fälle die Exegesis zu (Andok. v. d. Myst. §. 115 f.).

(76.) Wenn auf diese Weise jeder Gottesdienst seine eignen Gebräuche hatte, und zu deren Besorgung eine gewisse Kunde nöthig war, die durch Exegesis fortgepflanzt werden konnte: so umfafste dagegen die an den Apollo-Dienst geknüpfte Exegesis mehr, und zu ihr gehörte namentlich die Unterweisung in den durch den Apollinischen Cult besonders ausgebildeten Sühnungen. Wie Athen über die Sühnbarkeit von Mordthaten durch den Pythischen Gott nähere Bestimmungen erhalten hatte: so waren auch die drei Exegeten, die in Athen der Reinigung von Todtschlägern vorstanden, vom Delphischen Orakel ausgewählt oder wenigstens bestätigt (*πυθόχρηστοι* nach Timäos). Apollon hat überhaupt das Amt der Exegesis eben so sehr zu seinem Eigenthum, wie das prophetische. Platon will in seinem idealen Staate wegen der Gründung der Heiligthümer, des Götter-, des Heroen- und des Todtendienstes keinen Exegeten befragt wissen, als den vaterländischen, den Apollon von Delphi. „Denn Apollon sitzt doch wohl für solche Angelegenheiten als ein angestammter Exeget aller Menschen im Mittelpunkt der Erde auf dem Nabelstein (Politeia IV. p. 427.)." In dem Staate dagegen, welcher den praktischen Forderungen näher gebracht ist, verlangt er von den einzelnen Stämmen des Volkes gewählte und zugleich von dem Delphischen Gotte ausgesuchte Exegeten, welche das von Delphi gekommene heilige Recht auslegen (Gesetze VI. p. 759.), die gottesdienstlichen Gebräuche angeben (VI. p. 775. VIII. p. 828. XII. p. 958.), besonders aber allen Reinigungen und Sühngebräuchen vorstehen sollen (VIII. p. 845. IX. p. 865. 871. 873. XI. p. 916.) [21]).

---

20) Bei der Angabe dieses Titels ist vorausgesetzt, dafs man in diesem Zusammenhange bei Athenäos IX, 410. a. *ἐν τοῖς τῶν ΕΥΠΑΤΡΙΔΩΝ* (für *ΘΥΓΑΤΡΙΔΩΝ*) *πατρίοις* wahrscheinlicher finden werde, als was Lobeck vorgeschlagen hat: *ΦΥΤΑΛΙΔΩΝ.* Denn wiewohl auch die Phytaliden, nach der Sage von Theseus, Reinigungen verwalteten, konnten doch schwerlich ihre *πάτρια* Stoff genug für eine besondere Schrift gewähren.

21) Vgl. Ruhnken *ad Timaeum* p. 111., wo aber alles dies auf das *ἐξηγεῖσθαι* der *μάντεις*, welches gar nicht hieher gehort, bezogen wird.

In diesen Begriffen bewegt sich nun auch ganz und gar die Scene, welche diese Auseinandersetzung veranlafst hat. Apollon, der den Athenern väterliche Gott (πατρῷος), der ihnen stets die Wahrheit verkündet, tritt vor dem Areopag auf, um als Exeget ihn über die grofse Pflicht der Blutrache, die Orestes obgelegen habe, zu belehren, und ihn zu überzeugen, dafs dieser Pflicht gegen den Vater die Mutter als die entferntere Verwandte, so zu sagen, aufgeopfert werden mufste. So spitzfindig dieser Grund (besonders wie er von Aeschylos ausgeführt wird) erscheint: so sehr möchte er doch im Geist und Charakter vieler Responsa über Collisions-Fälle gewesen sein. Dadurch erfüllt Apollon, wozu ihn Orestes aufgefordert: er erklärt (579), inwiefern Orest mit Recht gemordet habe; so wie er auch früher schon in der an Orestes ergangnen Mahnung zum Morde der Mutter als Exeget aufgetreten war (565), indem er ihm die Pflicht der Blutrache erklärt hatte. Das Auftreten des Apollon wird von Aeschylos mit Feinheit so motivirt, dafs sich zunächst Orestes nur für sich (579) die Exegesis von ihm erbittet, indem in Athen nur einzelne Partheien, nicht die Richter, sich auf solche Weise das Recht weisen liefsen; er will dann erst das Vernommene den Richtern mittheilen, und sich vor ihnen darauf berufen (583); welche Weitläuftigkeiten jedoch dadurch vermieden werden, dafs Apollon, seine Stimme erhebend, sich sogleich selbst an den hohen Rath, die Stiftung der Athena, wendet, und diesem das Recht deutet (584).

III. RELIGIÖSER GESICHTSPUNKT.

A. Die Erinnyen.

A. Begriff des Namens und mythische Vorstellung der Erinnyen.

(77.) Ἐρινύειν, wird berichtet, hiefs in der Arkadischen, ohne Zweifel in vielen Stücken alterthümlichen Mundart z ü r n e n (Pausan. VIII, 25, 4. Etymol. M. p. 374, 1.). So allgemein aber hat das Wort die Griechische Sprache gewifs nie gebraucht: eine Sprache, die, je weiter zurück, um desto bestimmter und anschauungsvoller im Ausdrucke geistiger wie körperlicher Bewegungen ist. Wir wollen es lieber gleich genau bezeichnen, was ἐρινύς, oder richtiger ἐρινύς (Hermann *ad Antigon. ed. tert. Praef.* *p.* XIX *sqq.*), bedeutet: das Gefühl tiefer Kränkung, schmerzlichen Unwillens, wenn uns zustehende heilige Rechte von Personen, die sie am meisten achten sollten, freventlich verletzt werden. Die ältesten Griechischen Dichter, bei denen der Begriff schon am feinsten ausgebildet erscheint, schreiben besonders dem Vater, der Mutter, auch dem ältern Bruder Erinnyen zu; diesen vor Allen steht ein solcher Groll zu, wenn Pietäts-pflichten gegen sie verletzt werden, wenn ihnen schmählich begegnet, auch schon, wenn ihnen nicht der gehörige Respect erwiesen wird (s. Ilias XI, 204. XXI, 412. Od. XI, 279.). Aber weil der Arme, der Bettler, wie der Schutzflehende, durch seine Lage auf Beher-bergung, Aufnahme in wohlhabendern Familien angewiesen wird: so giebt es, wenn, anstatt solcher, übermüthige Behandlung ihnen zu Theil wird, auch Erinnyen der Bettler: ein Zug, in dem eine alt-Hellenische Humanität im mildesten Lichte erscheint (Odyss. XVII, 475.). Später wird der Begriff hierin mehr beschränkt; besonders Elternmord führt eine Erinnys herbei; nach Aeschylos auch das schwere Verbrechen der vernachläfsigten Blutrache (Choeph. 281. vgl. 396. 641.). Der sinnlich hervortretende Ausdruck der Erinnys ist die A r a (ἀρήσασθαι Ἐρινῦς, Od. II, 135. vgl. Il. IX, 454. 571.); im Fluch bricht das lang verhaltne Gefühl schwerer Kränkung plötzlich hervor, oft bei scheinbar geringen Anlässen, wie nach dem schönen Heldengedichte, der Kyklischen Thebais, der viel mifs-handelte Oedipus seinen Söhnen dann erst fluchte, als er sie im ungerechten Besitze der alten Familien-Kleinode erblickte, und als sie ihm nicht den gebührenden Ehrenantheil vom Opfer gaben. (S. die einleuchtende Behandlung der Sache in Welcker's Nachtrag S. 144 ff. Schulzeitung 1832. N. 16.) Und obzwar die Erinnys ohne Ara denkbar ist, da sie im Innern des Herzens erstickt werden kann: so hängen die beiden Begriffe doch so eng zusammen, daſs Aeschylos wohl völlig Recht hat, die Erinnyen auch Ἀραί zu nennen. Eum. 395. Vgl. die Sieben g. Theben V. 70. 707. 773. 962. Klausen *Theologumena Aeschyli* p. 49 *sq.*

(78.) Jene Zeit, aus der wir die Volksreligionen und die auf ihrem Boden wachsende Poësie wie ein altes Erbe überkommen haben, und in die wir uns doch jetzt nur durch einen plötzlichen Sprung des Geistes versetzen können, unterscheidet sich von der unsern ganz besonders darin, daſs sie alles geistige Leben, ja alles Leben überhaupt, als das beständige Wirken, nicht individueller Kräfte und Ursachen, sondern höherer dämonischer Gewalten ansieht, und den Menschen zum groſsen Theil nur als den Focus betrachtet, in welchem diese Gewalten sich treffen und zur Erscheinung kommen. Jenes Gefühl schmerzlicher Kränkung und gerechten Grolles, welches ursprünglich ἐρινύς hieſs, ist nicht etwa blos ein Anlaſs und eine Aufforderung für gewisse Gottheiten, zu rächen und zu strafen; vielmehr ist es selbst schon dämonischer Art und von wunderbarer Gewalt, es erscheint gleichsam als ein Act aus dem Leben göttlicher Wesen, welche so ewig sind als die natürlichen Ordnungen, aus denen jenes Gefühl der Kränkung hervorgegangen ist. Um inne zu werden, wie der Groll der gekränkten Eltern und die Göttin Erinnys ursprünglich völlig Eins sind, darf man nur die Ausdrücke untereinander zusammenhalten: „der Mutter Erinnyen büſsen" (Il. XXI, 412), und dann: „Unheil, welches die Erinnyen der Mutter hervorbringen" (Od. XI, 279.), und: „den Erinnyen des Laios und Oedipus einen Tempel bauen" (Herod. IV, 149. Vgl. auch Aeschyl. Choeph. 911. 1050. Sophokl. Oed. Kol. 1299. 1434. Paus. VIII, 34, 2. IX, 5, 8.). Gewiſs ist hier die gebüſte und die unheilschaffende Erinnys Eins und Dasselbe, wie auch beide, mit derselben Construction des Wortes, den Personen beigelegt werden, welche gekränkt und erbittert sind; obgleich wir spätlebenden Grammatiker, denen der groſse Anfangsbuchstabe der Eigennamen die harte Pflicht auflegt uns darüber zu entscheiden, nur in der zweiten Redensart eine Gottheit annehmen, in der ersten blos an eine menschliche Empfindung denken. Für uns hält gleichsam eine unübersteigliche Kluft auseinander, was ursprünglich Eins war, und der Unterschied der mythisch-poetischen Weltanschauung und der sogenannten verständigen (welche doch, ebenso wie jene, nur einer bestimmten Periode des menschlichen Geistes angehört), ein Unterschied, welcher zuerst gar nicht vorhanden, und in der Zeit der epischen, so wie der ältern lyrischen Poesie, noch wenig ins Bewuſstsein getreten war, fordert nun von uns sogar eine Bezeichnung durch die Schrift.

Diese Ausdrücke: „die Erinnyen der Mutter, des Laios," zeigen zugleich, wie wenig ursprünglich bei den Erinnyen an eine bestimmte Zahl zu denken ist, und wie Unrecht man thut, von Aeschylos zu verlangen, daſs er nur Drei auf die Bühne bringen sollte. Diese Dreizahl läſst sich eben so wenig aus einem ältern Dichter vor Euripides nachweisen, wie die bekannten Namen, Alekto, Tisiphone und Megära, vor den Alexandrinern erwähnt werden. Hätte aber Aeschylos sich aus irgend einem Grunde auf diese Zahl beschränken wollen: so würde er sie gewiſs auch irgendwo als bedeutsam hervorgehoben haben, wie es Euripides thut (Orest 402. 1666.), der sich indessen doch auch kein Gewissen daraus macht, anderswo wieder eine gröfsere Anzahl anzunehmen (Iphig. Taur. 961 ff.).

(79.) Nun liegt es aber ganz im natürlichen Gange der Ausbildung mythischer Vorstellungen, dafs sie äufserlich, wie zu einer bestimmten Gestalt erstarrend, festgehalten, und über die Gränzen der ursprünglichen Bedeutung hinaus ausgebildet werden. Die Erinnyen, welche ursprünglich nur in jenem Gefühl der Kränkung sind und leben, werden als unabhängig für sich existiréd, als immer wache und thätige Strafgeister gefafst, als Pönä, wie sie auch Aeschylos nennt. Was indefs die Hesiodische Theogonie von ihrer Entstehung erzählt, hält sich noch auf das Genaueste an die ursprüngliche Bedeutung des Wortes. Durch den Frevel, welchen Kronos an seinem Vater Uranos begeht, ist der allererste Eingriff in die Rechte des Blutes geschehen; die Erinnyen selbst werden durch diesen Frevel; sie sind, wie sie auch in einer andern Stelle heifsen, zunächst Erinnyen des Uranos (Theog. 472.) Dagegen erscheinen die Erinnyen als mehr unabhängige Wesen, schon bei Homer und Hesiod, in Bezug auf den Eid, dessen Verletzung sie, wahrscheinlich ursprünglich als Kränkung des Gottes, bei dem geschworen war, bestrafen; sie züchtigen auch unter der Erde im jenseitigen Leben die Meineidigen (Il. XIX, 260. vgl. Hesiod T. u. W. 803.), wie sonst Hades und Persephone (Il. III, 278.), nach alten Schwurformeln, welche, um dies beiläufig zu bemerken, schon allein den Beweis gewähren, dafs die Homerische Vorstellung von einem gespensterhaften Scheinleben der Heroen in der Unterwelt ohne Empfindung und Bewufstsein nicht allgemeiner Volksglaube war. Auch erscheint die im Dunkeln wandelnde Erinnys mehreremal bei Homer (Il. XIX, 87. Od. XV, 234.) als das Gemüth verblendend und den Menschen dadurch ins Unglück treibend, wahrscheinlich weil eine solche Verwirrung des Gemüths häufig die Folge des Bewufstseins war, die heiligsten Pflichten verletzt zu haben. (Vgl. die φρενῶν Ἐρινύς Soph. Antig. 603) Eben so werden sie bei den Tragikern oft ziemlich allgemein als strafende und verderbende Wesen geschildert, welche den Verbrecher auf alle Weise, durch Ausstofsung aus der menschlichen Gesellschaft, durch die Qual seines Gewissens, und Martern in der Unterwelt bestrafen; und die Vorstellung von den Erinnyen als Unheilstifterinnen wird so weit ausgedehnt, dafs auch Menschen, welche dem Geschlecht zum Verderben gesandt scheinen, wie Helena, Medeia, dergleichen sonst ἀλάστορες genannt werden, eine Erinnys heifsen (Agam. 729. Sophokl. Elektra 1080. Eur. Orest. 1386. Med. 1256.), und schon Aeschylos Vorahndungen des Unglücks, Unheil verkündende Lieder Threnen und Päanen der Erinnyen nennt (Agam. 631. 964. vgl. 1090. 1562.).

Diese Bemerkungen gingen von dem ursprünglichen Wortbegriffe der Erinnys aus, und suchten darauf aufmerksam zu machen, wie dieser in der mythologischen Gestaltung eben dadurch an innrer Bestimmtheit verliert, indem er äufserlich mehr ausgebildet wird. Jedoch läfst sich aus diesem einzelnen Begriffe eine ganze Reihe von Vorstellungen, die sich an die Erinnyen anknüpfen, und die grade für das Verständnifs unserer Tragödie sehr wichtig sind, gar nicht ableiten; es ist nöthig, auf die in einem gröfsern Zusammenhange von Ansichten und Gedanken begründete, in Cultussagen und Gebräuchen hervortretende Idee der Erinnyen als grofser und ehrwürdiger Göttinnen ($\Sigma \varepsilon \mu \nu \alpha i \ \vartheta \varepsilon \alpha i$, wie sie in Athen genannt wurden) [1]) zurückzugehn.

b. Cultus-Idee der Erinnyen und Eumeniden oder Semnä

(80.) Der ausgebreitete und angesehne Gottesdienst der Erinnyen, oder Eumeniden, oder, wie sie in Athen vorzugsweise hiefsen, der Ehrwürdigen Göttinnen, läfst sich schwer begreifen, wenn man sie zur Classe der sich auf einzelne Lebensverhältnisse oder Gemüthszustände beziehenden Gottheiten (wie Ate, Eris und viele andre) rechnet. Dagegen zeigen sich in dem Cultus dieser Gottheiten selbst sehr viele Spuren, dafs die Erinnyen, in dem Zusammenhange der in den Landschaften Griechenlands wurzelnden Religionen, nichts anders waren, als eine besondre Form der grofsen Göttinnen, welche die Erde und Unterwelt beherrschen und den Seegen des Jahres heraufsenden, der Demeter und Kora. Dies ist so zu verstehn, dafs diese einerseits so milden und freundlichen Gottheiten doch zugleich — entweder in mythologischem Zusammenhange, durch feindliche Götterwesen, oder in mehr ethischer Auffassung, durch menschliche Frevel und Missethaten, welche selbst die Ordnungen der Natur verwirren — in grollende, verderbende Gottheiten verkehret werden. Es gab in uralten Zeiten einen in Griechenland weitverbreiteten (§. 86) Cultus der Thelpusischen oder Tilphossischen Demeter-Erinnys, welcher sich in Pausanias Zeit noch bei dem Arkadischen Orte Tl pusa erhalten hatte, wo man Demeter als die auf den Wassergott Poseidon (der die Erde im Winter mit wildem Gewässer überströmt) zürnende Erdgöttin verehrte, in welcher Form man sie an einem andern Orte Arkadiens, zu Phigalia, die Schwarze nannte. Spuren davon lassen sich an verschiednen Orten nachweisen, am merkwürdigsten aber tritt die Idee der Demeter-Erinnys in den Grundzügen der alten Sage von den Kadmeischen Königen Thebens hervor, und erweist sich eben dadurch als sehr alt, dafs sie schon in diesen ersten Grundzügen enthalten ist. Ich kann den Wunsch nicht unterdrücken, dafs es mir gelingen möchte, diese Grundlinien, so grofsartig und einfach sie dem Nachsinnenden aus den verschiedenen Bearbeitungen des alten Sagengedichts hervortreten, hier dem aufmerksamen Leser deutlich zu machen. Die neuesten Untersuchungen haben überall den Weg gebahnt; und es bedarf fast nur der Vereinigung schon gefundener Resultate, um die uralten Gedanken mit Freude wiederzuerkennen, von denen auch ein bedeutender Theil der tragischen Poesie ursprünglich ausgeht.

———

(81.) Theben, war die alte Sage, die schöne Stadt in der grünen, wasserreichen, fruchtbaren Ebne, ist ein geliebter Sitz der Erdgottheit mit ihrer Tochter, aber zugleich ein Denkmal des unentfliehbaren Zorns der Verletzten. Das doppelnamige Paar der

---

1) Ueber $\Sigma \varepsilon \mu \nu \alpha i$ als Eigennamen der Erinnven in Athen haben zuletzt Osann *ad Philemon.* p. 162. und Meineke *ad Menandr* p. 346. mit Rucksicht auf Creuzer Symbol. IV. p. 327. gesprochen.

Mutter und Tochter, Demeter und Kora, hat Theben gegründet (Eurip. Phoen. 694. Schol.), da Zeus der Kora bei ihrer Vermählung mit Hades das Land geschenkt hatte (Euphorion in den Schol.); mit ihnen zugleich Kadmos, Harmoniens Gemahl, von dem man jetzt weiſs, daſs er den ältesten Griechen ein bildender, ordnender, Verwirrung zur Harmonie vereinigender Hermes war. Aber Kadmos hat, um Theben gründen zu können, den Drachen erschlagen müssen, den der Streitgott Ares mit der Erinnys Tilphossa, d. h. mit der zu Tilphossa verehrten grollenden, gekränkten Demeter, erzeugt hat (Schol. Antig. 126.), und aus der Saat der Zähne dieses Drachens geht das neue Kadmeische Menschengeschlecht hervor.

Offenbar ist dieser Drache, eine Hauptfigur der Thebanischen Mythologie, selbst schon ein Ausdruck des Grolles einer dunkeln Naturgewalt; Demeter ist schon Erinnys, ehe sie durch Menschen gereizt worden ist, und, wie in allen tiefern Theogonieen, wird das Böse als in einer hohern Welt und einem allgemeinern Naturleben schon gegeben vorausgesetzt, ehe es im Menschengeschlecht seine Früchte treibt. Es ist von Anfang an, so schien es jenen Menschen der Vorzeit, in den ewigen Naturmächten eine Seite des Furcht und Entsetzen Erregenden; und wenn in der schönen und fruchtbaren Jahreszeit Alles versöhnt und beruhigt scheint: so bricht in den Winterstürmen und immer wiederkehrenden Schrecknissen der Natur der verhaltene Groll von Neuem hervor. Die anmuthreiche Gemahlin des Himmelsgottes, deren seegenschwangrer Schooſs das holde Kind Kora gebiert, ist zugleich eine grause, unwillige Braut feindseliger Gottheiten.

Die Siedler in den dichten Wäldern um die Dirke (Hom. Hymn. Pyth. Apoll 50.) hatten wohl zuerst selbst die Demeter als Erinnys kennen lernen müssen, ehe sie, nachdem es gelungen, die Sümpfe des quellenreichen Bodens zu trocknen, und die Wälder auszuroden und in fruchtbares Ackerland zu verwandeln, in ihr die milde, segensreiche Göttin empfanden. Die letzte Zeit stellt Kadmos Sohn, Seegensreich (Polydoros), dar, dem die nächtliche Göttin der Tiefe (Nykteis, Tochter des Nykteus, Sohnes des Chthonios, wohl einerlei mit Demeter-Europa) sich, wie Demeter dem Jasion, anvermählt und die Gaben ihrer Gunst mitgetheilt hat. Eben so entfaltet sich in den Töchtern des Kadmos und ihren Söhnen ein System von Naturgöttern, welche alle nur verschiedne Seiten des einen Dionysos sind. Aber obgleich der Drache erlegt ist: so wirkt ein Groll desselben ($\mu\acute{\eta}\nu\iota\mu\alpha$ $\delta\varrho\acute{\alpha}\varkappa o\nu\tau o\varsigma$) durch die ganze Thebanische Mythengeschichte fort. Kadmos selbst muſste, um ihn zu versöhnen, dem Vater des Drachen nach altem Blutrecht eine Periode von acht Jahren dienen (s. auch Photios Lex. $Ka\delta\mu\epsilon\acute{\iota}\alpha$ $\nu\acute{\iota}\varkappa\eta$), und soll, selbst in einen Drachen verwandelt, barbarische Völker (die Encheleer) zur Verwüstung der Heimat herbeigeführt haben. Beständiger Wechsel hohen Glückes und schweren Unglücks ist ein Grundzug der Sage von den Kadmeischen Königen, den Pindar in dem zweiten Olympischen Gesange so ergreifend als das Verhängniſs des Geschlechts bis in die gleichzeitige Geschichte hinab dargestellt hat.

(82.) Aber von Laios an tritt das Walten der Demeter Erinnys mehr als besondres Schicksal der Kadmeischen Familie hervor. Der auf dem Geschlecht von Anfang an ruhende Fluch wirkt Vatermord, Blutschande, Brudermord, und indem mit der Ordnung der ethischen Welt auch die der physischen verkehrt wird, gehen Unfruchtbarkeit, Hungersnoth und Seuche daneben. Oedipus ist ganz und gar ein Geweihter der Erinnys, geboren, um durch seinen Fluch das Geschlecht zu verderben. Der unwirthliche Berg Kithäron, den Hermesianax (nach dem sog. Plutarch *de Fluv.* 2, 3.) den Wohnsitz der Erinnyen nannte, nimmt nach der gewöhnlichen Sage das Kind auf (s. besonders Eurip. Phoen. 814. 1621.), ähnlich wie von Orestes erzählt wurde, dafs er am Festtage der Demeter-Erinnys geboren sei (Ptolem. Heph. bei Photios p. 247. H.). Mit dem Anfange des Lebens stimmt aber bei Oedipus auch das Ende vollkommen überein, indem der Grundgedanke der alten Sage war, dafs der im Leben vielgequälte Oedipus nach Vollendung des ihm bestimmten Looses im Heiligthum der Gottheit, die ihn verfolgt, aber jetzt mit ihm versöhnt ist, der Demeter-Erinnys Ruhe finden solle. Nach der Thebanischen Sage war es das Eteonische Heiligthum der Demeter, gewifs einer Demeter Erinnys, das ihn aufnahm[2]); dieses Heiligthum lag am Kithäron, an der Südgränze des Thebanischen Gebiets, und ohne Zweifel bezieht sich das Thebanische Orakel darauf, dafs Oedipus an den Gränzen des Landes sein Grab finden solle; er sollte als Vatermörder nicht innerhalb der Heimat liegen, und doch auch (wovon der Grund aus dem Folgenden erhellen wird) dem Vaterlande nicht fern sein. S. Soph. Oed. Kol. 399. 785. vgl. Oed. Tyr. 422.

(83.) Versprengte Kadmeer-Haufen trugen nach Thebens Unglück und Zerstörung die heimischen Sagen, auch die von Oedipus Grabe, viel umher; immer in enger Verbindung mit dem Erinnyen-Cultus. Nach Attika brachte sie vielleicht das Kadmeische Geschlecht der Gephyräer, welches dort aufgenommen und eingebürgert wurde. Erstens zeigte man in Athen selbst ein Grab des Oedipus, und zwar im Heiligthum der Semnä, zwischen dem Areopag und der Burg[3]). Dann finden wir in einem Attischen Demos, dem Kolonos Hippios, bei einem andern Grabe des Oedipus die ganze Genossenschaft jenes Götterdienstes wieder, aus dem die leitenden Ideen der Thebanischen Mythen hervorgehn. Wie in dem Arkadischen Thelpusa, so wird hier der Gott der Gewässer, Poseidon Hippios, neben den Semnä verehrt[4]), welche ursprünglich gewifs mit der ebenda verehrten Demeter und ihrer Tochter identisch waren. Denn während nach der von Sophokles behandelten Sage Oedipus im Heiligthum der Semnä oder Eumeniden zu Kolonos seine Ruhestätte findet (auch nach Apollod. III, 5, 9.): wandte er sich nach einem Attischen Sagensammler (Androtion bei den Schol. Od. XI, 271.) als Schutzflehender an die Demeter von Kolonos. Nach Euripides war Poseidon Hippios die aufnehmende Gottheit (Phoen. 1721.). Der Demeter Erinnys stand im Dienst der Koloneer wahrscheinlich die Blühende, Grünende Demeter (Εὔχλοος) gegenüber, deren von Sophokles (1600.) erwähntes Heiligthum man

2) Schol. Oedip. Kol. 91. Die dort erzählte Geschichte ist zum Theil ausgedacht worden, um zu erklären, wie Oedipus Grab in ein Demeter-Heiligthum kam.

3) S. Pausan. I, 28, 7. Valerius Max. V, 3. *ext.* 3., wo das Local deutlich bezeichnet wird.

4) Wie in Thelpusa, so gab es auch in Capua eine *aedes Neptuni cum Cerere Erinny*. Gruter p. 195, 16., wenn Reinesius richtig erklärt.

sich in der Nähe, aber auf einem andern Hügel als dem Kolonischen, denken muſs. Sonst deutete hier Alles auf Zusammenhang und Verkehr mit der Unterwelt. Wie nach alter Vorstellung (Hesiod Theog. 811. Ilias VIII, 15.) eine eherne Schwelle den Abgrund des Tartaros umgiebt: so zeigte man auch bei Kolonos, am heiligen Wege nach Eleusis, einen mit ehernen Stufen versehenen Abgrund, χάλκεος οὐδός, χαλκόπους ὁδός genannt, den man als eine Pforte oder Schwelle zur Unterwelt ansah; durch welche auch Hades die Kora entführt habe [5]). Wie manche andre Heiligthümer Chthonischer Gottheiten, so wurde auch dies für ein Heilspfand von Athen, für ein Fundament seines Glückes (ἔρεισμ' Ἀθηνῶν 58.) geachtet. In dieser Umgebung war nach der Ortsage dem Oedipus bestimmt, sein, den Erinnyen geweihtes, Leben zu beschlieſsen; ja die Erinnyen selbst sollen ihn, nach Euphorion, auf dem Wege des Verhängnisses hierher geführt haben [6]). Aus jenem Abgrunde heraus riefen nach der Sage der Koloniaten die Donner des unterirdischen Zeus den Oedipus, welchen Hermes und Kora zu dieser Stelle geleitet hatten (1548. 1590.) [7]); hier sollte er aus dem Kreise der Lebenden geschieden sein, aber auch nach dem Tode, den Unterirdischen versöhnt, als ein mächtiger Dämon schützend und seegensreich über dem Lande walten [8]). Sein Grab, wiewohl es unter der Erde verbor-

---

5) S. besonders Sophokl 1589. Schol 57. 1059 1590. Der Scholiast nimmt auch den κοῖλος κρατήρ, V. 1593., für einen Abgrund; ich glaube, daſs es ein Kessel war, in den Theseus und Peirithoos σφάγια geschnitten haben sollten, ehe sie zusammen in die Unterwelt hinabstiegen; vielleicht stand auch eine Eidesformel auf dem Kessel. Vgl. Eurip. Ἱκετ. 1202. Ein Heroon der beiden Helden bei Kolonos erwähnt auch Pausanias; auch dies war nur deswegen hier gebaut, weil hier der Eingang in die Unterwelt sein sollte. Was Reisig, *Enarr. p.* CXCIV., bemerkt, betrifft nicht das Local des Kolonos; auch in einigen andern Punkten bleibt das Topographische im Oedipus, auch nach der trefflichen Arbeit dieses geistreichen Mannes, noch genauer zu erwägen In Bezug auf die Scene des Oedipus ist besonders zu bemerken, daſs sie beinahe an der Granze des Gaues der Kerameer und Koloniaten lag; nach der einen Seite sah man das der Akademie benachbarte Heiligthum des Prometheus und der Athena mit den Morien, auf der andern den Kolonos-Hügel mit dem Poseidons-Heiligthum; in der Mitte den Hain der Semna. Der χάλκεος οὐδός muſs wohl auf der abgekehrten Seite dieses Hains gedacht werden, wodurch sich V 57 und 1590. vereinigen lassen werden; das ἀντίπετρον βῆμα 192., worauf sich Oedipus niederlaſst, ist eine, rohen Felsenstücken ähnliche, Einfassung des Hains.

6) Es ist wohl nicht zu zweifeln, daſs Euphorion in der von den Scholien zum Oed. Kol. 681. so angeführten Stelle: Πρόπρο δέ μιν δαοπλῆτες ὀφειλομένην οἶμον Εὐμενίδες ἀργῆτα θυγατριδαῖ Φόρκυνος ναρκίσσου ἐπιστεφέες πλοκαμῖδας — τὸν ἀργῆτα Κολωνόν erwähnt hatte. Darnach mochte ich die Stelle, mit einiger Hülfe von Meineke's Seite (Fragm 52), aber Εὐμένιδες für ein Glossem haltend, so anordnen:

Πρόπρο' δέ μιν δαοπλῆτες ὀφειλομένην ἄγον οἶμον
Γήλοφον (?) εἰς ἀργῆτα θυγατριδέαι Φόρκυνος
Ἄνθεσι (?) ναρκίσσοιο ἐπιστεφέες πλοκαμῖδας.

7) Ein merkwürdiger Zug dabei ist auch der, daſs Oedipus dabei auf einem Kreuzwege stand (Soph. 1592.; bei dem λίθος τρικάρανος des Orakels, Schol. 57., der wohl ein Ἑρμῆς τρικέφαλος war), wie er den Vatermord auf einem Kreuzwege, nach Aeschylos in der Nähe des den Erinnyen (§ 86.) geweihten Potnia (Schol. Oed. Tyr 733.), verübt hatte. An solchen Punkten waltet grade die Erinnys am meisten.

8) Darauf geht der Ausdruck ἐν νειρῷ τοῖς ζώοι τῆς χώρας Aristid. Or. Plat. II. p. 172. Vgl. Lobeck Aglaoph p 280.

22 *

gen, und die Stätte den Einheimischen selbst unbekannt war, galt als ein unsichtbares und geheimnifsvolles Palladium der ganzen Gegend, besonders für den Krieg mit den Thebanern, die den Unglücklichen ausgestofsen hatten. Es ist ein Gedanke, der, wenn er auch meist sehr zurücktritt, doch auch dem Alterthume nicht fremd war: dafs grofses Leid die menschliche Natur läutere und verkläre; die Zerstörung des Selbstischen, die völlige Hingebung, die es bei edlern Naturen herbeiführt, wurde auch vom heidnischen Alterthum als eine Vergöttlichung gefühlt; und jene Geweihten der Erinnys sind darum nach ihrem Tode erhabne Dämonen. Dieselben Ideen knüpften sich auch an Orestes, worauf unsre Tragödie (737.) bedeutungsvoll hinweist: auch seine Leiche versetzten deswegen die Spartiaten von ihrer Gränze (wo er als Flüchtling Ruhe gefunden), von Tegea, nach ihrer Stadt; ja man rechnete die Asche des Orest sogar später zu den sieben Pfändern des Heils für Rom.

(84) Diese tiefsinnigen Sagen von Oedipus Grabe, welche dem Koloniaten Sophokles von früher Jugend her bekannt sein mufsten, hat dieser edelste und liebenswürdigste unter den Dichtern zum Inhalte einer Tragödie gemacht, mit der er, sehr zuverlässigen Zeugnissen nach, gegen das Ende seines Lebens beschäftigt war, so dafs erst sein Enkel, der junge Sophokles, sie Olymp. 94, 3. zur Aufführung bringen konnte [9]). Oedipus kommt geblendet, vertrieben, als ein Bild des höchsten Jammers, nach Attika; da befindet er sich, ehe er es vermuthet, im Haine der Semnä, wo ihm der Gott das Ziel der Leiden verkündet hat. Wiewohl das Entsetzen, welches Alle ergreift, die seinen Namen hören, ihn beinahe schon wieder aus dem Lande vertreibt, findet er doch bald Erbarmen und gastliche Aufnahme, die ihm mit um so gröfserm Edelmuthe geboten wird, da die Göttersprüche, worauf hin er den Athenern grofsen Seegen von seiner Aufnahme verheifst, nur wie dunkle Ahnungen ohne klaren und bestimmten Sinn sich vernehmen lassen. Nun entwickelt sich die Handlung in kräftigem Fortschritte (vgl §. 100); mächtig durch das Heil, das er als Todter gewähren wird, sicher durch Athens Gastfreundschaft, weist er alle Bemühungen, gewaltthätiges Dringen und unwürdiges Flehen, zurück, womit Kreon von Theben, und sein eigner Sohn Polyneikes ihn bestürmen, um das von seinem Grabe erwartete Heil ihrer Parthei zuzuwenden; schon im Leben aufserhalb dieses Gedränges menschlicher Leidenschaften gestellt, triumphirt er über Die, welche ihn mit eigensüchtiger Heftigkeit für sich gewinnen wollen, und geht mit erhabener Ruhe und Begeisterung dem sehnsüchtig erharrten Tode entgegen, um als ein geheimnifsvoll wirkender Dämon dem Lande, wo er selbst Ruhe und Versöhnnng mit den Erinnyen erlangt hat, unsterbliches

---

9) Es ist merkwürdig, dafs, wie Aeschylos erst in seiner letzten Trilogie der Orestea, drei Schauspieler zuhefs (§. 33), so wiederum Sophokles erst am Ende seiner Laufbahn, in dem Oedipus auf Kolonos, einen vierten hinzugenommen hat Dafs manches Metrische in diesem Stucke sorgfältiger gearbeitet ist, als in andern spatern des Sophokles, erklart sich wohl daraus hinlänglich, dafs es der greise Dichter mit besondrer Liebe gepflegt, dagegen die andern Stucke der spatern Jahre rascher gearbeitet hat, als die frühern, da er bis zur Antigone in 28 Jahren 32, nach der Antigone, in 34 Jahren 81 Stucke gedichtet haben soll. Man braucht oft in unsrer Zeit von der Form hergenommene Argumente, als beruhten sie auf einer physischen Nothwendigkeit, mit zu grofser Sicherheit.

Heil zu schaffen. So ist diese Tragödie ein Triumph des Elends und Leidens über menschliche Stärke und Vermessenheit, eine Umwandlung dessen, was nach menschlichen Begriffen traurig und kläglich schien, in göttliche Erhabenheit, eine mystische Verklärung des Todes: in welcher zugleich Jeder, der Sinn für den Accent der Sprache des Herzens hat, nicht etwa eine dem Dichter fremde Geschichte, sondern seine eignen Empfindungen in einer Lebenszeit, wo er viel Schmerzliches von seinen nächsten Angehörigen erfahren hatte, und dem Tode als einer ersehnten Ruhestätte entgegenschaute, an gar vielen Zeichen erkennen wird. So wahr es ist, daß die Composition dieser Tragödie viel von allen andern Abweichendes hat (indem so zu sagen die Auflösung nicht erst am Ende eintritt, sondern das Ganze durchdringt, beinahe wie in dem Schlußstücke einer Aeschylichen Trilogie; vgl. Lachmann im Rhein. Museum I. S. 314 ff.): so ist der Oedipus auf Kolonos doch durch die dramatisch ausgesprochene Entwickelung der ethisch-religiösen Ideen — nicht durch die blos nebenhergehenden politischen und patriotischen Hindeutungen — eine Tragödie im höchsten Sinne des Worts (vgl. §. 97.) [10].

(85.) So hat also Demeter-Erinnys den ihr geweihten Oedipus wieder in ihren Schoos aufgenommen: schwerer aber ist das Verhängniß der einst so gottgeliebten Stadt Theben. Gegen sie führt die Göttin den Unentfliehbaren, Ἄδραστος, heran, eine männliche Personification der Adrastea-Nemesis, welcher Adrastos auch verschiedne Heiligthümer gebaut haben soll. (Vgl. über die Bedeutung des Namens Bähr *Exc. ad Herodot.* T. I. p. 890. und Döderlein *de Α ντ* *ensivo* p. 6.) Er reitet den furchtbaren Gaul Areion, in dessen Namen der Vater des Drachen Ares wiederkehrt, den Thelpusäischen [11]. Dieser Areion ist ganz und gar ein symbolisches Wesen aus dem Kreise des Cultus der Tilphossischen oder Thelpusäischen Demeter [12]. Die ächte Volkssage, daß ihn Demeter-Erinnys selbst als unwillige und grimmige Braut des Poseidon geboren habe, hörte Pausanias im Arkadischen Thelpusa. Die Ilias berührt diese Sage mit gewohnter Zartheit (XXIII, 346.); nach der vom Homerischen Zeitalter nicht sehr entfernten Thebais wurden Poseidon und Erinnys bei der Boeotischen Quelle Tilphossa die Eltern des Areion [13]. Spätere suchen

---

10) Auch das Mystische, was in Aeschylos Oedipus vorkam (Eustratios zu Arist. Eth. Nikom. III, 2), bezog sich wahr cheinlich auf die Demeter-Erinnys, die dort deutlicher hervortreten mochte, als in den Eumeniden.

11) Antimachos bei Pausan. VIII, 25, 3. 4. und Schellenberg Fragm. 17. 18 19. Damit verbindet sich noch der Vers bei Theodosios, *Scholia in Aristoph. Comoed.* ed. Dindorf. T. III. *p.* 418.

12) Natürlich mußte in Kolonos, bei dem Tilphossischen Götterkreise, auch von Areion die Rede sein; nur konnte er, weil andre Sagen vorwalteten, hier nicht als geboren vorausgesetzt werden, wie Skyphios (Tzetz Lyk. 766) Aber Adrastos, der nach Pausanias ein Heroon hier hatte, sollte auf der Flucht (εἵματα λυγρὰ φέρων οὖν Ἀρείονι κυανοχαίτῃ, Thebais bei Pausan. VIII, 25, 5) hier seine Pferde angehalten haben (Etymol M. *s. v.* Ἱππία. Becker Anecd. p 350. Schol. Oed. Kol. 712); auch heißt wohl deswegen der Kolonos in dem alten Orakel (Schol. 57.) ἵπποιο κολωνός.

13) Ich halte nämlich die κυκλιοί oder οἱ ἐν κύκλῳ bei den Schol. Il XXIII, 346. für die Poëten des Kyklos, wenn auch nur für einen Auszug aus denselben. Die Areions-Geschichte gehörte aber ganz in die kyklische Thebais, denn die Thaten des Herakles, bei denen Areion auch vorkommt, wurden

das Herbe und Seltsame dieser Sage meist zu mildern, und lassen entweder Demeter in der angenommenen Gestalt einer Erinnys (Apollodor, nebst Tzetzes), oder auch die in mystischen Sagen an die Stelle der Demeter tretende Erde (Antimachos), oder eine der Erinnyen (Hesych. *s. v. Ἀρείων*) den Areion gebären. Areion wird, mit demselben Beiwort wie Poseidon selbst, ein schwarzmähniger Gaul genannt (Ἀρείων κυανοχαίτης bei Hesiod Schild 120. und in der Thebais); davon auch Adrastos selbst Kyanippos -hiefs, welchen Beinamen die Mythologie nach gewöhnlicher Weise schon frühzeitig in einen Sohn des Adrast verwandelt hat. Er ist das schnellste aller Rosse, welches natürlich in jedem Wettkampfe siegen mufs, wie in dem Agon, welchen Adrast mit den Argeiern vor dem Zuge dem gerecht vertheilenden Zeus (dem Νέμειος Ζεύς) feiert. Adrastos, der unentfliehbare Rächer, auf diesem schwarzmähnigen, schnellsten Rosse, an der Spitze des Argeierheers gegen das sündenvolle Theben heranziehend, im Namen und auf Geheifs der jetzt als Erinnys erscheinenden Schutzgöttin Thebens, ist ein Bild einer Phantasie von einer alterthümlichen Kühnheit und Grofsartigkeit, wogegen Ilias und Odyssee als ungleich spätere Früchte eines viel milder und zahmer gewordnen Geistes erscheinen müssen.

Und doch ereilt die Frevler in Theben die Rache diesmal noch nicht, es sei, weil, wie Aeschylos es darstellt, die Angreifer selbst himmelstürmende Prahler sind, und die Nemesis dem Verbrechen zwar sicher, aber spät zu folgen pflegt, oder weil, wie Euripides gewifs aus uralter Sage erzählt, der Jüngling Menökeus [14]) sich dem alten Drachen, in dem der Zorn der Demeter-Erinnys lebendig geworden war, freiwillig opferte. Wir erfahren dabei, dafs es an den Mauern Thebens ein Heiligthum des Drachen gab, in welchem sich ein tiefer Abgrund befand, in dem der Drache gehaust haben sollte (Phoen. 945. 1024. 1335. Philostr. *Imagg.* 1, 4.); ohne Zweifel wurden auch später hier von Zeit zu Zeit Sühnopfer dargebracht. — Darum wurde erst an den Söhnen die Sünde der Väter gerächt; Adrastos kömmt, wie eine Póne, im zweiten Geschlechte wieder, und diesmal unter bessern Auspicien; die Epigonen vollführen das den Vätern aufgegebne Werk und Polyneikes Sohn Thersandros tritt als ein Rächer auf, ein Tisamenos, welches hier wieder, grade wie bei dem Sohne des Orestes, und bei der Tochter des Alkmäon Tisiphone, aus dem Beinamen des Vaters zum Eigennamen des Sohnes geworden ist.

So innig ist der geistige Zusammenhang, in welchem frühern Geschlechtern diese Vorgeschichte Thebens erschien, so mächtig war damals die Idee, dafs sie die äufsern Facta ganz sich anzueignen und in sich aufzunehmen vermochte. Denn den Argeier-Zug vermöchte wohl Niemand ganz abzuläugnen, so wenig auch an Adrastos und Amphiaraos

---

nicht im Kyklos erzählt. Vgl v. Leutsch *Thebaid. cycl. reliq.* p. 66. Jedoch will ich hier noch keineswegs über Welcker's Unterscheidung dieser κυκλικοί von dem epischen Kyklos ein Urtheil ausgesprochen haben.

14) Μενοικεύς ist der sich Opfernde, der Daheimbleibende, der dem Rath: φεῦγ᾽ ὡς τάχιστα τῆσδ᾽ ἀπαλλαχθείς χθονός (Phoen. 986) nicht folgt, im Gegensatze gegen die im Laphystischen Dienste dem Opfertode durch Flucht Entrinnenden. Vgl. §. 55. N. 3 Ueber das Sühnopfer des Drachen bei Theben spricht Baur in den Heidelberger Jahrb. 1826. N. 33. p 532., wo man im Ganzen viel Uebereinstimmendes mit den hier entwickelten Ideen finden wird.

als wirkliche Personen zu denken ist; Theben lag wirklich wüst, bis es durch die Böoter von Neuem gehoben wurde; nur ein Flecken unter der alten Stadt, Hypotheben genannt, existirte in dieser Periode. Kadmeer aber gab es in den verschiedensten Gegenden Griechenlands und unter den mannigfachsten Namen.

(86.) Diese episodische Auseinandersetzung war bestimmt, zu zeigen, wie Demeter, als strafende Gottheit, als Erinnys, das waltende Princip in den Thebanischen Sagen ist; man sieht hier zugleich ganz deutlich, wie später, als man sich scheute, von der Demeter als einer grollenden Gottheit zu sprechen, der gewiſs einst sehr verbreitete Gottesdienst der Tilphossischen oder Delphusischen [15]) Demeter-Erinnys verdunkelt wurde, und die Erinnyen als abgesonderte dämonische Wesen an ihre Stelle traten. Daher finden sich in späterer Zeit nur einzelne Spuren der ursprünglichen Einheit, wie daſs in Phlya, einem

---

15) Während der Cultus dieser Göttin in dem Arkadischen Thelpusa, oder Telphusa, an Ladon sich lange erhielt (Antimachos § 85. Kallimachos Fragm. 207. B., Lykophron 152. 1040 1225. Pausanias): ist er in andern Orten Griechenlands durch eine Art von Humanisirung der Religion, welche die allzuharten Zuge immer mehr abgeschliffen hat, sehr unkenntlich geworden. Daſs aber an der Haliartischen Quelle Tilphossa auch Demeter-Erinnys verehrt wurde, haben wir schon oben §. 85. aus kyklischen Quellen entnommen; und die Erinnys-Tilphossa, welche dem Ares nach § 81 den Drachen des Kadmos gebar, bezieht sich auf dieselbe, wenn nicht etwa bei Theben selbst, in der Nahe der Ares-Quelle und der Pallas Onka (der Name kehrt im Arkadischen Thelpusa wieder), eine altere Tilphossa war, und erst die Thebanische Colonie auf dem Tilphossion (Orchom. S. 235) den Namen und Cultus dahin getragen hat. Nun wird es erst klar, warum die Bootische Tilphossa in dem Homeriden-Hymnus auf den Pythischen Apollon dem Delphischen Drachen verbundet erscheint, durch welchen sie den Apollon zu verderben denkt; Apollon aber (der auch als Onkeios uber das Thelpusische Heiligthum herrscht) triumphirt über sie, wie uber den Drachen. Man sieht deutlich, wie Apollon, der heitere Fruhlingsgott, und der ordnende Kadmos in denselben Gegensatz gebracht wurden zu den finstern Damonen des Chthonischen Dienstes der alten Pelasger. Als der erwahnte Hymnus gedichtet wurde (wahrend der Macht und Bluthe Krissa's, vor Olymp. 47), kannte man die Tilphossische Feindin des Apollon nur in Bootien, und hatte vergessen, daſs derselbe Cultus ehemals in Delphi selbst bestanden hatte, und die Grundlage des ganzen Pythischen Gottesdienstes bildete. Denn daſs *Δελφουσα* mit *Τελφουσα* und *Τιλφῶσσα* ursprunglich einerlei ist, lehrt die bestandige Verwechselung dieser Namen bei den Schriftstellern und in den Handschriften desselben Autors (vgl. Orchomen. S. 148. 480. mit Welcker Kretische Kolonie in Theben S. 45. und Siebelis *ad Pausan.* VIII, 25, 1.); die erste Form verhalt sich zur zur zweiten, wie das Delphische *βικρός, Βύσιος* zu *πικρός, Πύθιος* Delphusa war aber wahrscheinlich (§ 56) der Name der Delphischen Quelle, an welcher der Delphische Drache gelegen. In etymologische Erorterungen dieser Namen kann ich hier nicht eingehn: aber dasselbe Wesen, dem Ursprunge nach, erkenne ich auch noch in der Keläno oder Melana oder Melantho der Delphischen Localmythen, welche Geliebte des Poseidon, Tochter des Kephissos und Mutter des Delphos heiſst (Schol. Eurip. Orest 1100. Schol. Eumen. 16. Pausan. X, 6, 2.). Sie ist ursprunglich gewiſs keine andre, als die von Poseidon bezwungene Demeter Melána (*sensit Delphina Melantho* Ovid Met. VI, 120; die Demeter Melána Arkadiens tragt einen Delphin) oder Erinnys Thelpusia, die von Wasserwogen uberstromte, dunkle und grollende Winter-Erde. Wie diese dustre Gewalt dem hellen und siegenden Fruhlingsgotte Phoebos Apollon weicht, war ein Angelpunkt des alten Sagenkreises von Pytho.

Attischen Flecken, mit alten Heiligthümern der Erdgottheiten, Demeter die Gabenheraufsendende, Zeus der Besitzgott, Athena Tithrone, die erstgeborne Kora und die Semnä zusammen verehrt wurden. Noch besser waren in dem Heiligthum der Semnä in Athen die Bilder dieser Gottheiten (auch dies bezeugt Pausanias) mit denen des Pluton, Hermes und der Erde vereinigt; hier ist, wenn man die Semnä für Demeter und Kora selbst nimmt, der gewöhnliche Kreis der Chthonischen Gottheiten vollständig. In dem Thebanischen Orte Potniä wurden, aufser Demeter und Kora, welche vorzugsweise πότνιαι hiefsen (wiewohl auch die Erinnys so angeredet wird, Eum. 911.), die Potniaden verehrt (Pausan. IX, 8, 1. nach Porson); so nennt aber Euripides die Erinnyen [16]). Dazu kommen nun auch in den Opfer- und Cultusgebräuchen der Potniä — um die Eleusinischen Gottheiten so zu nennen — und der Semnä in Attika mehrere sehr merkwürdige Uebereinstimmungen, namentlich dafs der Narkissos, die der Demeter und Kora geweihte Todesblume (Creuzer *ad Plotin. de pulcr. Praepar. p.* 48.), nach Euphorion (oben §. 83. N. 6.) auch die Eumeniden, die Enkelinnen des Phorkyn, kränzt; und blutfarbne Purpurgewänder in Athen den Erinnyen umgelegt wurden (Eum. 982.), wie in Syrakus Demeter und Kora als Thesmophorische Göttinnen purpurne Kleider trugen, welche bei furchtbaren Eidesleistungen von den Schwörenden umgenommen wurden (Plutarch Dion 56. Ebert Σικελιῶν p. 32.). Nach allem Diesen, glaub' ich, kann kein Zweifel sein, dafs — obzwar schon an sich die Erinnys, jenes Gefühl der Kränkung, ein Göttliches ist — doch die Erinnyen erst dadurch einen ansehnlichen und ausgebreiteten Cultus, und überhaupt mehr Realität und Persönlichkeit erlangt haben, dafs man die beiden grofsen Erd- und Unterweltsgottheiten, durch welche den Menschen Leben und Gedeihen, aber auch Untergang und Tod kömmt, als die Gekränkten und Grollenden fafste, wo irgend der Menschen Thun jene heiligen und ewigen Urgesetze verletzt.

(87.) Auch, dafs die Erinnyen, nachdem ihr Zorn gestillt ist, als wohlwollende, gütige Gottheiten angesehen werden, wird nur in diesem Zusammenhange völlig deutlich. Der darauf zielende Name der Eumeniden war eigentlich in Sikyon einheimisch (Pausan. II, 11, 4. mit Siebelis Note), nicht in Athen, wo man unter dem Namen der Semnä das gesammte Wesen dieser Göttinnen zusammenfafste; daher auch Aeschylos, der sie mit Nachdruck σεμναί nennt (361. besonders 993.), den seinem Gegenstande so nahe liegenden Namen der Eumeniden nie erwähnt, sondern die milde Seite der Gottheiten besonders durch εὔφρονες (946. 984.) zu bezeichnen liebt; während die nachfolgenden Tragiker den indefs bekannter gewordenen Namen der Eumeniden mit Vorliebe brauchen, und Sophokles ihn den Göttinnen von Kolonos wie einen herkömmlichen beilegt [17]).

---

16) Orest 312. Euripides nennt aber die Erinnyen besonders Potniaden als rasende, Raserei bewirkende Gottinnen, wie auch sonst die Tragiker den Ausdruck brauchen. Dies erklare ich so, dafs ihnen die Potnische Quelle, deren Wasser in Wuth setzte, gehorte, wovon Pausanias spricht, und wahrscheinlich im Glaukos Potnieus viel die Rede war. Amphiaraos Todtenorakel gehort zu derselben Cultus-Gruppe. Von Oedipus in Potnia oben § 83. N. 7.

17) Die Grammatiker (Harpokration, Photios, Suidas, nebst dem Argument zu Aeschylos Eumeniden) geben daher selbst als Inhalt der Aeschyleischen Tragodie an, dafs die Erinnyen sich in Eumeniden

Dieser Name der Eumeniden also, so wie der in Arkadien gebräuchliche der Weifsen Göttinnen (§. 62.), erklärt sich, wie wir behaupten dürfen, nicht hinlänglich, wenn man allein den oben entwickelten Begriff der Erinnyen festhält — indem der Fluch gekränkter Eltern, oder was ihm gleich steht, durch seine Aufhebung sich doch keineswegs in eine gütige, seegnende Gottheit verwandeln kann —; sondern man mufs auf die Grundideen des Chthonischen Cultus zurückgehn, dafs aus derselben Quelle Tod und Verderben wie Leben und Heil hervorströme.

Die Verwandlung der Erinnyen in die Eumeniden gehörte wesentlich in Griechenland zur Orestes-Sage. Dafs die Erinnyen der Mutter statt aller menschlichen Blutrache (§. 49.) den Orestes von Land zu Land getrieben, war nicht die Erfindung eines Dichters oder Priesters, sondern Griechische Volkssage, die zeitig mit dem Cultus der Erinnyen wanderte (vgl. §. 62.), und auch dem Homer schwerlich unbekannt bleiben konnte [18]). Eben so knüpfte sich die Verwandlung der Erinnyen in Eumeniden in der Volkssage, die wir oben (§. 62.) bei den Mykenäern selbst nachgewiesen haben, an die Befreiung des Orestes von der Blutrache an; die Gottheit, die den Orestes verfolgt hatte, wird nun für ihn ein Seegenswesen, er selbst, so zu sagen, ein Heiliger, wie Oedipus (§. 83.). Aeschylos hat diese Versöhnung des Orestes mit den Erinnyen ganz mit Stillschweigen übergangen. Er begnügt sich, ihn durch die Freisprechung des Areopags der Gewalt der Erinnyen zu entreifsen, wiewohl sonst in der Wirklichkeit auf diese Freisprechung noch versöhnende Opfer folgten (§. 67.). Aeschylos aber läfst den Zorn der Erinnyen erst hernach aufs Höchste steigen, und erst durch Athena's Beredsamkeit und die Gelobung eines Cultus die milde Natur der Gottheiten hervortreten, deren Seegenswünsche alsdann, ohne dafs des Orestes noch gedacht wird, ganz und gar der Stadt Athen zugewandt werden. Die patriotischen und künstlerischen Absichten, welche den Gang des Stückes so bestimmt haben, sind leicht zu entwickeln (vgl. §. 99.).

---

verwandelten. Man hat deswegen auch nach V 982. eine Lücke angenommen, so dafs an dieser Stelle Athena die Erinnyen Eumeniden genannt habe. Von einer solchen Lucke ist aber keine Spur, und der Gedanke, welcher eingeschoben sei, wurde dort allen Zusammenhang zerstoren. Aber noch weniger ist zu glauben, dafs Aeschylos, der den Namen Erinnyen so haufig brauchte, den der Eumeniden aus religioser Scheu nicht zu nennen gewagt habe (Reisig *Enarr. Oed. Col. p. 35. de part. ἄν p. 124.*). Sollte es nun nach dem Gesagten nicht zweifelhaft erscheinen, ob Aeschylos selbst dies dritte Stuck der Orestea schon *EYMENIΔEΣ* genannt, besonders auch noch deswegen, weil der Chor, der doch dem Stucke den Namen giebt, bis ans Ende die Erinnyen-Maske behalt (944), und sich nicht etwa, wie man angenommen hat, auch aufserlich in Eumeniden verwandelt?

18) Man hat mit Unrecht aus Odyssee III, 306. geschlossen, dafs der Dichter die Sage von der Verfolgung des Orest durch die Erinnyen nicht gekannt habe. Die Geschichte wird dort, der Frage des Telemachos gemäfs, von Nestor nur bis zur Ankunft des Menelaos beim Leichenmahle des Aegisth und der Klytamnestra fortgeführt; grade aber bei dieser Leichenfeier, und zwar bei der nächtlichen Aufsammlung der Gebeine aus dem niedergebrannten Feuer des Rogus, uberfielen die Erinnyen den Orest, nach der Erzahlung des Euripides (Orestes 40. 398.), die aus sehr alten Quellen zu fliefsen scheint. Bei dem Untergange so vieler alten epischen Lieder ist Stesichoros (Schol. Eurip Orest 268.) als erster Zeuge für die Verfolgung durch die Erinnyen anzufuhren.

(88.) In diesem S e e g e n s - H y m n u s der versöhnten Erinnyen bei Aeschylos zeigt sich noch eine besonders deutliche Erinnerung an die Verwandtschaft dieser Göttinnen mit den Chthonischen Seegensgottheiten, indem es ein vergebliches Bemühen sein würde, den Inhalt desselben aus dem Begriffe der Erinnyen, den man den allegorischen nennen kann, entwickeln zu wollen. Wohl ist es wahr: auch nach dem Glauben des Griechischen Alterthums baut der Seegen der Eltern den Kindern Häuser, die ihr Fluch niederreifst (vgl Lobeck Aglapham. p. 635.): aber deswegen wird Niemand Gottheiten, die dem Eltern - Fluch vorstehen, wie die Erinnyen in jener beschränkteren Bedeutung, als Seegensmächte darstellen. Vielmehr ist klar: auch dem Aeschylos sind die Semnä höhere Gewalten, Chthonische Gottheiten aus der Titanischen Welt, die nach beiden - Seiten hin, als Erinnyen Verderben, als εὐμενεῖς Heil und Seegen wirken; wie die Welt des Todes überhaupt zugleich als Lebensquelle angesehn wurde, daher die Todesfeier an den Gräbern Γενέσια hiefs. Indem die Eumeniden in dem erwähnten Seegensliede ihre Gaben ganz in derselben Folge ertheilen, wie es Pallas von ihnen verlangt hat [19]), verheifsen sie dem Lande zuerst Fülle der Erdfrüchte (884), und, was für das an Oliven und Feigen reiche Attika so wichtig war, Gedeihen der Baumfrüchte (898); dann fröhliches Wachsthum des Viehs, dessen das Land bereichernde Zucht den Gaben des Hermes und andrer Heerdengötter Ehre bringen möge (906); sie entfernen durch ihre Gebete und Seegenswünsche frühzeitigen Tod und Ehelosigkeit von den Jungfrauen — indem sie auch als Ehegötter angesehen und Kinderseegen von ihnen erfleht wurde (799 nebst Schol. vgl. Choeph. 480.) —, so wie Verminderung und Untergang der Bevölkerung durch innern Zwist und Aufruhr. Damit man aber dies Alles nicht für eitle Worte und fromme Wünsche halte, schreibt Pallas selbst mehrmals den Erinnyen eine wirkliche Macht über diese Gegenstände zu (855. 912.) [20]), und drückt die Erwartung aus, dafs sie, in ihren heiligen Abgrund niedersteigend, das Verderbliche unter der Erde zurückhalten, das Nützliche aber heraufsenden werden (961).

Da dieser letzte Theil des Aeschyleischen Gedichts sich speciell auf das Heiligthum der Semnä in der Stadt Athen bezieht: so wird es zum Verständnifs desselben nöthig sein, Einiges über Localität und Cultusgebräuche dieses Heiligthums anzumerken.

c. Der Athenische Gottesdienst der Semnä.

(89.) Athen galt in Griechenland als die eigentliche Heimat des Dienstes der Ehr würdigen Göttinnen (Dio Cass. LXIII, 14.); und in der That scheint er nirgends ein

---

19) Nur wird in dem ὕμνος εὐκτήριος natürlich übergangen, was Pallas V. 870. erlangt hatte: τῶν δυσσεβούντων δ᾿ ἐκφορωτέρα πέλοις, die Gottlosen mogest du als Leichen (durch die ἐκφορά, *funeris elatio*) bald hinwegschaffen.

20) Der dabei von den Erinnyen gebrauchte Ausdruck ἐπικραίνειν (910. 927.) bedeutet, wie κραίνειν, besonders ein vorbereitendes, still wirkendes, aber zur rechten Zeit ans Licht bringendes Thun, wie es der Mora zukommt. S vorzüglich Prom 510, Agam. 360. (ἔπραξεν ὡς ἔκρανεν), Eum. 729. Indem die Orakel zugleich Schicksalsbestimmungen sind, kann man πυθόκραντα (Agam. 1228.) für πυθόχρηστα sagen.

solches öffentliches Ansehn erlangt zu haben, und auf solche Weise mit politischen Instituten verwebt worden zu sein [21]). Das Heiligthum lag auf der einen Seite am Ares-Hügel (Meursius *Areopag. c. 2.*), mit dessen Cultus und Gericht die Erinnyen (nach §. 67.) in enger Verbindung standen: eine Verbindung von Götterdiensten, welche auch in der Thebanischen Sage von Ares, als dem Gatten der Demeter - Erinnys (§. 81.), hervortritt, und ohne Zweifel auf der ältesten Geschichte des Griechischen Cultus beruht. Auf der andern Seite lag das Heiligthum der Semnä gegen die Akropolis, und zwar die lehnere und zugänglichere Seite derselben. Das Letzte erhellt besonders aus den Erzählungen von der Niedermetzelung der von der Burg abziehenden Kylonischen Verschwornen bei den Altären der Semnä. Aeschylos kann daher auch das Heiligthum der Semnä dem Hause des Erechtheus nahe (πρὸς δόμοις Ἐρεχθέως 857.) setzen, mit welchem Ausdrucke er die ganze, von den ältesten Königen bewohnte, Akropole Athens bezeichnet.

In diesem Heiligthum befand sich, aufser den niedern Herden oder Feuerstellen (ἐσχάραις) der Gottheiten (773. vgl. 108.), ein Abgrund, ähnlich wie bei dem Kolonos (χάσμα, κευθμών, θάλαμοι 772. 958. 961. 977. 989. Eurip. El. 1280.), durch welchen die Göttinnen nach dem Gericht über Orestes in ihre unterirdische nächtliche Heimat zurückgekehrt sein sollen.

Aller Wahrscheinlichkeit nach befanden sich auch hölzerne Schnitzbilder der Erinnyen hier. Diesen waren die Purpurgewänder bestimmt, welche man, der Stiftung des Cultus durch die Athena gemäfs, den Göttinnen darbrachte (982. vgl. §. 86.). Später sah man hier (s. Osann in den *Annali dell' Instit. di corr. arch.* 1830. p. 149.) eine Erinnyen-Statue von Kalamis, dem Zeitgenossen des Phidias, und zwei andre von Skopas, dem um eine Generation·jüngeren Künstler, zusammengestellt. Darnach versicherte Polemon, man habe in Athen drei Statuen der Semnä; Phylarchos aber, der nur die des Skopas berücksichtigte, sprach von zweien (Schol. Oed. Kol. 39.). Die Gestalt dieser Bilder hatte nach Pausanias nichts Furchtbares, aber doch wohl jene Mischung von Lust und Entsetzen, welche in dem sogenannten Rondaninischen Medusenhaupt so tiefsinnig ausgedrückt ist.

Der Staat hielt den Cult der Semnä so hoch in Ehren, dafs er besondre Opferbesorger, Hieropöen, dafür bestimmt hatte, welche der Areopag, als Vorsteher dieses Gottesdienstes, aus dem Athenischen Volke ernannte (Ulpian zu Demosth. g. Mid. p. 552. R. p. 152. Meier). Bei der Pompa und den Opfern der Semnä hatte das Geschlecht der Hesychiden die Leitung, dessen Namen „die Stillen" auf die grofse Feierlichkeit und Ruhe (εὐφημία) deutet, welche bei dem ganzen Gottesdienst der Hehren beobachtet werden mufste (Eum. 988. Oed. Kol. 129. 489. Schol.). Denn dafs ein Heros Hesychos als ihr mythischer Stammvater genannt wird, dessen Kapelle in der Nähe des Heiligthums der Semnä, bei der Pelasgischen Mauer der Akropolis lag, thut der wahren Bedeutung

---

21) Die topographischen Nachweisungen, auf denen das Folgende beruht, sind bereits in den Zusatzen zu Leake's Topographie von Athen, übersetzt von Rienäcker, S. 454. mitgetheilt worden

des Namens keinen Eintrag (vgl. Chr. L. Bossler *de gentibus et famil. Att. sacerdot* p. 17.). Aeschylos gedenkt dieser Hesychiden nicht; bei ihm führen die Areopagiten die Pompa (964), an welche sich die Dienerinnen, welche das alte Bild der Pallas bewahren, anschließen (978). Merkwürdig ist hier, wie im Dienst von Phlya, die Verbindung der hehren Göttinnen mit der Athena; sie habe nun in alten Göttersystemen ihren Grund (vgl. Gerhard's Antike Bildw. S. 114.), oder sei blos aus dem Bestreben der Athener zu erklären, ihre Stadtgöttin andern hinzugetretnen Götterdiensten zur Beschützerin zu geben. An die zahlreiche Dienerschaft des Tempels der Polias schlossen sich andre Frauen, so wie Mädchen und Greisinnen an (981), wobei man die Erwähnung von Männern ohne Grund vermißt hat; Frauen waren bei diesem Cult immer besonders thätig, wie auch Kallimachos in einem berühmten und vielbesprochnen Epigramm (Schol. Oed. Kol. 489.) die Frauen aus dem Geschlechte der Hesychiden als die bezeichnet, welche als öffentliche Priesterinnen den Eumeniden ihre weinlosen Spenden und Opfer darbrachten [22]. Die Opfer wurden wenigstens bisweilen zur Nachtzeit verrichtet (108), die Erinnyen selbst sind Kinder der Nacht; darum begleiteten Fackeln den Zug, welche wahrscheinlich zuletzt in den Abgrund zusammengeworfen wurden, worauf wohl die Worte der Pallas hindeuten: *Ich will der hellumstrahlten Fackeln Feuerglanz zur Tiefe nieder senden, nach der Erde Schooß* (977). So warf man auch in Argos, der Kora zu Ehren, brennende Fackeln in eine Grube (Paus. II, 22, 4.).

Wenn die Pompa im Heiligthum angelangt war, wurden Opferthiere, gewiß besonders schwarze Schaafe (vgl. §. 58 und 62.), auf die Weise, wie es bei den Opfern unterirdischer Götter bräuchlich war, geschlachtet; das Blut ließ man, wie es scheint, in den Abgrund zusammenlaufen (vgl. 960.). Das Fleisch der Opferthiere wurde wahrscheinlich in Stücke gehauen, und, wie bei dem Erinnyen-Cultus von Keryneia (§. 62.), ganz verbrannt. Dies Zerstücken und Verbrennen der Opfer war in Griechenland, wenn auch in verschiednen Graden und mit manchen Modificationen, doch im Ganzen bei den Opfern der Todten, der Heroen, der Unterwelts- und Sühn-Gottheiten (§. 55.) allgemein [23]; während die Olympischen Götter in ihrer heitern Erhabenheit nur den süßen Dampf der Knochen und des Fetts vom Opfer für sich fordern, begehren die Chthonischen Wesen durch Fleisch- und Blutkost am Leben Antheil zu nehmen, und das Opferthier ganz für sich zu haben. Zugleich wurde Wasser, vielleicht wie im Kolonos, in drei Güssen aus drei verschiedenen Kesseln (Soph. 469 ff. vgl. 157.), auf die Erde

---

[22] Indessen waren doch nach Philon *quod omn. prob. liber* §. 20. Männer und Frauen (aber immer nur freie) bei dieser Pompa beschattigt.

[23] Daher die Reinigungsopfer κήα, κεῖα (Lobeck Aglaoph. p. 1290), die θυσίαι ἀποτρόπαιοι der ὑπεκκαύστρια in Soli (Plutarch *Qu. Gr.* 3), das Delphische Reinigungsopfer τρικτεύα κήα, Corp. Inscr. n 1688., eine τριττύς oder τριττύς, vermuthlich aus Stier, Eber und Widder bestehend, welche man wahrscheinlich, wie bei den Attischen Blutgerichten (§. 159.), zerhackte und verbrannte. Boeckh p. 811. Ueber die Holokausten bei Todtenopfern in Griechenland und Rom Norisius *ad Cenot. Pisana diss.* III. c. 5. p. 394.

gegossen; dem Wasser wurde kein Wein ($\nu\eta\varphi\alpha\lambda\iota\alpha$), aber Honig ($\mu\epsilon\lambda\iota\varkappa\varrho\alpha\tau\alpha$), auch wohl das besänftigende, lindernde Oel, beigemischt. Bei dem Cultus der Schwarzen Demeter, auch einer Erinnys, zu Phigalia, gofs man Oel auf fette Wolle (*lana sucida*, Paus. VIII, 42, 5.), und aus ähnlichem Grunde scheint Aeschylos die Feuerstellen der Semnä einen fettbeglänzten Sitz ($\lambda\iota\pi\alpha\varrho\delta\vartheta\varrho\upsilon\upsilon\varsigma$ 773.) zu nennen. Auch die dreimal neun Oelblätter, welche man den Eumeniden von Kolonos hinlegte (Soph. 483.), sind auf diese Weise zu erklären. So wurde auch den Todten aufser Honig und Milch schon in Homerischer Zeit und noch in Romischer Kaiserzeit Oel gespendet (Il. XXIII, 170. Aesch. Pers. 609. Norisius *ad Cenot. Pisana diss.* III. c. 5. *p* 395.).

d. Aeschylos Vorstellungen von den Erinnyen, und ihre äufsere Darstellung.

(90.) Dies waren die theils durch die Lesung älterer Dichter, theils durch die Betrachtung der Cultusgebräuche bei den Heiligthümern der Erinnyen dem Aeschylos zugekommenen Eindrücke, welche seine eigne Ansicht und Vorstellung von diesen Wesen bestimmten, aber zugleich durch den Standpunkt des Denkens und Glaubens, auf welchem Aeschylos sich befand, bedingt wurden. Mit Demeter und Kora konnten dem Aeschylos die Erinnyen nicht mehr identisch erscheinen, da jene zur Familie des Zeus gehören, diese aber schon durch die frühere Poesie der Titanischen Urwelt angeeignet worden waren, und dieser Gegensatz des alten Titanen-Reichs und der Olympischen Götter durch die Poesie nun schon lange festgestellt, und ganz in das geistige Leben der Griechen übergegangen war. Zugleich war auch die Vorstellung von Demeter und Kora so mild und menschlich ausgebildet worden, dafs man sich damals gewifs höchlich scheute, aufserhalb der Mysterien von einer Demeter-Erinnys zu sprechen, während sehr zahlreiche Namen die Huld und Freundlichkeit der mütterlichen Göttin feierten.

Der Gegensatz der ältern und jüngern Götterwelt, der zwar ohne tiefe Begründung im Griechischen Cultus ist, aber damals doch die höchste Bedeutung erlangt hatte, beruht, wie er sich bei Aeschylos Zeitgenossen und in dem Dichter selbst ausspricht, hauptsächlich auf dem Verhältnisse einer unbedingten Naturnothwendigkeit und eines freieren Waltens. Wie Himmel und Erde und Sonne und Mond, die auch der ältern Götterwelt angehören, in ewigem und unverrücktem Bestande ohne Unterlafs und überall auf gleiche Weise wirksam erscheinen: so sind auch die Erinnyen wie ein Naturgesetz der moralischen Welt anzusehn; ohne Rücksicht auf die besondern Umstände der That, ohne Ansehn der Person und Verhältnisse, treffen sie den, welcher die heiligen Bande des Bluts durch Frevel, wie der des Orestes ist, zerrissen hat. Die Erinnyen auf diese Weise, gleichsam wie die Nachtseite der Themis, aufzufassen, war ganz im Geiste jener speculativen Theologie, in der Aeschylos Geist grofsgezogen worden ist. Durch die Erinnyen, soll Pythagoras gesagt haben, würden die unreinen Seelen, von den reinen getrennt, in unzerreifslichen Banden gehalten (Diogen. Laert. VIII, 32.); und selbst wenn die Sonne ihre Bahn verlassen wollte, sagte Herakleitos, würden die Erinnyen, die

Bundesgenossinnen der Dike, sie zu finden; wissen [24]); wie es nach Platon der Themis gemäfs ist, dafs die Sonne ihre bestimmte Bahn wandle.   Auf die Frage der Okeaniden: „Wer ist es, der Anankes Steuerruder lenkt?", antwortet Prometheus: „Der Mören Drei-haupt, der Erinnys Gedächtnifskraft" ($\mu\nu\dot\eta\mu o\nu\dot\epsilon\varsigma \ \tau' \ '\!E\varrho\iota\nu\dot\upsilon\epsilon\varsigma\cdot$V. 514.), indem es hier, wie in den Eumeniden (361) und bei Sophokles (Ai. 1390), an ihnen besonders hervor-gehoben wird, dafs sie weder die Gesetze, welche sie aufrechterhalten, noch auch die Frevel, wodurch diese verletzt worden, aus ihrem Geiste entschwinden lassen, und daher auch den Kindern und Enkeln die Sünden der Väter behalten (Eum. 894. und oft). Wenn aber im menschlichen Leben die Erinnys sich besonders im Gewissen zeigt, und dadurch, nach dem Naturel verschiedner Menschen, eine individuelle Gestalt annehmen mufs: so fassen doch die Alten, nach ihrer angestammten Betrachtungsweise, dies böse Gewissen nur als ein Symptom der Macht der Erinnys, die Erinnys selbst als eine aufser-halb stehende allgemeine dämonische Macht.   Die Olympischen Götter dagegen, den Stämmen Griechenlands von Anfang an verwandt, Beschirmer verschiedner Städte und Besitzer grofser Heiligthümer, in eine verwickelte Geschichte mannigfach verflochten, haben so viel Anlafs zu Gunst und Ungunst, Neigung und Abneigung, beziehn sich in ihrer ganzen Thätigkeit so sehr auf besondre einzelne Verhältnisse, dafs sie jene allge-meinen Grundgesetze darzustellen unfähig sind; diese erscheinen in ihnen nicht viel anders, als im menschlichen Leben, mit den mannigfachsten Bestrebungen vereinigt, die zwar durch sie bedingt, aber nicht hervorgebracht werden.   Zugleich haben sie eben dadurch, dafs sie individueller, menschlicher sind, mehr Einsehn in die besondern Verhältnisse; sie beugen das starre äufserliche Recht, welches wie ein physisches Gesetz den Thäter trifft und schlägt, auf eine milde Weise nach der innern Verschiedenheit der That; und darum kömmt es nach Aeschylos ihnen zu, Anordnungen und Einrichtungen, wie die Apollinischen Reinigungen und das Gericht auf dem Areopag sind, zu machen, wo-durch die an sich unerbittliche und überall gleich wirkende Erinnys in bestimmten Fällen abgewandt wird.   Auch erscheinen sogenannte *argumenta ad hominem*, wie Apollon viele an die Athena richtet (ich will immer deiner Stadt Vortheil befördern u. dgl.), dem Aeschylos der Natur dieser Götter durchaus nicht zuwider.   Dafs aber auch die Erinnyen ihren Zorn besonders durch die Einrichtung ihres Cultus beschwichtigen lassen, ist etwas ganz Anderes; ihr Cultus ist ein Zeichen, eine Bürgschaft, dafs auch ihr Recht auf Erden ferner walten soll.   So hält Aeschylos in der That diesen Gegensatz überall fest, und führt ihn mit derjenigen Folgerichtigkeit, die er überhaupt gestattet, nicht blos in dieser Tragödie durch.

(91.) Dabei ist aber doch Aeschylos Ueberzeugung diese, dafs aller Streit jener alten Ordnungen mit den die gegenwärtige Welt beherrschenden Gewalten blos vorüberge-hend, für eine gewisse Epoche vorhanden, eine Krisis sei, die nur eine höhere Entwicke-lung vorbereite; die Welt der Olympischen Götter ist ihm in völliger Einheit mit jenen

---

[24] Plutarch *de exil.* 11 und *de Iside* 48 mit der noch unaufgeklärten Variante $\gamma\lambda\dot\omega\tau\tau\alpha\varsigma$ ($K\lambda\tilde\omega\vartheta\alpha\varsigma$?) fur $E\varrho\iota\nu\nu\dot\upsilon\varsigma$

Urgewalten, und gleichsam nur eine weitere Ausbildung desselben. Wenn die Erinnyen in ihrem Zorn den Olympischen Göttern vorwerfen, die Mören verletzt und ihrer Macht beraubt zu haben (165. vgl. 694.): so ist diese Verletzung nur vorübergehend und scheinbar. Wie Pindar, so ist auch Aeschylos bemüht, die Sagen von Kampf und Streit zwischen den Göttern, namentlich den beiden Götterordnungen, zu entfernen, und durch mildere Sagenformen zu ersetzen. Er deutet, in dem Wortwechsel des Apollon mit den Erinnyen, sehr klar auf das wahrscheinlich von den Orphikern besonders entwickelte Dogma, daſs Zeus den gefesselten Kronos befreit und durch viele Mittel der Versöhnung begütigt habe (615.); „Zeus löste die Titanen" sagt auch Pindar. Mit gutem Grunde haben schon die alten Ausleger (zu 47.) bemerkt, daſs die Tragödie mit Ruhe und Feierlichkeit, mit εὐφημία, beginne, wie sie auch damit schlieſst, und das Schreckliche, Wuth und Kampf, mehr gegen die Mitte zusammengedrängt wird. In dem Eröffnungsgebete der Pythias verfolgt zugleich Aeschylos die unverkennbare Absicht, aus den Sagen von der Gründung des Pythischen Orakels und dessen verschiednen Besitzern allen Streit und Hader zu entfernen, während Pindar, seiner eignen Regel („laſs allen Kampf fern von den Unsterblichen") ungetreu, gewiſs aus Folgsamkeit gegen alte einheimische Traditionen (vgl. §. 57.), den Kampf der Erde mit dem Apollon so heftig geschildert hatte, daſs die Erde ihn in den Tartaros zu stoſsen versucht haben sollte (Schol. Eum. 2.). Bei Aeschylos dagegen folgte der Urprophetin Erde im Besitz des heiligen Stuhls ihre Tochter Themis nach einer Art von Erbrecht [25]); diese trat es gutwillig (man merke, wie eindrücklich dies Aeschylos darstellt) ihrer Schwester Phoebe ab; Phoebe aber gab den Orakelsitz als ein Pathengeschenk (γενέθλιον δόσιν) [26]) ihrem Enkel Apollon, der deswegen auch den Namen Phoebos seinem andern zufügte; und Phoebos nimmt ihn nun, ausgehend von dem heimischen See auf Delos (der λίμνη τροχόεσσα), und von den Athenern [27]), welche sich rühmten, die heilige Straſse nach Pytho zuerst gebahnt, die Wälder gelichtet und die Felsen-

---

25) Aeschylos Absicht spricht sich hier auch in dem δή V 3. aus, welches zum ganzen Satze, aber dem engern Verhaltnisse nach besonders zu τὸ μητρός gehort. Δή hebt, dies ist der durchgangige Begriff von δή, etwas Bekanntes, Zugestandnes oder als zugestanden Vorausgesetztes hervor, etwas, wofur man allgemeine Beistimmung erwartet. Weiter entwickelt sagt Aeschylos Ausdruck: Themis nahm als Nachfolgern das Orakel ein, das ja ihrer Mutter gehorte, und das sie, wie Jeder einsehn muſs, das vollste Recht hatte, einzunehmen.

26) Man verzeiha den neuen Ausdruck, der die Sache indeſs vollig bezeichnet Γενέθλιω, dies natalis, lustricus, hieſs bei Madchen in der Regel der achte, bei Knaben der neunte Tag, an dem sie, um den Herd getragen (ἀμφιδρόμια), eine Art Feuertaufe erhielten; dabei wurden die Kinder den altern Verwandten gezeigt, und erhielten Geschenke eingebunden, ὀπτήρια genannt, hier γενέθλιος δόσις, zugleich wird dem Kinde, am liebsten nach dem Groſsvater, der Name gegeben. Bisweilen erscheinen indeſs auch die Amphidromien von den Genethlien getrennt. S. die Intpp. hier, zu Kallim auf Art. 74. zu Pers. II, 32. Bottiger Amalthea 1. S 55. Welcker Prometheus S 329. Phoebos Name war ein μαμμωνυμικὸν, auch nach Hesiod beim Etymolog M p. 796. Schol. Il. I, 43.

27) Ἡφαίστου παῖδες (13.) bezeichnet die Athener (da sonst Athen hier gar nicht erwahnt wäre) als von Erichthonios stammend. Vgl. Hesych s. v. Ἡφαιστιάδαι.

steige ausgehauen zu haben, geleitet, nach freiwilliger Huldigung der Einwohner und de.
Beherrschers der Gegend auf die rechtmäfsigste Weise in Besitz.

(92.) So wie nun hier Aeschylos den Sagen, welche gewaltsame Revolutionen in der
Delphischen Götter-Succession annahmen, aus dem Wege geht: so weicht er auch, was
den Ursprung der Erinnyen anlangt, von der alten tiefsinnigen Sage (§. 79.) ab, nach
welcher sie Kronos Verbrechen gegen den Urvater Uranos verewigen, um nicht genöthigt
zu sein, den Streit der alten und neuen Götter, dessen er sonst so oft gedenkt, als eine
ewige Feindschaft zu setzen. Aeschylos begnügt sich, die Erinnyen, ohne den Vater an-
zugeben, Töchter der Nacht zu nennen (312. 394. 715. 760. 808. 987.), einer Göttin,
die ja auch furchtbar und zugleich mild (φιλία Agam. 346., daher εὐφρόνη) ist, wie
die Erinnyen es in diesem Drama werden (εὔφρονες §. 87.). Offenbar entsprach diese
Genealogie Aeschylos Ansichten und poetischen Zwecken besser, als eine der sonst vorhandenen, in welchen die Erinnyen von dem Skotos und der Gäa (Sophokles), von Kronos
und Eurynome (in einem Werke unter Epimenides Namen), von Phorkyn (Euphorion),
von der Gäa-Euonyme (Istros), von Acheron und der Nacht (Eudemos), von Hades
und Persephone (Orphische Hymnen), oder Hades und der Styx (Athenodoros und Mnaseas)
abgeleitet wurden [28]. Durch die vorgezogene Genealogie bringt Aeschylos die Erinnyen
auch in nahe Verwandtschaft mit den Mören, welche nach seiner Denkweise neben Zeus
der höchsten Würde geniefsen, indem die Mören nach der Hesiodischen Theogonie ebenfalls Töchter der Nacht sind, und darum von den Erinnyen, als ihre Schwestern von der
Mutter her, angerufen werden [29].

(93.) Die äufsere Darstellung der Göttinnen bei Aeschylos verfolgt ganz die
furchtbare Seite ihrer Idee, so dafs Pallas selbst den Contrast hervorheben mufs, der
zwischen ihren Seegenswünschen und grauenvollen Angesichtern stattfindet (944.). In der
äufsern Bildung der Erinnyen scheint Aeschylos sehr schöpferisch verfahren zu sein, indem den frühern Dichtern noch kein bestimmtes Bild dieser Gottheiten vor Augen stand,
und, wenn in dem Heiligthum zu Athen alte Schnitzbilder der Semnä vorhanden waren
(§. 89.), die Gestalt derselben für dramatische Zwecke nicht geeignet sein konnte. Daher denn auch die Pythische Priesterin, nachdem sie die Erinnyen gesehn, nur ihre Ge-

---

28) S über diese Genealogieen besonders Schol. Soph. Oed. K 42. Tzetz. Lykophr 406. Schol. Aeschin.
in Timarch. p.747. R. Apulei. de orthogr. §.11. p 6 Osann. Nach Orphischen Poemen war Phorkyn
unter den Titanen, und Eurynome herrscht mit Ophioneus vor Kronos.

29) Dies beruht auf einer Auslegung der Stelle V. 919 ff, nach welcher nicht von den Horen, welche gar
nicht dahin passen, sondern von den Moren die Rede ist, die allein πάντα τιμιώταται θεαί heifsen
konnen Μοιρολυσιγνῆται als Basen zu nehmen, wurde lacherlich herauskommen; Aeschylos setzt es
fur λαοιγνῆτοι ὁμομήτριοι Noch lacherlicher wäre es, wenn die Erinnyen andre Göttinnen so bezeichneten: ihr Gottinnen, deren Basen die Moren sind. Auf diese Ueberlegungen ist die oben ange-
nommene Constitution des Textes gegrundet, nach welcher κύρι' ἔχοντες τὰ θνατῶν als allgemeinere
Bezeichnung vorausgeht, und die speciellere Anrede an die Moren sich daran anschliefst. Hinsicht-
lich dieser Stelle kann ich nicht mit Klausen Theologumna Aeschyli p. 45. ubereinstimmen wiewohl
im Uebrigen die hier gegebene Auseinandersetzung Vieles mit der Klausen'schen gemein hat

stalt beschreiben kann, ohne zu wissen, was für Wesen ihr Auge geschaut hat. Aeschylos bildete die Form, die er der Erinnyen-Maske gab, theils nach innern, im Charakter dieser Gottheiten gegebenen Zügen, theils nach äußern Analogieen. Auf letztre macht die Pythias im Prologos selbst aufmerksam, und man sieht es ihren Worten deutlich an, daß sie bestimmt sind, die Erscheinung der Erinnyen vorzubereiten und ihre Gestalt gleichsam zu motiviren. Sie vergleicht sie erstens mit Gorgonen-Bildern, welche zu den allerältesten Werken der Griechischen, besonders der Athenischen, Kunst gehörten, die man bis in die Zeiten einer Kyklopischen Technik hinauf verfolgen kann. Von den Gorgonen gab Aeschylos den Erinnyen die schon in den Choephoren (1045.) erwähnten Schlangenhaare, welche öfter als Erfindung unsers Dichters angegeben werden; bei den Gorgonen kommen sie in Kunstwerken schon viel früher vor. Auch nahm Aeschylos von den Gorgonen ohne Zweifel die heraushängende Zunge und die gefletschten Zähne, welche regelmäßig zu dem Gorgoneion der alten Kunst gehören: wir werden sehen, welche Bedeutung er diesen Zügen bei den Erinnyen gab. Aber auch die Gorgonen genügen der Pythias nicht völlig; sie fügt hinzu: „Ich sah auch schon einmal des Phineus Mahlzeit Raubende gemahlt." Sie erinnert sich nämlich wieder an ein Kunstwerk, und, indem sie nur den Anblick sich im Geiste erneuert, setzt sie nicht erst den Namen der Harpyien hinzu, den jeder Zuhörer von selbst ergänzte [30]). Hier eine Mittelgattung, eine Art Gorgonen-Harpyien, anzunehmen (Voß Myth. Br. XXXI. S. 201.), von welchen das ganze Alterthum nichts weiß, scheint mir ein durchaus unbegründeter Gedanke. Ohne in die Untersuchungen der neuern Archäologie über die Harpyien-Gestalt einzugehn, bemerke ich hier nur, daß das Vasengemälde bei Millingen (*Ancient uned. mon. S. 1. pl.* 15.) die Scene grade so darstellt, wie sie Aeschylos gesehn; die Harpyien sind hier alte, häßliche, geflügelte Weiberfiguren, welche das Mahl des Phineus nach allen Seiten fortschleppen. Von den Erinnyen aber fügt die Pythias hinzu, daß sie keine Flügel haben, und schwarz, durchaus scheuselig, anzuschaun sind. Die schwarzen Gewänder, welche nach Aeschylos stets zu dem, später auf der Bühne und bei Aufzügen nicht selten gebrauchten [31]), Erinnyen-Costüm gehören, deuten die Nacht-Kinder an (Choeph. 1045. Eum. 52. 332. 353. vgl. §. 92.); die Flügel aber, welche die Gorgonen (Aesch. Prom. 797.) wie die Harpyien führen, und Euripides (Orest. 317.) auch den Erinnyen gegeben hat, passen deswegen nicht zu Aeschylos Idee, weil ihm beständig das Bild von Jägerinnen und von Jagdhunden,

---

30) Im Deutschen schien es mir nöthig, den Ausdruck des Aeschylos etwas näher zu bestimmen und zu verstarken; wir haben das Bild nicht vor Augen, an das Aeschylos seine Zuhorer blos zu erinnern brauchte.

31) Daher die schwarze Tracht der Daunischen Frauen (Lykophr. 1137.) und der auf den Kassiteriden (Strabon III. p. 175.) die Griechen gleich an die Erinnyen erinnerte, wie bei den Frauen von Adria an die Trauer um Phaethon. Vgl. Bottiger Furienmaske S. 44 ff. Bei Aelian *V. H.* IX, 29. erscheinen Jünglinge als Erinnyen maskirt, mit brennenden Fackeln, die Aeschylos durchaus nur dem Geleits-Chore geben konnte, die Spatern aber wie ein nothwendiges Stuck des Erinnyen-Costüms ansahn (Aristoph. Plut. 425. Cicero *in Pison.* 20. *Legg.* I, 14.). Aber die Morderinnen der Helena, Pausan. III, 19, 10., sind wahrscheinlich nur durch eine pragmatische Erklarung v e r k l e i d e t e Erinnyen geworden.

die ihr Wild in alle Schlupfwinkel verfolgen, vor den Augen steht. Dies Bild tritt bei Weitem aus den meisten von Aeschylos angegebnen Zügen, besonders in dem ersten Abschnitte der Tragödie, hervor; wie Jagdhunde, bellen die Erinnyen im Schlafe, folgen sie der blutigen Fährte und Witterung, lecken sie Blut aus den Leichnamen; Orestes ist das flüchtige Reh (πτώξ), welches sie jagen (106. 127. 175. 237. 295. 315.). Auch werden sie gradezu in den Choephoren (911. 1050.), so wie von Sophokles und Andern (κύνα Ἐρινννύν Hesych), wie mit einem Eigennamen Hündinnen genannt. Dazu paſste auch jene langheraushängende Zunge des Gorgoneions vortrefflich, und diese war es auch wohl, durch welche ihre Aehnlichkeit mit Jagdhunden am meisten versinnlicht wurde. Andre kleine Züge, wie das aus den Augenwinkeln rinnende Blut [32]), und den ganzen schauerlichen Eindruck ihres Wesens gewährt die Lesung des Drama's selbst am besten; welcher man wohl thut sich ganz darin zu überlassen, ohne die Vorstellungen der bildenden Kunst, namentlich der Vasengemälde, hinzuzubringen, deren Zeichner mehr die eilenden, beschwingten, fackeltragenden Erinnyen des Euripides und der Spätern vor Augen haben, als die Aeschyleischen (worüber auſser Böttiger Raoul-Rochette *Monum. inéd. T. I. p.* 145. belehrt.).

B. Zeus Soter.

(94.) Den Erinnyen, als Titanischen Mächten, welche ein äuſseres Gesetz der moralischen Welt mit der Strenge eines Naturgesetzes verwalten, stehen, wie wir gesehen haben, die Olympischen Gottheiten, als dem Menschen näher, verwandter und darum seine Sorgen, Bekümmernisse und Leiden mehr zu theilen geneigt, gegenüber; für unser Drama namentlich Apollon und Athena, welche beide die Ordnung der menschlichen Gesellschaft, Apollon durch seine Aufsicht über die Erfüllung der Blutrache und durch seine Beschützung des nicht verbrecherischen Mörders, Athena als Vorsteherin wohlgeordneten Staatslebens, der. Volksversammlungen und der Athenischen Gerichtsverfassung, begründen und beschützen. Athena erreicht durch die Weisheit, mit der sie die Lage der Sache zu behandeln weiſs, den doppelten Zweck: erstens den Orestes zu retten, und dann auch die Erinnyen sich und ihrem Lande zu versöhnen, welches ebenfalls als ein Erfolg ihrer Beredsamkeit und Ueberredungsgabe, als ein Werk der Peitho [1]), vorgestellt wird (928); auch hierin habe, sagt sie, Zeus Agoräos, der Versammlungen Hort, der Vorstand öffentlicher Verhandlungen, den Sieg davon getragen (931.). Jedoch muſs Aeschylos geglaubt haben, daſs diese menschlich-individuellen, überall in das Leben eingreifenden und mit den Bestrebungen der bürgerlichen Gesellschaft innig verflochtenen Götter, so gewaltig und weise sie immer sein möchten, doch nicht genügten, um den Kampf gegen jene

---

32) Ich bemerke nur, daſs V. 54. so zu fassen ist: Das Naſs, das ihren Augen entrinnt, ist keine den Gottern willkommne Spende (λείβειν λίβα in Bezug auf λοιβή). Dann schlieſst sich das Folgende trefflich an: ·Auch ihre Tracht ziemt nicht zu den Gotterbildern hinzuzubringen.

1) Peitho war namlich nicht blos Paredros der Aphrodite; sondern in Athen auch politische Göttin, Demosth. Prooem p. 1460.

Urmächte zu vollenden; er zeigt im Hintergrunde, geheimnifsvoll, aber für die Empfindung um so wirksamer, durch den Verlauf der ganzen Orestee die Idee des Zeus-
Soter, des dritten, als die überall hindurchgehende und den Faden leise fortführende,
am Ende aber zum besten Ziele hinausleitende Macht.

Schon im Agamemnon (1360.) hatte Klytämnestra, welche in ihrer Verblendung
meinte, durch den Mord ihres Gemahls ihr eignes Wohl gesichert zu haben, den Todes-
streich, den sie nach zwiefacher Verwundung gegen ihn führte, des unterirdischen Hades,
des Soter der Todten, geweihten Dienst genannt; nur von dem Todesgotte, ist ihre Meinung, sei für Agamemnon Gnade zu erwarten. Dagegen betet gleich bei dem Beginn
der Choephoren (1.) Orestes am Grabe des Vaters, dafs der Chthonische Hermes so viel
Antheil an der Macht seines Vaters, des Zeus Soter, nehmen möge, um ihm für sein Vor-
haben ein Soter zu werden [2]); indem er erwartet, dafs die durch Klytämnestra verletzten
unterirdischen Götter, vor allen der Geist des Vaters aus dem Grabe heraus, seiner Blutrache hülfreich sein werden. Hernach wünscht, bei der Wiedererkennungsscene zwischen
Elektra und Orestes (242.), die Schwester, dafs ihren Rache-Plänen gegen Klytämnestra
die Macht ($K\varrho\acute{\alpha}\tau o\varsigma$) und das Recht ($\varDelta\acute{\iota}\varkappa\eta$) mit dem dritten, dem allerhöchsten Zeus,
beistehen möge (242.). Und nach vollbrachter That sagt am Schlusse der Choephoren
der Chor, dafs nach Atreus Gräuelthat und Agamemnon's Morde nun als dritter ein Soter
gekommen sei, oder solle er ihn Untergang ($\mu\acute{o}\varrho o\nu$) nennen? indem der Chor selbst
zweifelhaft wird, ob mit dieser Rachethat die Kette des Unglücks geschlossen sei. Endlich sagt in den Eumeniden (728 - 731.) Orestes nach der Lossprechung, dafs das väterliche Haus und die Heimat ihm nun wieder zu Theil werde durch Pallas und Apollon's
Gnadenwaltung und des Alles vollendenden dritten Soter, der sich erbarmungsvoll der Rechte
des Vaters gegen die Erinnyen, als die Anwälde der Mutter, angenommen, und darum
den Vaterrächer und Muttermörder Orestes gerettet habe. Mit diesen Hindeutungen mufs
man auch die Beziehungen auf den Zeus-Vollender, $\tau\acute{\epsilon}\lambda\epsilon\iota o\varsigma$, vergleichen, besonders dafs
das Gebet der Pythias im Anfange der Eumeniden mit seiner Anrufung schliefst (28.).

(95.) Die Vorstellung und der Cultus des Zeus Soter, als des Dritten, war in
Griechenland sehr verbreitet. Es ist Nichts bekannter, als dafs zu den Mahlessitten der
Griechen ein dreifacher, feierlicher Trunk nach Tische gehörte, der erste dem Zeus Olympios
oder dem Zeus als Gemahl der Hera, der zweite der Erde und den Heroen, der dritte dem
Zeus Soter geweiht (Stellen bei Athen. I. p. 29 b. II. p. 38 d. XV, 675 c. 692 sq. Scholien
Pind. Isthm. 5, 7. Spanheim zu Arist. Plut. 1176.). Hierbei werden die Olympischen Götter
den Chthonischen Wesen, den Dämonen des Todes und der Nachtseite der Natur, zu

---

2) Hierbei verwerfen wir freilich die scheinbar authentische Interpretation der Stelle, welche Aristophanes,
in den Fröschen 1144, den Aeschylos selbst geben lafst. Nach dieser hatte Hermes das Amt des
Chthonios als ein $\pi\alpha\tau\varrho\tilde{\omega}o\nu$ $\gamma\acute{\epsilon}\varrho\alpha\varsigma$, ein ererbtes Amt, erhalten. Wir verbinden dagegen so: Ἑρμῆ
$\chi\vartheta\acute{o}\nu\alpha$, $\pi\alpha\tau\varrho\tilde{\omega}$' $\grave{\epsilon}\pi o\pi\tau\epsilon\acute{\upsilon}\omega\nu$ $\varkappa\varrho\acute{\alpha}\tau\eta$ $\sigma\omega\tau\grave{\eta}\varrho$ $\gamma\epsilon\nu o\tilde{\upsilon}$ $\mu o\iota$, und gewinnen auf diese Weise einen viel eigen-
thümlichern Gedanken, der zugleich für das Ganze der Tragödie von grofser Bedeutung ist. Wir
appelliren von dem Aristophanischen Schatten des Aeschylos an den in seinen Tragödien noch fort-
lebenden Geist des alten Heros.

24 *

welchen auch die Heroen gehören, entgegengestellt, Zeus Soter aber als ein dritter und über beide Welten herrschender gefaßt; und grade so läßt auch Aeschylos die schutzflehenden Danaiden (24.) zu den óbern Göttern, den ehrwürdigen über den Gräbern waltenden Chthonischen Gottheiten, und Zeus Soter dem Dritten, als dem Hüter des Hauses gerechter Männer, beten. Bei jenem dritten Trunke wurde Zeus bisweilen auch der Agathos-Dämon (Diphilos bei Athen. XI. p. 487.), und der Becher der vollendende (τέλειος) genannt. Sehr bedeutungsvoll ist die von Mnaseas (bei Suidas *s. v.* Πραξιδίκη) mitgetheilte Genealogie, wonach Zeus Soter mit der Praxidike, d. h. einer gerecht waltenden und bestrafenden Schicksalsgöttin, den Zeus Ktesios erzeugt; sie stimmt mit verschiednen Gebräuchen überein, in denen ein Zeus Ktesios von einem andern Zeus unterschieden wird (Gerhard Antike Bildwerke 1. S. 9. 39 ff. vgl S. 97 ff.), und enthält offenbar den Gedanken, daß erst, wenn die richtende Göttin, ursprünglich vielleicht eine Erinnys, und der rettende Gott den Grund alles Uebels hinweggeschafft haben, der Seegen der Natur wieder fühlbar wird [5]. Die Zusammenstellung des Zeus Olympios mit dem Soter war besonders in Olympia zu Hause, wo auch Zeus-Chthonios verehrt wurde (§. 55), und überhaupt der Chthonische Cultus die Grundlage der ältesten Localmythen war. Zweimal, sagt Plato in éiner überaus sinnreichen Stelle (Politeia IX. p. 583.), haben wir schon den Gerechten als Sieger über den Ungerechten dargestellt; nun wollen wir das Dritte auf Olympische Weise (Ὀλυμπικῶς) dem Retter Zeus, so wie dem Olympios, weihen, und deutlich darlegen, daß nur die Lust des Weisen eine reine und wahre Lust, die der Andern nur ein Schattenbild davon ist. Offenbar deutet der Philosoph, welcher die Beziehungen auf den τρίτος σωτήρ eben so sehr liebt, wie Aeschylos (vgl. Charmides p. 167. Philebos p. 66. Gesetze III. p. 692.), an dieser Stelle auf die religiöse Vorstellung, daß Zeus Soter als der Dritte hinzutretend alles Trübsal entferne, und eine reine Freudigkeit herstelle [4]. Auch in Athen hatte Zeus Soter, zum Theil mit Eleutherios, dem Befreier, identificirt, mehrere Altäre und Bildsäulen; besonders merkwürdig aber erscheint es, daß ihm der letzte Jahrestag heilig war, und daran die Disoterien verrichtet wurden (Lysias g. Euandr. §. 6. *Corp. Inscr.* 157. T. I. p. 252. vgl. *T. H. ad Schol. Plut.* 1176. Meier zu Leake's Topogr. von Athen. S. 445.), wenn man damit zusammenhält, daß immer die drei Tage des ablaufenden Monats vor dem letzten (die τετάρτη, τρίτη und δευτέρα) den Todten und der Unterwelt geweiht, und deswegen auch zu den aus der Todten-Rache hervorgegangenen Blutgerichten bestimmt waren (Etymol. M. p. 131. Gudian. p. 70. und andre Lexikogr. unter ἀποφράδες). Man sieht hieraus deutlich, daß, auch nach dem System der Attischen Religion, nach der Sühne

---

3) Bei dieser Verbindung des Zeus Ktesios, des Penaten der Griechischen Nation, mit Gottheiten der Rache und des Rechts werden wir es auch nicht befremdend finden, daß der Suhn-Widder, von dem das Διὸς κώδιον genommen wurde, dem Meilichios und Ktesios geopfert wurde (Hesych und Suidas), wo Lobeck Aglaoph. p. 183; fur den Ktesios den Hikesios setzt. Auch gehört Ktesios, als ein Zeus-Pluton, mit den Erinnyen in den Kreis der Chthonischen Gotter (oben §. 86.), und steht dem Meilichios sehr nahe (vgl. Lobeck p. 1239).

4) Grade so wie Platon verbindet Pindar Isthm. V, 7. σωτήρ Ὀλύμπιος als τρίτος. Doch ist diese Stelle, wie manche über den Zeus Soter als dritten, mehr freie Anspielung, als ernste Beziehung auf die Idee.

feindlicher Mächte und der Buſse der eignen Vergehungen Zeus Soter als ein das Ganze abschließender Heilgott eintritt, in welchem der Gegensatz der lichten Götter der Oberwelt und der unterirdischen Gewalten sich zu einer befriedigenden und beruhigenden Vorstellung des Weltganzen ausgleicht. In demselben Gedankenzusammenhange hatten auch die Feldherrn bei den Arginusen vor der gefahrvollen Schlacht zugleich den Semnä und dem Zeus Soter nebst Apollon Gelübde abgelegt, deren Lösung einer derselben, Diomedon, vor seiner Hinrichtung dem Volke anempfahl: Diodor XIII, 102.

Dies genügt an dieser Stelle, um Aeschylos Andeutungen über diesen merkwürdigen Gottesdienst zu begreifen. Ueber den streitenden Mächten der Tiefe und des Lichts, den Rache fordernden und versöhnenden, steht als der Alles zum guten Ende führende Gott Zeus Soter, der überall als der dritte abschließende entweder den Gegensatz zweier anderen schlichtet, oder, was zwei andre begonnen haben, zum Ende führt. Nirgends wirkt dieser Zeus unmittelbar ein, wie Apollon, Athena, die Erinnyen; aber, indem Apollon Prophet und Exeget ist durch seine Weisheit, Athena ihm ihre Herrschaft über Staaten und Versammlungen verdankt, ja selbst die Erinnyen in seinem Namen ihr Amt verwalten [5]): steht er überall im Hintergrunde, und hat eigentlich nur einen Conflict zu lösen, der in ihm selbst ist. Denn auch dem Aeschylos ist, wie allen tieferfühlenden Griechen von der ältesten Zeit her, Zeus allein der wirkliche Gott im höhern Sinne des Worts; obgleich allerdings, nach dem Geiste der alten Theologie, ein gewordner, aus unvollkommnern Zuständen entstandner und erst auf der dritten Stufe der Weltentwickelung hervorgetretner Gott [6]), ist er doch jetzt der durch das Ganze waltende und herrschende Geist. — Mit jener ächten Kindlichkeit aber, die auch von dieser Vorstellung eines Allgotts nicht betäubt, und von inniger Annäherung nicht zurückgeschreckt wird, einer Traulichkeit, die der schönste Zug des alten Götterglaubens ist, faſst Aeschylos diesen Allgewaltigen zugleich wieder auf ganz menschliche Weise als Vatergott, und darum besonders als Beschützer väterlicher Rechte, und sieht darin ein wichtiges und entscheidendes Motiv, warum Zeus den Orestes, der den Vater und Hausherrn höher gehalten als die Mutter, zu erretten beschlossen habe.

Mehr wollen wir hier nicht sagen, und absichtlich nicht diese Ideenreihe aus der Ferne zarter Andeutung heraus in eine schärfere und jede Form bestimmter begränzende Beleuchtung ziehn, in welcher leicht, was auf die ächte Weise empfunden tief und wahr ist, schief und falsch werden könnte.

5) Dies ist der Sinn der Stelle V. 340., welchen die Uebersetzung etwas stärker markiren mußte Vgl. Klauſen *Theologum. Aeschyli* p 166 sq. nebst p. 39. 66. Wie das dunkel hindeutende τὶς auf die Griechen wirkte, sieht man besonders aus Pindar Ol. II, 59. κατὰ γᾶς δικάζει τις ἐχθρᾷ λόγον φράσαις ἀνάγκα.

6) Dies ist der Gedanke der Stelle im Agam 162 ff., in welcher ich für ΔΕΞΑΙ: — ΑΡΚΕΣΑΙ zu schreiben vorschlagen mochte. Uranos ist jetzt kraftlos, und auch Kronos hat an Zeus seinen τριακτῆρ gefunden. — Die tiefere Begrundung der oben angedeuteten Grundansicht des Griechischen Heidenthums durfen wir, wie ich glaube, von Schelling's mythologischem Werke hoffen.

IV. POËTISCHE COMPOSITION.

(96.) Durch alle diese in das rechtliche, politische und religiöse Leben der Griechen einschlagenden Erörterungen haben wir uns die Vorbegriffe und Kenntnisse ins Bewufstsein gebracht, welche zur rechten Auffassung des Aeschyleischen Drama's nöthig sind. Dadurch ist indefs das Ganze als Poesie noch sehr wenig charakterisirt worden, indem dies Alles auch auf eine ganz andre Weise als in einer Tragödie vorgetragen werden konnte.

Wir werden im Folgenden die Tragödie besonders durch die Reihen und Verknüpfungen von Gefühlen zu charakterisiren suchen, von denen ihre Schöpfung, wie ihre Auffassung, begleitet war. Dabei sind wir weit entfernt in Abrede zu stellen, dafs die Poesie, wie sie Worte, also Begriffe und Gedanken, zur Kunstform hat, so auch als Ganzes Entwickelung von Gedanken ist. Die Einheit und Zusammenstimmung der Empfindung fordert auch Einheit des Gedankens. Auch die Ilias wird durch eine ethische Idee zusammengehalten; nur ist es dem in der Anschauung lebenden Zeitalter völlig gemäfs, dafs grade diese nie in abstracter Form ausgesprochen wird; dagegen wird der Dichter durch sie, wie durch eine Norm, in der Auffassung und Empfindung der Dinge bestimmt. Im Zeitalter Pindar's war der Griechische Geist schon weit mehr an abstractes Denken gewöhnt; es ist unläugbar, dafs Pindar dadurch die besondre Erscheinung vergeistigt, und ihr eine befriedigende Gefühlsstimmung abgewinnt, dafs er eine allgemeine ethische Norm oder ein Schicksalsgesetz darin ausgesprochen findet [1]. Eben so wird von den Tragikern meist der das Ganze regelnde Gedanke geradezu ausgesprochen. Aber als Kunst, als Schwester der Musik und Verwandte der bildenden Kunst, hat die Poesie ihre Gesetze unläugbar in dem Empfindungsleben, dessen Schwellen und Sinken, Uebergänge und Gegensätze, Licht und Schatten in ihr auf eine harmonische Weise hervorgerufen und abgeschlossen werden.

Niemand hat den Gang der Empfindungen, der in einer Tragödie absolvirt werden soll, tiefer aufgefafst und einfacher ausgedrückt als Aristoteles, wenn es Aristoteles ist und nicht etwa Sophokles in seiner prosaischen Schrift über die Tragödie, oder sonst ein Aelterer, der die Tragödie, in der von Lessing und Herder geistreich behandelten,

---

[1] Dafs hierin das Princip der Dissenschen Erklärung Pindar's nur mit andern Worten bezeichnet wird, braucht dem kundigen Leser wohl nicht erst bemerklich gemacht zu werden.

aber noch nicht völlig entwickelten Definition, als eine Darstellung bestimmt, welche durch Mitleid und Furcht die Katharsis oder Reinigung dieser und ähnlicher Gemuthsbewegungen (παϑήματα) vollbringe.

Denn grade das ist der Tragödie ihrem Ursprunge und ihrer Ausbildung unter den Griechen nach das Wesentlichste, dafs in ihr Empfindungen erwachen welche durch ihre Natur und ihre Stärke die Seele aus dem ruhigen Gleichmaafs herausziehn, und in den Sturm entgegengesetzter Richtungen hineinwerfen, aber zugleich durch ihre Fortführung und Entwickelung sich selbst läutern und erheben, so dafs sie die Seele in Ruhe und Gefafstheit und einer höhern und veredelten Stimmung zurücklassen. Dagegen im epischen Gedichte das ruhige Wallen sich im Ganzen gleichbleibender Empfindungen niemals aufgehoben wird; vom unausgesetzten Taktschlage des majestätischen Hexameters schön bezeichnet, schlägt eine Welle nach der andern, unmerklich stärker oder schwächer, an das Herz, und umspielt die gesammte Welt mit unpartheiischem Gefallen. Darin möchte die Wurzel des Unterschieds zwischen beiden Dichtungsgattungen liegen, nicht in der erzählenden und darstellenden Form, die sich indefs nothwendig daraus entwickelt, una bei der Tragödie halb lyrisch und unmittelbar in die Handlung einführend sein mufste.

Die Tragödie konnte in Griechenland nur aus einem Cultus hervorgehn, dessen Wesen es war, das Gemüth in Jubel und Schmerz wild umherzuwerfen, und der eben dadurch fast allein unter den Griechischen Götterdiensten stand, aus dem Bakchischen. Die Leiden des von feindlichen Gewalten bedrohten Dionysos (τὰ Διονύσου πάϑη) waren, wie die an tiefer Kunde unerschöpfliche Nachricht Herodot's von den Sikyonischen Chortragödien lehrt, der Gegenstand des ältesten tragischen Spieles, welches wahrscheinlich bei dem Bakchischen Winter- und Kelterfeste, den Trieteriken, denen die Attischen Lenäen entsprechen, zuerst eintrat. — Wie aber Dionysos aus seinen Leiden in neuem Glanze hervorgeht: so befreit er auch das Gemüth aus seinem Taumel und seiner Verwirrung, und neben dem Bakcheischen oder wildschwärmenden Dionysos wird ein Lysios oder Lösender und Beruhigender verehrt. Auch mit dem Dionysischen Cult war seit alten Zeiten eine Katharsis verbunden, deren Bedeutung, wie sie sich an dem Gotte selbst bewährt haben soll (§. 61.), die ist, dafs sie der in einen wilden Taumel hineingezognen Seele die Ruhe und Klarheit wiedergiebt. Es gab auch neben den in Bakchische Wuth versetzenden Tonweisen grade entgegengesetzte, denen man eine reinigende Kraft zuschrieb [2]).

Schon jene älteste Tragödie, ein Chorlied, welches der durch die Stimmung des Festes in die unmittelbare Begleitung des Dionysos verwandelte Chor am Feste der

---

[2]) Nach Platon's Gesetzen VII. p 790. geschehen αἱ τῶν ἐκφρόνων βακχειῶν ἰάσεις durch Musik und Tanz; und Aristoteles, welcher von der κάϑαρσις in der Poetik ausführlicher handeln wollte, schreibt dem αὐλὸς, neben seiner orgiastischen, eine kathartische Wirkung zu, Polit. VIII, 6. vgl. 7., aus welcher Stelle man sieht, dafs Aristoteles eine ordentliche Theorie der Katharsis zu geben vorhatte. — Empedokles Καϑαρμοί mögen in der Form mit der Idee des ϑεὸς ἀλήτης (§. 57.) zusammengehangen haben; im Wesen waren sie eine Beruhigung des vom Streite der Dinge ergriffenen Menschengeistes

Leiden des Gottes sang, war hiernach in dem Sinne kathartisch, dafs sie das von Mitgefühl und Furcht zerrissne Gemüth von dem Uebermaafse dieser Affekten befreite und
zur Beruhigung führte. Die Tragödie blieb es aber in ästhetischem Sinne auch dann,
als dasselbe lebendige Mitgefühl für die Leiden (denn Leiden waren immer der Mittelpunkt, und der Protagonist war der Hauptleidende) andrer Heroen in Anspruch genommen wurde. Die Gegenwärtigkeit und Energie der Darstellung zieht die Seele in eine
Menge von Gemüthsbewegungen, Wünsche und Hoffnungen, Furcht und Hafs Mitleid
und Trauer, hinein, welche in kunstmäfsiger Folge sich auseinander entwickelnd — nicht
etwa dadurch, dafs die uns gefälligen Bewegungen die andern unterdrücken, sondern
dadurch, dafs beide sich zu erhabnern und höhergearteten steigern — sich selbst läutern
und reinigen, und die Ruhe der Seele nicht stören, sondern befestigen. An die Stelle
heftiger Wünsche für das individuelle Glück Einzelner, der Furcht vor Gefahren, welche
dies Glück bedrohen, tritt eine mit einem tiefen Erstaunen und einer erhabnen Freude
verbundne Anschauung der unerschütterlichen und aus scheinbarer Verwirrung nur desto
glänzender hervorgehenden ewigen Mächte. Wir können diese Empfindung, die hier nur
angedeutet werden soll, nicht anders bezeichnen, als dafs wir sie die tragische Schlufs-
empfindung nennen, und dabei auf den Gang Aeschyleischer Trilogieen hinweisen. Denn
Aeschylos Trilogieen enthielten durchaus eine erhabene Feier der ewigen Ordnungen und
Geschicke; während Sophokles bei seiner Umbildung der Tragödie es sich zur Aufgabe
machte, für die sittlichen Gefühle, in einer mehr persönlichen und allerdings feineren
Fassung, an den Ereignissen eine Begrundung und Befestigung zu gewinnen.

(97.) Keine Sprache ist im Stande, die Mannigfaltigkeit der Empfindungen, auf
deren Wechsel und Ineinanderspielen der Genufs eines Kunstwerks beruht, vollständig zu
bezeichnen; wir können sie meist nur mittelbar, durch verwandte Reihen von Vorstellungen, aussprechen und kundgeben. Doch will ich versuchen, den Gang der Empfindungen,
der sich durch die Aeschyleische Trilogie, wie eine Musik, hindurchzieht, in einigen
Hauptmomenten dem Bewufstsein näher zu bringen.

Die vorherrschenden Gefühle in den ersten Scenen des Agamemnon sind Siegsfreude, heitrer und prächtiger Art. Der Dichter der Trilogie hatte vor dem einer einzelnen Tragödie den Vortheil, dafs er mit Empfindungen freudiger, ruhiger Art beginnen
konnte, und uns nicht nothwendig sogleich in den Sturm der Leidenschaft hineinreifst.
Die von Ilion nach Argos herüberfliegende Reihe von Feuerzeichen, die Dankopfer-
Flammen auf den Altären der Stadt, die immer mehr sich entwickelnde grofsartige Botschaft von Troja's Eroberung, endlich das Auftreten des grofsen Königs mit seinem
Trophäenträger — meist Erscheinungen, die zugleich durch das Auge und darum doppelt
stark wirken, unterhalten eine Reihe freudiger und stolzer Empfindungen. Daneben
beginnt jedoch leise, aber immer vernehmlicher, eine trübere Empfindung sich an uns
heran zu schleichen, wie ein inneres Geschwür, bei äufserlicher Blüthe des Körpers,
fortnagt, bis es den ganzen Körper ergriffen; dieser Seite sind besonders die Gedanken
des ernsten Greisen-Chors in den ersten Gesängen zugekehrt, während Agamemnon
bis zum entscheidenden Schlage davon völlig frei gehalten wird. Die Aufopferung der

Iphigenia wirft einen Schatten über den ganzen Feldzug gegen Ilion; auch an dem Sturze Troja's sieht der Chor vorzugsweise das Walten rächender Götter; aber auch den Fürsten, der seinen Sieg nur durch den Tod vieler Unterthanen erkauft hat, die als Opfer seines Ehrgeizes gefallen sind, drückt der Zorn der Erinnyen; zugleich kann der Chor es nicht verbergen, daß er der Klytämnestra nicht traue, und in dem ahndungsvollen dritten Chorgesange spricht der Chor zwar von Paris und Helene, aber so, daß der schon auf diese Bahn gelenkte Geist immer zugleich an Aegisthos und Klytämnestra denken muß. Nun erreicht die erste Reihe von Empfindungen ihren Gipfel in einer glänzenden Schau, in einer Schau deswegen, weil diese ganze Reihe von Empfindungen auf mehr äußerlichen Eindrücken beruht, in denen zugleich das tiefer blickende Gemüth schon das Gegentheil ihres Scheins wahrnimmt. Agamemnon läßt sich nämlich endlich von Klytämnestra bewegen, über kostbare Purpurteppige von seinem Wagen herab in den geöffneten Pallast zu schreiten, zwar selbst unschuldig an diesem nach Hellenischem Urtheil barbarischen Uebermuth, aber doch dadurch recht sichtlich auf den Gipfel äußerer Herrlichkeit hinauf gerückt. In demselben Maaße aber wächst auch bei dem Chor die Vorahndung des Unglücks, „ein Threnos (wie es in dem vierten Chorgesange heißt) der Erinnyen, den das Herz, ohne daß es Unterricht empfangen, im Innern fortsingt", und bricht nun in der schauervollen Scene, in welcher die Apollinische Bakchantin Kassandra sich besinnt, wo sie ist, und was ihr bevorsteht, vielleicht der erschütterndsten, welche die tragische Kunst jemals hervorgebracht hat, in klare Ueberschauung des furchtbaren Verhängnisses, welches über dem Hause waltet, und in bestimmte Verkündigung des drohenden Unglücks aus. Jetzt geschieht der ängstlich gefürchtete Schlag, alle jene stolzen Empfindungen sind auf einmal weit hinweggeflohn, unsre Seele ist ganz Entsetzen. Diese Empfindung modificirt sich zwar in so fern, daß Klytamnestra's und Aegisthos Reden uns die That als ein Rachewerk zeigen, und auch Agamemnon nicht schuldlos und das ganze Geschlecht unter einem verdienten Fluche erblicken lassen; wir überzeugen uns wohl, daß es so kommen mußte, aber weder die Kühnheit, mit welcher Klytämnestra sich zu dem Morde bekennt, noch die Sophistik der Leidenschaft, mit der sie ihn auch vor sich selbst zu beschönigen sucht, am wenigsten aber Aegisthos feiger Triumph, vermögen eine andre Empfindung in uns hervorzurufen, als Trauer und Haß, welche nur durch das Vertrauen auf Rache erträglich werden. Wir fühlen völlig mit dem sich entschieden widersetzenden Chor, und unsre ganze Seele ist in höchster tragischer Spannung.

(98.) Der Grundton der Choephoren ist mit jener Einfachheit, welche den alten Kunstwerken eigen ist, dadurch bezeichnet, daß Agamemnon's Grab der Mittelpunkt des Schauplatzes ist, an welches im Prologus der vom Pythischen Apollon gesandte Bluträcher Orestes von der einen Seite, alsdann von der andern der aus Trojanischen Dienerinnen des Herrscherhauses bestehende Chor der Todtenopfernden herantritt. Der Auftrag, welchen der Chor übernommen, Agamemnon's Schatten für Klytamnestra zu besänftigen, ist im Widerstreite mit seiner eignen Empfindung und Ueberzeugung, daß solche Mittel nicht fruchten können; durch die entschiedne Elektra schnell bestimmt, bringt er die Choen in einem entgegengesetzten Sinne, und drückt in einem kurzen, heftigen Gesange seine Trauer um Agamemnon's Mord und sein dunkles Vorgefühl der herankommenden Rache aus. Die weitere Ausführung dieses Threnos wird unterbrochen durch die Erkennung des Orestes, zuerst aus der Haarlocke und der Fussspur — so würden sich Geschwister unter Naturmenschen noch heut erkennen —, dann durch die Erscheinung des Orestes selbst; und die Geschwister — des alten Adlers verwaiste Jungen — vereinigen sich nun um den Grabhügel, um gemeinsam mit dem Chore in einem Kommos Hülfe aus dem Grabe zu erflehen. Dieser große Kommos [3]) trägt zuerst den Charakter eines Threnos: er beginnt mit dem Gefühle der Hilflosigkeit, in welcher die Kinder sich zu des Vaters Grabe retten, und von hier Schutz und Kraft erwarten; er bejammert das unwürdige Todesloos des Agamemnon, der nicht als Sieger im fremden Lande, noch weniger als Sieger über die heimischen Feinde, hier bestattet liege. Daraus entwickelt sich der glühende Wunsch nach Rache, welche Orest indeß noch, ohne den eigenen Entschluß auszudrücken, von Zeus und den Unterirdischen erwartet, und, von entgegengesetzten Empfindungen umhergeworfen, selbst an eine mögliche Besänftigung der Mutter durch Unterwürfigkeit denkt, aber dies Bemühen auch sogleich wieder als völlig eitel aufgiebt. Da tritt der Chor, der mit mehr Ueberlegung als Leidenschaft den Gang der Gedanken fortleitet, und ihm entsprechend [4]), Elektra ein, mit Erzählungen, welche auch durch die Form von dem übrigen Melos dieses Trauergesanges getrennt sind, und gleichsam die erste Tragödie der Trilogie, in deren Plane sie keine Stelle erhalten konnten, ergänzen. Wir erfahren nämlich erst jetzt, wie bei Agamemnon's Bestattung kein Bürger von Argos, sondern nur der Chor der Trojanischen Sklavinnen nachfolgen durfte, und damals auf Asiatische Weise die Todtenklage ausführte, und wie in seiner Gegenwart der Leichnam zur Abwendung der Sühnschuld ($\alpha\varphi o\sigma i\omega\sigma\iota\varsigma$, vgl. §. 58. N. 16.) von Klytämnestra verstümmelt ward, während Elektra, die Führerin des Leichenzugs von Rechtswegen, schmachvoll davon ausgeschlossen und abgesperrt wurde. Diese Erzählungen haben auf Orestes die entschiedenste Wirkung; er spricht es sogleich aus, er wolle rächen oder untergehn, und flehet, im Verein mit Elektra und dem ganzen Chore, um Hülfe aus dem Grabe für die Mordthat, welche der Chor, das Ganze

---

3) Die hier kurz angegebene Auffassung des Kommos habe ich, gestützt auf Ahrens inhaltreiche Abhandlung *de causis quibusdam Aeschyli nondum satis emendati*, in der Schulzeitung von 1832. N 107 ff angeführt.

4) Das sehr seltne antistrophische Respondiren des Chors und einer Buhnenperson, der Elektra, hat hier seinen guten Grund; es findet ein personliches Zusammentreten statt, wie zwischen sich respondirenden Buhnenpersonen; man muß sich Elektra und den Hegemon oder sonst eine Person aus dem Mittelpunkt des Chors auf Orestes von beiden Seiten eindringend denken Dagegen beruht das Respondiren von Choreuten untereinander gewiß immer auf dem Verhältniß der rechten und linken Seite des Chors, dem der Hemichorien analog: was man aus Sophokl. Ai 866 ff. am besten abnimmt. — So mußte im zweiten Kommos des Oedipus auf Kolonos zuerst eine Person, dem Oedipus entsprechend sich gegen ihn vorbewegen und von ihm zuruckziehn; dann singen zwei den verschiedenen Seiten des Chors angehörende Personen einander, auch in den Gedanken, Entsprechendes Im zweiten Theile des letzten Kommos desselben Stuckes entspricht eine Hauptperson des Chors ganz eben so der Antigone, wie die Antigone vorher der Ismene.

kunstmäfsig abschliefsend, als aus dem alten Schicksale des Hauses nothwendig hervorgehend auffafst. So ist dieser Kommos, in lyrischer Fassung, die Begründung der Oresteischen Rachethat; deren Umstände und Ausführung durch List alsdann dialogisch berathen werden. In dem darauf folgenden Chorgesange wird von neuem die Ruchlosigkeit der Klytämnestra erwogen, und die herankommende Erinnys als nothwendige Folge derselben gefafst; Aeschylos will alles zum Morde der Klytämnestra Drängende dem Gemüthe in möglicher Stärke vorhalten. Nun die Ausführung der List; der verstellte Orestes mit der Asche seines eignen Leichnams, Elektra's erheuchelter Jammer, Klytämnestra's unterdrückte Freude. Jetzt waltet, wie der Chor bemerkt, Hermes zugleich als Chthonios und als Nychios, als Gott der nächtlichen Todtenwelt und nächtlichen Truges [5]). Eine Erholung in diesen Empfindungen des Schauders gewähren die naiven Klagen der Amme des Orest, die den Tod ihres Pfleglings glaubt; sie holt darauf den Aegisthos ohne bewaffneten Schutz herbei, angewiesen vom Chor, der in einem Stasimon alle hilfreichen Götter herbeiruft. Während man nun vom Aegisth nur das Todesgestöhn aus dem Innern des Hauses vernimmt, wird Klytämnestra erst nach einer heftigen Verhandlung, strenger Anklage und fruchtloser Rechtfertigung, und wie nach gefälltem Spruche von Orestes zum Tode abgeführt; Aeschylos Kunstabsicht forderte, hier noch einmal die Pflicht der That, auf der andern Seite aber auch das Entsetzliche derselben hervorzuheben, und es klar zu machen, wie Orestes ohne eigne Leidenschaft, durch das Amt der Blutrache des Vaters und Apollon's Sprüche getrieben, die Mutter erschlägt. So ist, wie der Chorgesang es ausführt, die Dike gekommen, das Haus der Atriden neu aufgerichtet, der Tag von neuem angebrochen (Πάρα τὸ φῶς ἰδεῖν). Da wird man plötzlich in das Innre des Pallastes gerückt, und sieht Orestes über den beiden Leichen, das trügerische Badegewand des Agamemnon, als die augenscheinlichste Rechtfertigung seiner That, emporhaltend. Aber sein Gemüth, welches nach Aeschylos Zeichnung eigentlich weich ist (wenn auch nicht von der Weichheit, wie der entsprechende Charakter der Englischen Tragödie), und ohne eigne Rachlust nur der Pflicht gehorcht hat, wird nun von den bisher unterdrückten Empfindungen aus der Bahn gerissen; und Niemand kann sich des innigsten Mitleidens erwehren, wenn Orest, im Bewufstsein der Gerechtigkeit der That, doch schon die über ihn kommende Sinnesverwirrung ahndet, und bald auch die nur dem Chore verborgenen Grauengestalten der Erinnyen mit Augen schaut. Man erkennt, dafs die Rachethat des Orestes ein zu tiefer Rifs in die Ordnung der Natur ist, als dafs sie für sich einen Schlufs gewähren könnte.

(99.) Nach dieser Schauerscene der Choephoren beginnen die Eumeniden mit feierlicher Salbung, und gewähren durch den Gedanken an den Pythischen Apollon, den gerechten Inhaber des Delphischen Orakels und alten Freund Athens, und an den Alles

---

[5]) Diese Idee war wohl schon in den verlornen Theilen des Prologs ausgeführt. Die Stelle V. 711 ff. bedarf nach meiner Meinung nur dieser Aenderung: Ὦ πότνια χθὼν .... νῦν ἐπάρηξον (νῦν γὰρ ἁρμάζει Πειθὼ δοκία), ξυγκαταβῆναι Χθόνιόν θ' Ἑρμῆν, καὶ τὸν Νύχιον τοῖσδ' ἐφοδεῦσαι κ ι λ. Hermes ist, als δόλιος, auch bei Tage νύχιος (805). — V. 680. schreibe ich: Οἳ ἐγώ, κατ' ἄκρας ἔμπας (ἔμπᾶς nach vielen Analogieen) ὡς πορθούμεθα.

vollendenden Zeus dem Gemüthe einen Ruhepunkt, in welchem zugleich schon Keime der folgenden Entwickelung liegen. Nun das Schrecken-Gemälde der Erinnyen, und am Ende desselben der unmittelbare Anblick dieser Grauengestalten, in welchen Aeschylos völlig als plastischer Künstler, aber nach andern Bedingungen als die wirklichen Bildner, schaffend auftritt. Doch läfst Aeschylos, im Geiste der alten, immer nach dem Mittelpunkte strebenden Kunst, dies Bild nicht ohne ein Gegengewicht: Apollon, der die Bluthat befohlen und Orestes gereinigt, als Beschützer, und Hermes als Geleiter bei Orestes; dazu schon die prophetische Hindeutung Apollon's auf den Areopag. Dann ist der Dichter ganz bei den Erinnyen; Klytämnestra's düstrer Schatten hetzt die blutige Meute zu neuer Jagd; ihren Grimm, ihre infernale Gräfslichkeit schildern sie selbst und vom Gesichtspunkt der Olympischen Götter Apollon; der Streit mit dem Gotte schliefst mit einer graden Kriegserklärung von beiden Partheien. Nun Orestes und hinter ihm die Erinnyen in Athen; jener von Gottvertraun erfüllt, diese nach seinem Blute lechzend, und voll Sicherheit, dafs er ihnen nicht entrinnen könne. Jetzt gewinnt das bis dahin mit dem Chore umherschweifende Drama (durch die Parodos) [6]) eine feste Station, und die Handlung wird in eine bestimmte Bahn gelenkt; der Chor entwickelt seine Reihen, und, den Orestes schon als Gefangnen umzingelnd, schildert er mit einer düstern Pracht seine furchtbare Bestimmung. Athena erscheint, und fafst den Beschlufs, durch Stiftung des ersten Blutgerichts den sonst unauflöslichen Zwist zu schlichten. Das auf diese Verhandlung folgende Chorlied könnte man, da die Erinnyen doch nun schon von der Vernichtung ihrer Macht als einer Möglichkeit sprechen, in Inhalt und Form leidenschaftlicher, grimmiger erwarten; aber dem Aeschylos, dessen Grundsatz es ist, die partielleren Momente gegen die Hauptabsichten der Tragödie zurückzustellen, ist dies Lied vor allen andern eine Mahnung der Erinnyen an die Athener, ihre Macht und überhaupt die Herrschaft strenger Gesetze und

---

6) Dies späte Eintreten der Parodos ist für diese Tragödie eben so charakteristisch, wie für den in vielem Betracht ähnlich componirten Oedipus auf Kolonos (§. 16 N. 5). Es entsteht dadurch eine Scheidung desjenigen Abschnitts der Tragödie, in welchem unruhige, fluctuirende Bewegung herrscht, und desjenigen, in welchem die Handlung in eine regelmäfsige Bahn kommt, und in einer sichern Stufenfolge mit bestimmten Ruhepunkten fortschreitet (vgl. §. 14) Umgekehrt hat im Agamemnon beinahe die ganze zweite Hälfte der Tragödie, von 949-1658, kein Stasimon, weil hier wieder kein Ruhepunkt und kein Zusammenfassen der Handlung in erhabner Empfindung, wie sie die Stasima gewähren, möglich ist — Wenn ich als Hauptbegriff der Parodos diesen aufstellen möchte: ein Lied, während dessen der Chor seinen eigentlichen Stand gewinnt, und sich auf den Linien der Orchestra aufstellt: so gebe ich zu, dafs die Alten selber damit oft das Lied, welches zuerst vom Chor in geordnetem Stande gesungen wird, verwechselt zu haben scheinen. Auch folgt öfter auf das Lied, wobei der Chor sich aufstellt, unmittelbar ein andres, wobei er schon steht; welche Lieder dann theils durch verschiedenartige Rhythmen, theils durch eine scheinbar in der Mitte eingeschobene Epode von einander getrennt werden, wie in Sophokles Aias, in Euripides Phoenissen und der Iphigeneia von Aulis. Diese Epode kann nicht beim Schreiten, also bei der Parodos im eigentlichen Sinne, gesungen worden sein, da bei Pindar grade die bei einem Zuge gesungenen Lieder keine Epoden zu haben pflegen In Aeschylos Agamemnon haben wir Anapästen (Einzug) und ein Daktylisches Strophenpaar mit Epode (Aufstellung) als Parodos, dann sogleich das erste Stasimon. In den Persern Anapästen (Einzug), Strophen aus Ionikern mit Mesodos (Aufstellung), dann das erste Stasimon.

zügelnder Gewalten im Staate anzuerkennen; darum mußte es feierlich und gehalten sein. Nun der Rechtstreit des Orestes oder vielmehr des Apollon mit den Erinnyen, in welchen besonders die höhere Würde der väterlichen Rechte und die persönlichen Gründe der That der unbedingten Forderung der Rache für den Muttermord entgegengestellt werden. Dann tritt, nach der Stiftungsrede der Athena, sehr schnell die Freisprechung des Orestes ein, und als sein Dank für eine so große Wohlthat die Verheissung des Bundes mit Argos: aber die Wuth der Erinnyen, dadurch nur auf das Höchste gesteigert, wird erst durch die, aus Milde und Bewußtsein der Kraft sehr schön gemischte, Beredsamkeit der Athena, und durch die Stiftung ihres heiligen Dienstes besänftigt; wodurch die furchtbaren Gottheiten der Unterwelt — immer unter der Voraussetzung, daß ihre Herrschaft ungekränkt bleibe — sich in Seegensgewalten für das Attische Land verwandeln. Diesen Vertrag, ist der Schlußgedanke, hat Zeus und die Möra mit Athen geschlossen.

Es bedarf nun wohl keiner weitern Ausführung, wie befriedigend die Empfindung durch die ganze Trilogie von der stolzen Siegsfreude durch trübe Ahndungen zu den höchsten Donnerschlägen des Schreckens, dann unter der Einwirkung nächtlicher Gewalten, nach manchem Schwanken der Empfindungen, zu einer seltsamen Mischung von Befriedigung und innerm Grauen geführt wird, deren Elemente alsdann — auf eine von dem Gefühl schon im Voraus geforderte Weise — in aller Energie und Schärfe heraustreten, bis durch die Weisheit der Götter in Athen die Versöhnung der streitenden Mächte, und damit eine — nicht blos auf die einzelne Geschichte des Orest sich beziehende — Befriedigung gewonnen wird.

Denn daß wir nicht etwa blos über Orestes getröstet werden sollen, ist schon aus der Weise klar, wie er von der Bühne entlassen wird, ohne einen Chorgesang, der nun etwa sein Schicksal in erhabner Stimmung zusammenfaßte. Der Dichter scheint beinahe den Orestes zu vergessen über der Gründung des Areopags und des Erinnyen-Dienstes, zweier Institute, die Aeschylos eben so als eng verbunden, und von gleichartiger Bedeutung für das Athenische Volksleben faßt, wie sie es geschichtlich waren (§. 67. 8.). Wer aber glauben könnte, daß der Gegenstand des Stücks hier einem patriotisch-politischen Interesse aufgeopfert sei, würde nach meiner Meinung Aeschylos Grundsätze gänzlich verkennen. Die Grundidee der Trilogie, welche darin besteht, daß nachgewiesen wird, wie der im Menschengeschlechte eingewurzelte und eine Unthat aus der andern fortzeugende Fluch, da wo den davon Ergriffenen nur das Schicksal des Geschlechts und keine eigne Schuld bedrückt, durch das höhere Walten der rettenden Gottheit abgewandt und gelöst wird, diese Grundidee ist durch eine solche Wendung der Dinge keineswegs in ihrer Entwickelung gehemmt. Vielmehr mußte dadurch, daß es nach Aeschylos Athenische Institute waren, in welchen dies Walten der rettenden Götter sich verkörperte, und Strenge und Erbarmen auf die rechte Weise sich vereinigten, der Eindruck für die Zeitgenossen nur um so wärmer und lebendiger werden. Kurz: der politische Zweck der Trilogie: Ehrfurcht vor dem Areopag und überhaupt vor geheiligten Instituten, wodurch die freche Willkühr gezügelt wurde, zu lehren, verschmilzt völlig mit der ethisch-religiösen Grundidee des Ganzen.

Wenn nun, wie in diesem Falle, so überhaupt Aeschylos die Fabel des Stücks der Idee unterordnet: so steht wieder die Charakterschilderung der Personen bei ihm der Entwickelung des Mythus nach, und gleichsam erst in der dritten Linie. Man wird zwar nicht läugnen, daſs, abgesehen von den vorhergehenden Stücken, in den Eumeniden der seiner Pflicht ganz hingegebene, den Göttern still vertrauende Orestes und die durchaus besonnene, ihre Kraft beständig mäſsigende und zurückhaltende Schutzgöttin Athens sehr wohl in sich zusammenhängende Charaktere seien, in welchen auch mancher feinere Zug bemerklich gemacht werden kann: aber sie sind doch eben nur Das, was das Ganze der Tragödie von ihnen zu sein fordert. Einzelne Charaktere zu einer freieren Individualität auszubilden, und tiefer in das Innere des menschlichen Herzens hinabzusteigen, blieb für Sophokles aufbehalten, welcher eben deswegen sehr oft den Hauptpunkt seiner Kunst von dem Mittelpunkte der Handlung hinweglegen, und, zum Beispiele, in diesem Mythenkreise statt des in seinem Berufe ganz aufgehenden Charakters des Orestes, die entfernter stehende Elektra zum Protagonisten machen muſste.

(100.) In der Oresteia des Aeschylos ist uns das einzige vollständige Gedicht der älteren tragischen Kunst enthalten; welches darum natürlich dem ganzen Studium des Aeschylos, namentlich in Bezug auf seine Composition, zum Grunde gelegt werden muſs[7]). An ihm lernt man, wie zwar nur die Trilogie im Ganzen die Einheit der Idee, die befriedigende Anschauung des Weltganges gewährte, auf welche Aeschylos überall hinarbeitet, aber doch schon jede einzelne Tragödie eine Begebenheit für sich durchführt, so daſs man, die Sache äuſserlich betrachtend, am Ende derselben glauben könnte, bereits am Ende des Ganzen angelangt zu sein. Aeschylos Trilogieen sind Gruppen zu vergleichen, welche durch Statuen auf abgesonderten Basen gebildet werden. Man erkennt ferner, wenn man die Orestee zum Grunde legt, auch ohne Schwierigkeit den Platz, den die übrigen Tragödien in ihren Trilogieen einnahmen. Wer am Agamemnon gewahr wird, mit welcher Kunst der Vorbereitung Aeschylos das Pathos herbeiführt und steigert, wird sich eben so leicht überzeugen lassen, daſs der gefesselte Prometheus nicht das erste, wie daſs er nicht das

---

7) Ich erinnre hier nur kurz daran, wie die Frage, ob die Trilogieen, welche Aeschylos dichtete, poetische Ganze waren, jetzt steht. Wir haben nur von folgenden Trilogieen des Dichters bestimmte Nachricht: 1. Oresteia, deren innre Einheit am Tage liegt, 2. Lykurgeia (Edoner, Bassariden, Jünglinge), wo dasselbe unlaugbar ist, da ein so unbestimmter Titel, wie „Jünglinge", nicht gebraucht werden konnte, um einen neuen und eignen Mythenkreis zu bezeichnen, 3. Phineus, Perser, Glaukos Pontios, deren von Welcker nachgewiesener Zusammenhang schon jetzt immer mehr erkannt wird, namentlich daſs die Perser den Phineus forderten. (Auf Einiges macht auch die Abhandlung von Ludw. Preller *de Aeschyli Persis, Gott.* 1832. aufmerksam.) Wer nun die grofse Probabilität, die aus der Uebereinstimmung dreier Beispiele für das Verfahren des Aeschylos im Ganzen hervorgeht, nicht entscheiden lassen will: muſs sie mit sehr stringenten Beweisen des Gegentheils, d. h. Aeschyleischer Stücke, die nicht jener Dreiheit sich einfügen, nicht trilogisch sein konnten, entkräften. Sonst fordert die Methode historischer Untersuchung von uns, mit der trilogischen Grundform alle Nachrichten von Stücken des Aeschylos in Verbindung zu bringen.

letzte Stück einer Reihe war. In den Sieben gegen Theben hätte nie in Abrede gestellt werden sollen, dafs das letzte Stück, der Streit der Antigone mit dem Herolde, ein eben solches Verbindungslied mit einer folgenden Tragödie ist, wie die Erinnyen-Scene am Ende der Choephoren, und, als drittes Beispiel, der Streit der Halbchöre am Ende der Hiketiden. Die langsam fortschreitende Handlung und den Sturm und Streit der Empfindungen haben die Choephoren mit dem gefesselten Prometheus, den Sieben, den Hiketiden, gemein; es sind alles Mittelstücke 8). Dagegen läfst sich mit dem Gange der Gedanken und Empfindungen in den Eumeniden sicher kein andres Stück vergleichen; es ist die einzige Schlufstragödie, welche wir haben. Dafs uns aufser der Oresteia durchaus nur zweite Stücke von Aeschylos erhalten sind, davon scheint der Grund darin zu liegen, dafs die ruhig fortschreitende und ausführlich mahlende Exposition der ersten Stücke, und der mehr auf mythisch-speculative Ideen, als Darstellung menschlicher Leidenschaften, gerichtete Abschlufs in den dritten Stücken dem spätern Alterthum weniger zusagte, als das meist auf gleicher Höhe sich fortbewegende Pathos der Mittelstücke.

Auch für die schwierigste Aufgabe, wie man sich mit dem tiefen Ernst einer tragischen Trilogie die wilde Laune des darauf folgenden Satyrspiels in Verbindung denken könne, ist nach meiner Meinung die Oresteia die Hauptquelle; wiewohl wir von dem darangeknüpften Satyrspiele, dem Proteus, nur den Namen haben. Aber es ist mit vollem Recht darauf hingewiesen worden (Boeckh trag. princ. p. 268.), dafs eben dieser Seedämon Proteus es war, welcher dem Bruder Agamemnon's, dem Menelaos, seine Rückkehr nach Argos verkündet hatte. Bei dieser Weissagung deutet nun aber schon die Odyssee IV, 547. zugleich an, dafs Menelaos zur Rache des Bruders zu spät kommen, und nur zur Bestattung des Aegisthos eintreffen werde; was an einer andern Stelle (III, 311.) bestimmter ausgesprochen wird, und in dem Kyklischen Gedichte, den Nostoi des Augeas (nach Proklos Chrestomathie), weiter ausgeführt worden war. Grade eben so wird diese Geschichte von Euripides im Orest gefafst, einem sonderbaren Gemische sehr alter Fabeln und sehr neuer Ansichten. Nun beklagt sich aber offenbar Agamemnon im ersten Stücke der Oresteia, indem er nur den Odysseus als treuen Genossen rühmt, Andre aber, welche die wohlwollendsten schienen, als ein blofses Scheinbild der Freundschaft darstellt (812. vgl. 610 ff.), besonders über Menelaos, der auch nach Homer sich bei der Rückkehr von Agamemnon trennte. So konnte Menelaos, welcher, während der Bruder ermordet wurde, und der übermüthige Ehebrecher im Hause der Atriden herrschte, indessen mit der schönen Helena, der verführerischen Urheberin aller dieser Noth, manches seltsame Abenteuer bestehend und dabei immer noch Schätze sammelnd, an barbarischen Küsten umherschweift, sehr wohl als ein Gegenstück zu dem treuen Orestes gefafst werden, und von dem alten Proteus mit jener heitern Ironie, womit besonders solche weisheitvolle Naturwesen im Alterthum gern ausgestattet wurden, von dem Satyrchore aber mit

8) Diesen Stucken gehort auch das Stillstehen der Handlung in der Mitte besonders an, auf welches bekanntlich Heeren zuerst aufmerksam gemacht hat. Diese Parthieen erklaren sich erst durch den trilogischen Zusammenhang vollkommen, wie die Erscheinung der Io im Prometheus.

Muthwillen und Neckereien behandelt werden. Ob dabei Orestes That und Lossprechung als der befriedigende Schlufspunkt des Ganzen gefafst wurde, oder ob in Proteus ironischen Reden die ganze Herrlichkeit des Pelopiden-Hauses in ihrer Vergänglichkeit, und aller menschliche Stolz in seiner Nichtigkeit erschien, darüber wage ich nicht zu entscheiden.

Z U S Ä T Z E.

Zu S 120 Anm 8 · Zu der Beziehung der Sieben geg Th auf Aristeides ist Welcker in der Schulzeitung 1831. N 23 zu vergleichen.

Zu S 129 Z. 2 Dafs eine temporäre, auf eine bestimmte Zeit beschränkte Verbannung bei unvorsätzlichem Todtschlag, wenn auch nicht in Athen, doch sonst in Griechenland Gebrauch gewesen, beweist schon der dafur vorhandene, eigenthumliche Ausdruck ἀπενιαύτησις und ὑπενιαντισμός, welchen Platon haufig anwendet (vgl Timaos *Lex. Plat. p.* 39. R.), aber gewifs nicht erst selbst erfunden hat S. auch Hesychios, Suidas, Etym. M. *s v.* ἀπενιαντισμός oder ὑπενιαντίσαι, und Eurip. Hippol. 34 mit den Schol.

REGISTER.

Was die Inhaltsanzeige S. V. enthält, ist hier meistentheils nicht mit aufgeführt.

*) Die Verse sind nach Wellauer's Ausgabe gezählt; aber die Scholien nach Schütz angegeben.

DRUCKFEHLER.

S.	**22.** Text Z.	**2.** schreibe:	ὅδ᾽ ἀνήρ
—	**32.** —	— **3.** —	θανόυσιν
—	— —	— **9.** —	φραδαῖς
—	**44.** —	— **9.** —	πρεσβῦτιν
—	**77.** Anm. —	**1.** —	V. 1017 bis 1084.
—	**91.** Text —	**19.** —	Ekstase
—**110.** Anm. —	**3.** —	wo er von neuem, und zwar sprechend, auftritt
—**123.** Text —	**25.** —	jener verwegnen Unternehmungen
—**139.** —	— **19.** —	Virg. Aen. VI, 253.
—**152.** —	— **10.** —	Apeniautismos (§. 44. Zusatz.)
—**177.** Anm. —	**3.** —	eingeschoben werden soll.

For EU product safety concerns, contact us at Calle de José Abascal, 56–1°, 28003 Madrid, Spain or eugpsr@cambridge.org.